Das große Rolf-Krenzer-Buch

Rolf Krenzer

Das große Rolf-Krenzer-Buch

Mit Illustrationen von Ines Rarisch

echter

Die Deutsche Bibliothek – CIP-Einheitsaufnahme

Krenzer, Rolf:
Das große Rolf-Krenzer-Buch : [die allerschönsten Geschichten] /
mit Ill. von Ines Rarisch. – Würzburg : Echter, 1999
   ISBN 3-429-02098-0

© 1999 Echter Verlag Würzburg
Umschlag: Ines Rarisch
Lektorat: Iris Gundermann
Gesamtherstellung: Echter Würzburg
Fränkische Gesellschaftsdruckerei und Verlag GmbH
ISBN 3-429-02098-0

INHALT

Meine schönsten Geschichten 8

Jeder Tag bringt neue Abenteuer

Wecken kann so lustig sein 10
Der Pechtag 12
Kein Kuss für Dornröschen 13
Zwei Aufsätze: Darius aus Russland 15
Ein Sonntag mit Papa 20
Nicht böse auseinandergehen 24
Vom Liebhaben 26
Und wenn alles anders gekommen wäre? 27
Familiengeschichten 29
Nie und nimmer 29
Tanja spielt Frisör 30
Manuelas Geschwister 31
Gewisse Cowboys und Indianer 33
Schwierigkeiten mit Mutters Geburtstag 35
Die Kuh im Kastanienbaum 36
Klar, Joschi kann Rad fahren 37
Ein Seehund auf dem Sofa 42
Wenn jemand doch Ulrike helfen könnte! 46
Die Enten auf dem Dach 48
Das Zimmer-Spielzeug-Puzzle 52
Christians Schlaftrunk 53
Papas Gutenachtgeschichte 55

So wie Franziska oder Pacci Patent
– Kleine, große Vorbilder –

Die Geschichte von dem Kind und dem Brunnen 60
Mehr wert als fünf Einser 62
Pacci Patent 66
So einer war Thomas 69

Schwimmen 72
Rita ärgert sich 73
Schwester Franziska 75
Jörg und der Riesenhund 83

Tanja sucht den lieben Gott
– Geschichten von Gott und den Menschen –

Wo ist Gott? 90
Tanja sucht den lieben Gott 91
Wie sieht Gott aus? 96
Die Geschichte von Gott und dem Kind 98
Vom Staunen 101
Vom Danken 102
Die Geschichte vom Kind und vom Beten 103
Was soll ich nur beichten? 105
Vom Glauben 106
Die Geschichte von Gott und den Menschen 109

Wir feiern heut ein Fest
– Geschichten durch das Jahr –

Vom Feiern 112
Die Geschichte von der Geburtstagstorte 113
Rebekka feiert Neujahr 115
Die kleinen heiligen Dreikönige 118
Fastnacht ist nur einmal im Jahr 122
Warum der Fastnachtsprinz an Fastnacht weinen musste . . . 125
Der April macht, was er will 127
Palmsonntag 131
Die Geschichte von dem Kind und den Ostereiern 132
Die Sache mit dem Osterhasen 133
Wieder Ostern 137
Omas Ostereierüberraschung 139
Wichtige Feste 144
Nicht nur Muttertag 146
Kann einer noch den Sommer wecken? 148
Heidelbeeren pflücken 153

Torsten und der Nikolaus 155
Wenn Bulu etwas zu essen hätte 159
Martin und sein Pferd 161
Rabeas Laterne 162
Barbarazweige 165
Wie war das mit dem Apfel? 167
Ursels Streichelbild 168
Muttis Weihnachtsplätzchen 170
Da wird's im Häuschen hell und warm 172
Frau Overbecks Engel 174
Weihnachtsgeschenke 177
Doch noch etwas von Weihnachten spüren 179
Der letzte Weihnachtsbaum 182

Märchen und Märchenhaftes

Das Märchen vom Schneeglöckchen 186
Die Tierversammlung im Wald 188
Das Märchen vom Gänseblümchen 190
Das Märchen vom Sternenkind 192
Drache, kleiner Drache 193
Dinoli im Kindergarten 199
Dinolis Abenteuer in der Stadt 203
Die Nebelfrau 208
Die alte Babuschka und die Schwalbe 211
Wer fürchtet sich vor'm schwarzen Mann? 214
Die Märchenbahn 219

Quellennachweis 222

Meine schönsten Geschichten

In diesem großen Band sind sie nun alle versammelt:
Die Geschichten, die ich schon so oft Kindern und Erwachsenen in vielen Schulen und Büchereien, bei Gemeindefesten und anderen Veranstaltungen vorgelesen habe. Geschichten, die immer und immer wieder gewünscht werden.
Ganz besonders glücklich bin ich darüber, dass in dieser Sammlung sich nun auch die Texte zu einigen Bilderbüchern wiederfinden, die sonst längst vergriffen sind, z.B. die Geschichte von Torsten und dem Nikolaus, von dem kleinen Drachen und von dem Häuschen, in dem es plötzlich hell und warm wurde. Und alle Geschichten von Dinoli, dem kleinen Dinosaurier, die ich immer und immer wieder vorlesen musste, sind nun hier endlich auch alle zusammen.
Neben den ganz unterschiedlichen Geschichten, die man Tag für Tag erleben kann, neben den Geschichten, die von besonderen Ereignissen im Jahreskreis erzählen, gibt es Kapitel, die von Menschen berichten, die so handeln, dass man sie sich selbst ein bisschen zum Vorbild nehmen kann. Solche Geschichten sind mir ganz besonders wichtig. Zum Beispiel die Geschichte von der alten Frau, die bei der Sache mit dem Brunnen auf der Seite der Kinder steht. Da gibt es den großen Jungen, der am Ende für den Kleinen wieder einen Hamster kauft, oder ganz einfach den Jungen, den alle Pacci Patent nennen. In einer Zeit, in der es so wenige wirkliche Vorbilder gibt, sollten wir nach Menschen suchen, die uns ein bisschen von dem zeigen können, worauf es wirklich ankommt. Schwester Franziska und der kleine Jörg, der seine große Angst überwindet, gehören auch dazu.
Wenn ich selbst sagen soll, welche meiner Geschichten ich für die wichtigsten halte, dann nenne ich die, die von Gott und den Menschen erzählen. Die schönsten findet ihr hier in diesem Buch.
Und zum Schluß dann noch Märchen. Was gibt es Schöneres, als Märchen zu erzählen, Märchen zu lesen und weiter zu träumen, so dass immer wieder neue Märchen entstehen, die unsere Welt liebenswert machen!
Ich bedanke mich bei allen, die dazu beigetragen haben, dass dieses dicke, kunterbunte Buch nun aufgeschlagen vor euch liegt und wünsche allen, die sich in die Geschichten vertiefen, sie für sich selbst lesen oder anderen vorlesen wollen, viel Spaß und viel Freude dabei.

Rolf Krenzer

Jeder Tag bringt neue Abenteuer

Wecken kann so lustig sein

„He, lass das!" Michael strampelt mit den Beinen, bäumt sich im Bett auf und schlägt mit beiden Händen nach seinem großen Bruder. Doch Patrick ist schneller. Schon hat er Michaels Nase losgelassen und sich in Sicherheit gebracht.
„Aufstehen!", ruft jetzt die Mutter von unten herauf. „Michael! Schrei nicht schon am frühen Morgen so laut. Nimm dir ein Beispiel an deinem Bruder. Der ist immer gut gelaunt."
Patrick saust wie der Blitz die Treppe hinunter und fällt der Mutter um den Hals. Michael setzt sich im Bett auf und fährt sich mit den Händen durch die Haare. Weinen könnte er! Weinen vor Ärger und Wut. Jeden Morgen treibt Patrick sein Spiel mit ihm. Was kann Michael denn dafür, dass er einen so guten Schlaf hat! Er hört die Mutter morgens einfach nicht. Patrick aber hört sie sofort und ist gleich wach. Hellwach.
Bei Michael ist das ganz anders. Er braucht früh immer viel Zeit, um wach zu werden. Er muss sich recken und strecken, er muss laut gähnen und ein bisschen stöhnen, bis er endlich zu sich kommt.
Patrick kennt seinen Bruder und weiß ganz genau, wie er ihn am besten ärgern kann. Jeden Morgen, wenn die Mutter ruft, steht Patrick blitzschnell auf, läuft zu Michaels Bett hinüber und hat einen Riesenspaß daran, wenn sein Bruder vor Schreck und Ärger quietscht und schreit.
Vorgestern hat er ihm in die Nasenlöcher hineingepustet, gestern hat er einen nassen Waschlappen auf sein Gesicht gelegt und heute hat er ihm so fest die Nase zugedrückt, daß es richtig weg getan hat.
Michael ist wütend! Er wird sich rächen. Nicht jetzt und nicht heute. Aber morgen früh.
Michael weiß auch schon ganz genau, was er tun wird. Den ganzen Vormittag denkt er über seinen Plan nach und am Nachmittag auch noch.
Als Patrick dann an seinen Schulaufgaben sitzt, ist endlich die richtige Zeit gekommen. Michael muss keine Hausaufgaben machen, weil er noch nicht in die Schule geht, sondern in den Kindergarten. Also schleicht er in die Küche und holt dort Mutters große Blechschüssel, die sie zum Stollenkneten benutzt. Die Mutter merkt nichts davon. Sie steht draußen im Garten am Zaun und unterhält sich angeregt mit Frau Schulze-Steinwachs. Das wird wohl eine ganze Weile dauern. Behutsam trägt Michael die Schüssel nach oben ins Jungenzimmer. Er stellt sie direkt vor sein Bett und läuft ins Badezimmer. Jetzt bräuchte er eine Kanne oder einen Krug. Doch die beiden Zahnputzbecher tun es auch. Michael füllt seinen und auch Patricks Becher mit Wasser und trägt sie dann vorsichtig ins Jungenzimmer, um sie in die Schüssel auszuleeren. Michael muss sechsmal laufen, bis

genug Wasser in der Schüssel ist. Vorsichtig schiebt er sie nun unter sein Bett. Jetzt heißt es abwarten.

Zum Glück vermisst die Mutter die Schüssel nicht. Nach dem Abendessen schickt sie Michael ins Bett. Patrick darf noch ein bisschen länger aufbleiben. Und das nur deshalb, weil er ein einziges Jahr älter ist als Michael.

Aber heute ärgert sich Michael nicht so sehr wie sonst. Unter seinem Bett wartet ja die Schüssel als Überraschung auf den großen Bruder. Wie wird der morgen früh zetern und schreien, wenn er mit beiden Füßen in das kalte Wasser steigt. Michael freut sich schon jetzt auf Patricks dummes Gesicht.

Michael atmet tief und zufrieden. Er wird hier ruhig im Bett liegen und warten, bis Patrick auch ins Bett geht. Dann muss er abwarten, bis der Bruder eingeschlafen ist. Und dann wird er die Schüssel ganz vorsichtig vor Patricks Bett stellen.

Michaels Geduld wird auf eine harte Probe gestellt, denn Patrick läßt lange auf sich warten. Michael hat große Mühe, so lange wach zu bleiben. Vorsorglich, damit es dann schneller geht, zieht er die Schüssel schon einmal unter seinem Bett hervor, bis sie neben seinen Hausschuhen steht.

Endlich öffnet Patrick leise die Zimmertür. Michael atmet tief und regelmäßig, während Patrick sich auszieht und ins Bett steigt. Er schöpft keinen Verdacht. Michael wartet geduldig, bis Patrick endlich seine Lampe ausknipst, denn Patrick liest jeden Abend noch in seinem dicken Geschichtenbuch. Jetzt muss er nur noch einschlafen.

Aber das kann dauern!

Auf keinen Fall darf Michael zu früh die Schüssel vor Patricks Bett stellen. Nicht auszudenken, was passieren würde, wenn Patrick doch noch nicht eingeschlafen wäre und Michael ertappen würde. Also wartet Michael geduldig weiter. Er hat heute bereits so viel gewartet. Da kommt es auf die paar Minuten auch nicht mehr an.

Am nächsten Morgen hört Michael die Mutter wirklich zuerst rufen. Patrick hat sich nicht gerührt. Er schläft noch tief und fest.

Michael will schnell aufstehen. Das möchte er sich auf keinen Fall entgehen lassen, wenn Patrick mit beiden Füßen im Wasser steht und schreit.

Doch als Michael seine beiden Beine aus dem Bett schwingt und die Füße auf den Boden setzen will, schreit er vor Überraschung und Ärger laut auf.

Er ist ja so erschrocken und böse auf sich selbst. Nun ist er gestern abend doch zu früh eingeschlafen und hat es nicht mehr geschafft, die Schüssel mit dem Wasser vor Patricks Bett zu stellen.

Jetzt ist auch Patrick hellwach. „Heute muß ich dich ja gar nicht wecken", ruft er und lacht den kleinen Bruder aus. Zum Glück hat er noch nicht entdeckt, was Michael eigentlich vorhatte. Jedenfalls bis jetzt noch nicht.

Der Pechtag

Heute ist mein Pechtag!", sagte die alte Frau, als ihr der Zug vor der Nase wegfuhr. Eigentlich wollte sie heute in die Stadt fahren und sich eine neue Lesebrille kaufen, weil sie ihre alte verloren hatte. Acht Tage lang hatte sie überall gesucht. Da hatte sie es endlich aufgegeben. Die Brille hatte sie liebgewonnen, und es tat ihr leid, dass sie nun eine neue kaufen musste.
Als sie nach Hause kam und die Haustür öffnete, fiel der große Blumentopf mit Gepolter von der Fensterbank im Wohnzimmer herunter.
„Heute ist mein Pechtag!", sagte die alte Frau und zog schnell ihren Mantel aus. Dann kehrte sie die Erde zusammen. Zum Glück war der Topf nicht kaputt. Da konnte sie ihn wieder auf die Fensterbank stellen. Dabei bemerkte sie, dass sie vergessen hatte, das Fenster zu schließen. „Heute ist mein Pechtag!", sagte die alte Frau. „Jeder Einbrecher wäre leicht durch das offene Fenster in die Wohnung gekommen, wenn ich in der Stadt gewesen wäre!"
Als sie in das Badezimmer ging, spritzte Wasser aus der Waschmaschine. „Heute ist mein Pechtag!", sagte die alte Frau. „Ausgerechnet heute geht die Waschmaschine kaputt. Wenn ich in der Stadt gewesen wäre, wäre das Wasser in die ganze Wohnung gelaufen!" Sie stellte schnell die Waschmaschine ab und lief zum Telefon und bestellte den Kundendienst. Dann räumte sie die schmutzige Wäsche aus der Waschmaschine heraus.
Sie legte alles vorsichtig zurück in den großen Wäscheeimer. Dabei fiel ihr die blaue Schürze aus der Hand.

„Heute ist mein Pechtag!", sagte die alte Frau und bückte sich, um die Schürze aufzuheben. Als sie die Schürze in den Eimer legen wollte, bemerkte sie, dass noch etwas in der Schürzentasche war.
„Heute ist mein Pechtag!", sagte die alte Frau. „Da hätte ich doch beinahe etwas in der Waschmaschine mitgewaschen, was gar nicht gewaschen werden soll." Wie staunte sie aber, als sie in die Schürzentasche hineingriff. Zuerst wollte sie es gar nicht glauben. Aber dann sah sie es mit eigenen Augen: Da war ihre Lesebrille!
Jetzt klingelte es an der Tür. Als die alte Frau öffnete, brachte ihr der Postbote ein großes Paket von ihrer Tochter. „Eigentlich wollte ich in die Stadt fahren", sagte die alte Frau zu dem Postboten. „Dann hätten Sie mich nicht angetroffen!" „Da haben sie ja Glück!", meinte der Postbote. „Sonst hätten Sie sich das schwere Paket selbst auf der Post abholen müssen!"
Dann kam der Kundendienst und reparierte die Waschmaschine.
Am Nachmittag setzte sich die alte Frau ihre Lesebrille auf und sagte: „Heute ist mein Glückstag! Ich habe ein Paket bekommen. Die Waschmaschine ist repariert. Ich konnte das Fenster noch rechtzeitig schließen. Der Blumentopf ist nicht kaputt. Und ich habe meine Lesebrille wieder.
Ja. Heute ist mein Glückstag!"

Kein Kuss für Dornröschen

„Da heiratete der Prinz das Dornröschen, und sie hatten sich ihr ganzes Leben lang lieb!"
Es gibt nichts Schöneres, als wenn Frau Wildbolz Märchen erzählt. Mit gespannten Gesichtern sitzen die Kinder um sie herum und bedauern, dass das Märchen schon zu Ende ist.
„Und wenn sie nicht gestorben sind…", flüstert Carlo, „… dann leben sie immer noch", ergänzen die anderen.
Tanja meldet sich. „Haben sie dann auch Kinder gehabt?", fragt sie.
Frau Wildbolz zuckt die Schultern.
„Ganz bestimmt!", versichert Sebastian, der sonst am wildesten ist. Wenn aber Märchen erzählt werden, dann sitzt er mucksmäuschenstill auf seinem Stuhl.
„Schade, dass es schon aus ist!", sagt auch Beate. „Wir können das Märchen vom Dornröschen ja noch spielen", schlägt Frau Wildbolz vor.
Die Kinder sind sofort einverstanden. Alle Mädchen wollen Dornröschen sein. Und alle Jungen wollen gern den Prinzen spielen, der sich durch die Hecke kämpft und Dornröschen erlöst. Frau Wildbolz hat es schwer mit den Wünschen

der Kinder. Schließlich muß doch irgend jemand auch noch das Königspaar spielen, die böse Fee und den Küchenjungen, dem der Koch vor dem Einschlafen noch eine Ohrfeige geben wollte. Und natürlich braucht man die Hecke. Frau Wildbolz muss viele Mädchen und Jungen haben, die die Hecke spielen. „Sie muss langsam wachsen und immer dichter werden", sagt sie. „Ohne die Hecke stimmt das ganze Märchen nicht."
Schließlich haben alle eine Rolle und sind damit zufrieden. Die Kinder, die die Hecke spielen, haben viel Spaß, denn man braucht viel Geschick, um zusammen eine richtige Hecke wachsen zu lassen. Zweimal fällt die Hecke um. Aber dann klappt es, und die anderen Kinder klatschen!
Nur Maren steht mit einem stinksauren Gesicht dabei. Ausgerechnet Maren, die das Dornröschen spielen darf und deshalb von allen Mädchen beneidet wird. Auch Frau Wildbolz wundert sich. „Willst du denn das Dornröschen nicht spielen?", fragt sie. Maren macht einen spitzen Mund. „Doch", sagt sie. „Und was gefällt dir nicht?", bohrt Frau Wildbolz. „Maren will einen anderen Prinzen", sagt Ronja, Marens beste Freundin.
Frau Wildbolz blickt Maren fassungslos an. „Was hast du gegen Johannes?"
Marens Mund wird noch spitzer. „Gar nichts", sagt sie leise.
„Und wo liegt das Problem?", fragt Frau Wildbolz. „Er soll sie nicht küssen", antwortet Ronja, und Maren läuft vor Verlegenheit rot an.
„Ich tu ja nur so", meint Johannes und ist fast ein bisschen beleidigt. Er hat sich so gefreut, dass er mit Maren spielen darf.
„Hat der Johannes dich denn geärgert?", fragt Frau Wildbolz.
Maren schüttelt stumm den Kopf.
Den anderen Kindern dauert das Gespräch zu lange. Sie möchten endlich anfangen. „Dann soll Ronja das Dornröschen spielen!", rufen sie.
Aber das gefällt Maren überhaupt nicht. „Nein!", schreit sie und hätte fast mit dem Fuß aufgestampft. „Ja, aber was machen wir denn nun?", fragt Frau Wildbolz und blickt Maren nachdenklich an.
„Nicht der Johannes!", sagt Maren leise.
Da geht Frau Wildbolz zu Johannes und legt den Arm um ihn. „Der Johannes spielt den Prinzen", sagt sie. „Der Johannes und kein anderer!"
Wenn es nach Maren ginge, könnte jeder andere den Prinzen spielen: Carlo oder Manuel, Thomas oder Philipp. Es würde ihr nicht einmal etwas ausmachen, wenn der Stefan den Prinzen spielen würde, auch wenn er immer etwas schmutzig ist. Nur Johannes nicht! Nein, Johannes auf keinen Fall! Aber da hat die böse Fee Dornröschen schon verzaubert, und Maren muss sich mitten in den Kreis hineinlegen. Schon beginnt um sie herum die Hecke zu wachsen. „Ich gebe ihr keinen Kuss!", sagt Johannes plötzlich so laut, daß Maren es genau hören kann. „Ich küsse überhaupt keine Mädchen!"

Das Spiel geht weiter, und ein Prinz nach dem anderen bleibt in der Hecke stecken. Wenn die Hecke doch auch den Johannes festhalten und nicht hindurchlassen würde! Doch als Prinz Johannes auf die Hecke zutritt, öffnet sie sich bereitwillig.

Der Prinz kniet neben dem schlafenden Dornröschen nieder. Maren hält die Augen fest geschlossen. Sie darf Johannes nicht ansehen. Er darf niemals wissen, wie verliebt Maren in ihn ist. Nie! Nie! Nie!

Maren hört den Prinz neben sich atmen. Sie riecht ihn sogar. Der Prinz riecht nach dem Gurkenbrot, das er vorhin in der Pause gegessen hat. Aber er wird ihr keinen Kuss geben. Das hat er ja selbst gesagt. Doch dann spürt Dornröschen auf einmal einen Kuss auf der Stirn. Und noch einen auf der Backe. Gleich darauf rennt der Prinz blitzschnell aus dem Kreis heraus.

„Halt!", brüllen die anderen Kinder und laufen ihm nach. „Ihr müsst zusammenbleiben. Jetzt werden doch alle im Schloss wieder wach. Und danach müsst ihr auch noch heiraten!"

Johannes wehrt sich wie ein widerspenstiger Kater. Am Ende aber geht er doch Arm in Arm mit Maren im Kreis herum. Gegen Frau Wildbolz und die anderen Kinder kommt man eben einfach nicht an, weder Johannes noch Maren. „Na, war es denn so schlimm?", fragt Frau Wildbolz Maren, als das Spiel vorbei ist. Maren schüttelt den Kopf, sieht aber Frau Wildbolz nicht an. Nur Ronja vertraut sie auf dem Heimweg an: „Er hat mich richtig geküsst! Sogar zweimal!" Dass Maren sich aber heute das Gesicht nicht mehr waschen wird, das verrät sie noch nicht einmal ihrer besten Freundin. Denn die würde das ja doch nicht verstehen!

Zwei Aufsätze: Darius aus Russland

Im Unterricht dürfen die Kinder ihre Aufsätze vorlesen.
Als Frau Sieber nach dem nächsten Aufsatzheft greifen will, zögert sie kurz. Dann nimmt sie es aber doch und schlägt es auch gleich auf.
„Darius!", sagt sie. „Darf ich etwas zu dem erzählen, was du geschrieben hast?" Darius sitzt in der ersten Reihe. Als er seinen Namen hört, steht er sogleich auf und lächelt Frau Sieber an.
Frau Sieber weiß nicht genau, ob Darius alles versteht, was sie sagt. Er ist erst vor einiger Zeit mit seinen Eltern aus Russland nach Deutschland gekommen. Inzwischen hat er hier so viel Deutsch gelernt, dass er sich einigermaßen mit seinen Klassenkameraden und den Lehrern verständigen kann.

Herr Weinold, der Schulleiter, hat Frau Sieber besonders auf diesen Jungen aufmerksam gemacht. Seine Vorfahren sind vor vielen Jahren nach Russland ausgewandert. Als dann Russen und Deutsche im Krieg Feinde waren, ging es den Deutschen in Russland schlecht. Und nach dem letzten Krieg war es auch nicht besser. Da hatten Darius' Eltern und Großeltern viele Jahre lang nur den einen Wunsch: nach Deutschland zurückzukommen. Sie waren Deutsche. Ihre Großeltern und Urgroßeltern waren auch Deutsche gewesen. Doch sie erhielten nie die Erlaubnis, nach Deutschland auszureisen. Erst jetzt durften sie wieder nach Deutschland.
Da hatten sie ihr Hab und Gut in die Rucksäcke und Koffer gepackt, soviel sie tragen und mitnehmen konnten. Alles andere haben sie in Russland zurückgelassen. Sie nahmen eine weite Reise auf sich, um endlich in das Land zu kommen, aus dem ihre Vorfahren stammten. Sie waren Deutsche. Deshalb wollten sie als Deutsche zusammen mit anderen Deutschen wieder in Deutschland leben.
Aber in Deutschland haben sie es auch schwer. Zunächst mussten sie lange Zeit in einem Lager bleiben. Erst im letzten Jahr waren Darius' Eltern zusammen mit anderen deutschen Leuten aus Russland in dem alten Mietshaus am Kirchberg eingezogen. Viele von ihnen sprachen nicht Deutsch. Einige nur Russisch, weil sie Russisch eben in Russland immer sprechen mussten. Und diejenigen, die noch etwas Deutsch konnten, mussten feststellen, dass sich die deutsche Sprache verändert hatte. Manch einer lachte, wenn er sie sprechen hörte. Und oft verstanden sie nicht, was man ihnen sagte. Sie hatten auch Schwierigkeiten, Arbeit zu finden.

Darius konnte kein Wort Deutsch, als er herkam. Inzwischen hat er viel gelernt, aber mit dem Schreiben kann es noch nicht klappen.
Frau Sieber sieht auf die wenigen Wörter, die Darius in sein Heft geschrieben hat. Es sind deutsche Wörter, aber keine Sätze. Und ein richtiger Aufsatz ist das schon ganz und gar nicht.
Da greift Frau Sieber nach der Kreide und geht zur Tafel. „Ich schreibe einmal an, was Darius geschrieben hat", sagt sie und schreibt: Russland – Kirchberg 8 – Schule – 3 Schwester – Oma – Ende.
Wer jetzt loslachen möchte, lässt es besser bleiben, denn Frau Sieber macht deutlich, dass sie das bestimmt übelnehmen wird.
Sie wendet sich an Darius. „Kannst du uns etwas dazu sagen?"
Darius nickt. „Russland", sagt er. „Ich Russland!"
Da erzählt Frau Sieber ihren Schülerinnen und Schülern alles, was sie von Herrn Weinold weiß. Sie hat aber auch die Zeitung gelesen und viel über die Deutschen, die aus Russland zurückgekommen sind, im Fernsehen gesehen. „Darius hat mit seinen Eltern und seinen drei Schwestern in Russland gelebt", sagt sie. „Er ist auch in Russland zur Schule gegangen. Russland ist seine Heimat."
„Ich deutsch", wendet Darius ein, und Frau Sieber nickt. „Darius ist ein deutscher Junge wie der Sven und der Rüdiger. Aber weil sie in Russland alle Russisch sprechen mußten, hat er nie Deutsch gelernt."
Sie legt den Arm um Darius. „Hast du manchmal noch Heimweh nach Russland?", fragt sie leise. „Wo hast du in Russland gewohnt?"
Da sagt Darius ein Wort, das weder Frau Sieber noch die Kinder verstehen. Er hat es schon so oft gesagt, aber kaum einer hat ihn verstanden. „Ja, Russisch ist eben auch sehr schwer!", meint Frau Sieber. „So heißt sicher das Dorf, in dem Darius gewohnt hat und in die Schule gegangen ist."
Wieder nickt Darius. Sicher versteht er inzwischen mehr, als er sprechen kann. Er nickt und sagt das Wort noch einmal.
„Wer ist mit dir nach Deutschland gekommen?", fragt sie ihn.
„Papa!" Darius nimmt beim Aufzählen die Finger zur Hilfe. „Mama, drei Schwestern und ich!"
„Aber über einen besonderen Tag bei sich zu Hause hat er nichts geschrieben", meint jetzt Verena.
„Naja." Frau Sieber sieht die Kinder ihrer Klasse nachdenklich an. „Es war sicher schon ein besonderer Tag, an dem Darius in die Bahn gestiegen ist und alles verlassen hat, was er bisher kannte. Sein Haus, die Plätze, an denen er gespielt hat, vielleicht ein paar Freunde, Verwandte... Vielleicht war es kein besonders schöner Tag für ihn. Und die Ankunft hier bei uns vielleicht auch nicht." –
„Gefällt es dir denn hier in der Schule?", fragt ihn Frau Sieber und zeigt auf das Wort an der Tafel.

Darius nickt und lacht. „Schule schön!", sagt er. „Immer Schule schön!" Unwillkürlich muß Jörg daran denken, wie oft sie Darius, als er neu in der Klasse war, gehänselt und aufgezogen haben. Sie haben nachgeäfft, wie er sprach, und sich kaputtgelacht, wenn er wieder einmal etwas falsch verstanden hat. Das ist manchmal sogar heute noch so. Aber Darius hat nie gepetzt oder sich bei den Lehrern beschwert. Er konnte es auch nicht. Sie hätten ihn ja doch nicht verstanden. Nur als sie ihm damals seinen Ranzen versteckt haben, da hat er so jämmerlich geweint, dass sie ihn gleich wieder zurückgebracht haben.
„Jetzt haben wir ja fast alles", sagt Frau Sieber. „Kirchberg 8 ist deine Adresse, und Ende bedeutet, dass hier dein Aufsatz zu Ende ist."
Wieder nickt Darius.
„Aber was ist mit deiner Oma?" Sie unterstreicht das Wort an der Tafel und sieht Darius fragend an. „Ist sie mit euch aus Russland gekommen?"
Darius schüttelt den Kopf.
„Oma nicht mitgekommen", sagt er. „Oma Russland bleiben. Sehr weinen!"
„Sie war sehr traurig, als ihr fortgefahren seid." Frau Sieber hat es verstanden.
„Sehr weinen!", sagt Darius. „Immer weinen!"
„Die Oma hat immer geweint", wiederholt Frau Sieber, doch Darius schüttelt wild den Kopf.
„Darius weinen!", sagt er. „Ich immer weinen!" Jetzt haben sie ihn verstanden.
„Du hast Heimweh nach deiner Oma", rufen ein paar Kinder fast gleichzeitig.
„Ja!", sagt Darius. „Nein!"
„Was heißt ‚ja' und ‚nein'?" Frau Sieber blickt ihn fragend an.
„Ja, ich immer weinen!" Darius nickt. „Heimweh nach Oma!"
„Und jetzt weinst du nicht mehr?"
Darius nickt.
„Jetzt hat er kein Heimweh mehr", versucht Thomas zu übersetzen.
So scheint es zu stimmen. Jedenfalls nickt Darius wieder. „Jetzt bist du schon so lange hier, dass du kein Heimweh nach deiner Oma mehr hast."
„Hmhm!" Darius schüttelt den Kopf. „Oma hier", flüstert er. „Oma jetzt immer bei uns!"
„Das war ja ein ganzer Satz", strahlt Frau Sieber und freut sich, dass Darius keinen einzigen Fehler dabei gemacht hat. „Wann ist deine Oma denn gekommen?"
„Sonntag", sagt Darius. „Sonntagmorgen Frankfurt. Wir alle Frankfurt fahren. Oma holen."
Er möchte ihnen allen ja so gern erzählen, wie er darauf gewartet hat, dass endlich auch seine Oma aus Russland zu ihnen kommt. Sein Opa ist schon lange tot, und die Oma blieb damals ganz alleine in Russland zurück. Aber jetzt hat es endlich geklappt. Alle zusammen sind sie am Sonntagmorgen mit dem ersten Zug nach Frankfurt gefahren und haben auf die Oma gewartet. Und als sie dann end-

lich vor ihnen stand, da hat Darius vor Freude weinen müssen. Er freut sich auch so sehr darüber, dass seit Sonntag die Oma mit ihm zusammen in seinem Zimmer schläft. Ja, wirklich in seinem Zimmer! Aber wie kann er das Frau Sieber und den anderen Kindern alles sagen, wenn er noch immer solche Schwierigkeiten mit der deutschen Sprache hat? Er geht zu Frau Sieber und zeigt mit seinem Finger auf die Überschrift des Aufsatzes, den seine Lehrerin noch immer aufgeschlagen in der Hand hat. Er hat den einen Satz sorgfältig von der Tafel abgeschrieben, in Schönschrift abgemalt.

Frau Sieber nickt ihm zu. „Das war für dich ein ganz besonderer Tag", sagt sie, und Darius nickt so wild, dass sie sicher ist, wirklich ins Schwarze getroffen zu haben. Sie klopft dem Jungen leicht auf die Schulter und gibt ihm sein Heft zurück. „So einfach ist das", wendet sie sich dann an die Klasse, „wenn wir uns Zeit füreinander lassen und uns Mühe geben, einander zu verstehen. Auch wenn einer Deutsch oder Englisch spricht."

„Russisch!", wendet Verena ein.

„Auch Russisch", sagt Frau Sieber. „Hauptsache ist, wir haben verstanden, was Darius uns erzählt und aufgeschrieben hat. Und das war ja wirklich ein ganz besonderer Tag, als seine Oma zu ihnen nach Deutschland kam."

„Ein ganz besonderer Tag…", wiederholt Darius. Doch es verstehen nur ein paar in der Klasse. Es ist noch zu schwer für ihn, diesen Satz so deutlich zu sprechen, dass er von allen ohne Schwierigkeit verstanden werden kann.

„Wir haben viel von dir erfahren, Darius", sagt Frau Sieber und nimmt sich fest vor, sich künftig besondere Mühe mit diesem Darius zu geben. Darius, der aus Russland zu ihnen gekommen ist, noch immer schlecht spricht und kaum etwas in Deutsch schreiben kann.

Vielleicht wird sie ihn sogar einmal zu sich nach Hause einladen. Er muss doch merken, dass er hier willkommen ist und dass sich Frau Sieber darauf freut, ihm von dem frischen Kuchen anzubieten, den sie extra für ihn bei der Bäckerei Eckstein holen will. Dort gibt es den besten.

„Ja, Darius, das war wirklich ein besonderer Tag bei euch zu Hause", sagt sie zum Schluss und nickt Darius zu. Und Darius lächelt und nickt dankbar zurück.

Ein Sonntag mit Papa

„Jan, komm doch mal her!"
Frau Sieber winkt den kleinen Jungen aus der zweitletzten Reihe zu sich heran.
„Du hast von einem besonders schönen Erlebnis mit deinem Vater geschrieben. Ich glaube, das könnte alle anderen auch interessieren."
Und bevor sich Jan richtig versieht, hat ihm Frau Sieber bereits sein Heft in die Hand gedrückt. Was bleibt ihm da anderes übrig, als seinen Aufsatz vorzulesen! Er beginnt mit stockender Stimme. Aber bereits nach den ersten Sätzen geht es leichter und schneller. Und als er bemerkt, dass ihm alle gebannt zuhören, wird er immer sicherer:
„Letzten Sonntag hat mich mein Vater zu einem Ausflug eingeladen. Mein Vater hat ein neues Auto, das 200 Kilometer in der Stunde fährt. Wir sind ein Stück auf der Autobahn gefahren. Dann waren die Straßen so schmal, dass mein Vater sehr vorsichtig und langsam fahren musste. Wir sind nach Rüdesheim am Rhein gefahren. In Rüdesheim gibt es ein tolles Museum. Es heißt Musikautomaten-Museum. Mein Vater hat Eintrittskarten gekauft, und wir sind zusammen in das Museum hineingegangen. Ich habe viele Spieluhren gesehen, die Musik machten. Und einen ganz altmodischen Leierkasten. Das elektrische Klavier spielt von ganz allein. Im Museum wurden uns alle Musikautomaten vorgeführt. Das war sehr schön und kein bisschen langweilig. Wir sind über zwei Stunden im Museum geblieben. Als wir herauskamen, hatten wir Hunger. Da hat mich mein Vater gefragt, ob wir was essen wollen. Ich habe McDonald's vorgeschlagen, und mein Vater ist wirklich mit mir zu McDonald's gegangen. Wir waren erst ganz spät abends wieder zu Hause. Es war wirklich ein ganz besonderer Tag."
Als Jan geendet hat, klatschen alle begeistert. Sogar Frau Sieber klatscht und meint anerkennend: „Du hast einen tollen Vater! Das wäre auch für mich ein besonderer Tag gewesen."
„Aber eigentlich war es kein Aufsatz über zu Hause", wendet Simon ein. „Wenn ich gewusst hätte, dass man auch über einen tollen Ausflug schreiben darf, hätte ich das auch geschrieben. Dann wäre mein Aufsatz bestimmt auch viel schöner und lustiger geworden."
Frau Sieber schüttelt den Kopf. „Jans Aufsatz erzählt davon, was man alles mit seinem Vater erleben kann. Und das hat bestimmt auch etwas mit zu Hause zu tun."
„Ich finde es auch gut, was Jan geschrieben hat." Annerose nickt zustimmend. „Vater und Mutter gehören eben immer zum Zuhause dazu."
Theresa meldet sich wie wild. „Und wo war deine Mutter?", will sie noch wissen. „Zu Hause", sagte Jan und geht mit dem Heft in der Hand langsam zu sei-

nem Platz zurück. Er hört nicht mehr, was um ihn herum geschieht. Es brennt plötzlich ganz heiß in ihm, als ihm bewusst wird, dass er wirklich kein einziges Wort von Mutti geschrieben hat. Aber er wollte doch eine schöne Geschichte schreiben. Eine Geschichte über ein besonderes Erlebnis. Mutti war ja immer da, und Vati nur noch einmal im Monat. Und der Tag mit Vati, von dem sein Ausflug handelte, war wirklich so gewesen, wie er es beschrieben hatte.

Wirklich so und doch ganz anders. Es war der einzige Tag, den er in diesem Monat zusammen mit Vati erlebt hatte. Seit Mutti und Vati geschieden waren, kam er nur noch jeden zweiten Sonntag im Monat und holte Jan zu Hause ab. Jan hatte sich auf diesen Sonntag gefreut und wäre doch lieber zu Hause geblieben, zu Hause bei Mutti. Er hatte sie hinter dem Vorhang stehen sehen, als er noch einmal einen Blick hinauf zur Wohnung warf, bevor er zu Vati in das Auto stieg. Früher hatte Vati nur ein kleines Auto gefahren, einen roten Golf, den Mutti jetzt benutzte, um damit zur Arbeit zu fahren und einzukaufen.

Vati fuhr seitdem bereits den zweiten neuen Wagen. Einen Wagen mit vier Türen, so dass Jan bequem hinten einsteigen konnte. Vorn neben Vati saß Monika, und Monika war Vatis Freundin. Sie war bereits Vatis Freundin gewesen, als seine Eltern noch nicht geschieden waren. Doch das hatte Jan viel später erfahren. Irgendwann würde Vati Monika heiraten. Das hatte er Jan selbst einmal gesagt. Zuerst hatte es Jan sehr weh getan, aber jetzt machte es ihm nicht mehr so viel aus. Er konnte ja doch nichts daran ändern. Und zurück zu Mutti würde Vati nie

mehr kommen. Weil er nicht zurückkam, konnte Jan ihn auch nur einmal im Monat sehen, jeden zweiten Sonntag. Auch daran hatte sich Jan inzwischen gewöhnen müssen.

Monika war sehr nett zu Jan. Sie hatte lange dunkle Haare und blitzende weiße Zähne. Sie war schön. Sehr schön sogar. Ja, sehr schön und immer sehr freundlich. Wenn sie zusammen mit Vati und Jan war, sahen sie aus wie eine richtige Familie. Aber Monika war nicht Mutti, da mochte sie noch so schön und freundlich sein.

Viel lieber wäre Jan allein mit Vati losgefahren. Doch Vati kam nie ohne Monika. Und Jan hätte ihn doch so gern wieder einmal für sich ganz allein gehabt. So vieles wollte er mit ihm besprechen. Wenn aber Monika dabei war, dann kam es nicht dazu.

Kein Wort von Monika hatte Jan in seinem Aufsatz geschrieben. Das ging wirklich niemand anderen etwas an. Monika hatte dafür gesorgt, dass Vati den Wagen kurz nach der Fahrt über die Autobahn vor einem Eiscafé stoppte. Obwohl es noch früh war, hatten alle drei einen Rieseneisbecher verputzt. Und Monika war es auch gewesen, die in dem Musikautomaten-Museum den Aufseher so lange gebettelt hatte, bis er die einzelnen Automaten in Gang gesetzt hatte, so dass Jan mit staunenden Augen zusehen konnte, wie sich winzige Figuren aus Holz und Zinn zu einer Musik aus alter Zeit im Tanz drehten. Vati und Jan allein hätten das nie geschafft.

Später dann, als Vati unbedingt in dieses stinkvornehme Hotel wollte und Jan viel lieber zu „Mac Donalds", da hatte sich Monika auf Jans Seite geschlagen. Es war schwer gewesen, Vati dazu zu überreden. Jan wäre das nie gelungen, und Mutti auch nicht. Aber Monika drängte so lange und kitzelte Vati sogar, als er wieder sein abweisendes Gesicht aufsetzte, das Jan von früher her noch so gut kannte. Und Vati ließ sich wirklich von Monika überreden. Ja, er lachte sogar, als sie ihn kitzelte, und war gleich wieder richtig gut gelaunt. Jan konnte es nicht fassen, wie Monika das hinkriegte. In diesem Augenblick bewunderte er sie wirklich.

Und als dann Vati mit dem dicken Doppel-Hamburger nicht zurechtkam und sich das Hemd bekleckerte, lachte Vati sogar mit, als Monika sich vor Lachen ausschütten wollte.

Ja, Vati hatte sich sehr verändert. Er war so anders geworden, dass Jan nur staunte. Wenn es so wie früher wäre und Vati so wie jetzt, wie schön wäre es dann zu Hause! Plötzlich fiel Jan auch die kleine Fahrt mit dem Schiff auf dem Rhein wieder ein. Er hatte sie noch nicht einmal in seinen Aufsatz erwähnt, weil dann alles viel zu lang geworden wäre. Und ob es Frau Sieber interessierte, dass er während der ganzen Fahrt ganz dicht neben Vati gesessen hatte, so dicht, dass kein Strohhalm mehr zwischen Vati und ihn gepasst hätte? Vati hatte Jan den

Arm um die Schulter gelegt und drückte ihn ganz fest an sich. Da machte es ihm nichts aus, dass Vatis anderer Arm um Monikas Schulter lag. Schließlich hatte er diese eine Seite von Vati für sich ganz allein.
Die Rückfahrt im Auto war nicht so schön. Jan musste immer wieder daran denken, dass der schöne Tag nun bald vorüber war. Und dann würde er Vati einen ganzen Monat lang nicht mehr sehen. Vielleicht würde er einmal anrufen. Mehr nicht.
Viel zu schnell waren sie dann zu Hause angekommen. Vati stieg aus, und Monika drehte sich nach hinten um und beugte sich zu Jan hin, um ihm einen Kuss zu geben. Sie gab ihm schon seit langer Zeit immer einen Abschiedskuss. Angefangen hatte es, als Vati zu Hause ausgezogen war und Jan zum erstenmal mit dem Wagen an der Wohnung abgeholt hatte. Jan hielt ihr stumm seine Backe hin, dann stieg er schnell aus dem Wagen.
Vati brachte ihn bis zur Haustür, klingelte und wartete, bis der Türöffner betätigt wurde. Dann nahm er Jan in seine Arme, und Jan drückte sich an ihn, so fest er nur konnte. Gut, dass es schon dunkel wurde. Vati brauchte nicht zu merken, daß Jan wieder weinen musste. Immer musste er weinen, wenn er von Vati Abschied nahm. Und dann wieder, wenn Mutti oben in der Wohnungstür stand und ihn in die Arme nahm. „War es schön?", fragte sie, und Jan nickte stumm. Früher hatte sie manchmal gefragt, ob Monika auch dabeigewesen war. Doch danach fragte sie in der letzten Zeit nicht mehr.
„Aber sicher hast du noch Hunger!", sagte Mutti wieder wie immer und eilte bereits zur Küche, wo etwas auf dem Gasherd für Jan vor sich hin brutzelte. „Ich habe etwas für dich aufgehoben."
Natürlich hatte Vati Monika und Jan noch zum Abendessen eingeladen, jetzt endlich in einem vornehmen Lokal, wie Vati es liebte. Und geschmeckt hatte es Jan auch. Kein Wunder, bei Spaghetti und Schnitzel!
Mutti holte einen Teller aus dem Schrank und ging zum Herd. „Das magst du doch besonders gern!", sagte sie und stellte das vor ihn hin, was sie natürlich wieder extra für ihn zubereitet hatte: Spaghetti und Schnitzel.
Und als Jan sah, wie glücklich Mutti war, dass er endlich wieder da war und dass sie ihn wieder für sich allein hatte und mit keinem teilen musste, da griff er nach der Gabel und dem Messer und machte sich daran, auch die Portion Spaghetti mit Schnitzel noch aufzuessen. Da wollte er lieber platzen als Mutti enttäuschen, die sich so darauf gefreut hatte, ihn damit zu überraschen.
Hätte er das alles in seinem Aufsatz schreiben können? Es hätte doch kaum einen interessiert. Aber Mutti hätte er wenigstens erwähnen sollen. Dann hätte auch Theresa keine so dumme Frage gestellt.
Jan blickt noch einmal auf das, was er geschrieben hatte. Der letzte Satz seines Aufsatzes heißt: „Es war wirklich ein ganz besonderer Tag."

Ja, das stimmt. Ein besonderer Tag ist es wirklich gewesen, auch wenn er in dem Aufsatz Mutti nicht erwähnt hat. Dafür wird er in seinem nächsten Aufsatz etwas von Mutti schreiben und nicht von Vati. Denn einen besonderen Tag mit beiden gemeinsam zu erleben, ja, das kann sich Jan nur wünschen. Er seufzt leise, denn er weiß doch nur zu genau, dass dieser Wunsch kaum Aussicht hat, erfüllt zu werden. Aber immerhin, wünschen kann er es sich. Und das würde bestimmt nicht nur ein ganz besonderer, sondern ein ganz besonders glücklicher Tag für ihn. Dann würde es auch stimmen, was über seinem Aufsatz steht: „Ein ganz besonderer Tag bei mir zu Hause."

Nicht böse auseinandergehen

Joachim ist böse auf seine Mutter. Er hat sich so sehr über sie geärgert, dass er mit einem lauten Krach die Tür hinter sich zuschlägt. Von dem Krach ist er selbst so erschrocken, dass er jetzt abwartend stehenbleibt. Wird sie hinter ihm herkommen? Wird sie laut schimpfen? Wird sie ihn rufen?
Er wartet lange. Nichts geschieht.
Das ist Joachim gar nicht recht. Er weiß nicht, was er jetzt tun soll. Und ein bisschen leid tut es ihm auch, dass er so böse aus dem Zimmer gelaufen ist.
Ganz vorsichtig drückt er die Klinke wieder herunter und öffnet die Tür einen Spaltbreit. Seine Mutter sitzt am Tisch. Sie sagt nichts. Sie blickt ihn nur an.

Da öffnet Joachim die Tür noch weiter und geht zögernd wieder hinein. „Bist du jetzt böse?", fragt er.
Seine Mutter lächelt ein bisschen.
„Bist du noch böse?", fragt Joachim.
„Komm mal zu mir!", sagt seine Mutter und streckt beide Arme zu ihm hin. Da kann Joachim auch nicht mehr böse sein. Er läuft zu ihr hin und kuschelt sich auf ihren Schoß.
„Manchmal ärgert man sich selber", sagt seine Mutter leise. „Du hast dich über mich geärgert und ich mich über dich."
Joachim nickt. Ja, das stimmt! Er hat sich wirklich sehr über seine Mutter geärgert.
„Weißt du, manchmal ärgere ich mich auch über Papa", meint die Mutter.
„Und Papa über dich", sagt Joachim.
„Und manchmal ist es richtig laut bei uns."
Auch das weiß Joachim. Das mag er gar nicht, denn dann ist es zu Hause wirklich nicht gemütlich.
Deshalb tröstet er seine Mutter gleich: „Aber dann werdet ihr euch doch auch wieder gut."
„Ja! Als wir heirateten, da haben wir uns nämlich etwas versprochen."
„Dass ihr euch nie zanken würdet?", fragt Joachim neugierig.
„Du weißt doch selbst, dass das nicht immer klappt", lacht die Mutter.
Aber dann fügt sie hinzu: „Wir haben uns versprochen, dass wir nie böse auseinandergehen wollen. Wir wollen uns immer wieder gut werden, bevor wir einschlafen. Wir wollen uns immer wieder gut werden, bevor Vati zur Arbeit geht."
Joachim denkt nach. Dann fragt er: „Hat es immer geklappt?"
„Ja, fast immer", sagt seine Mutter. „Wir haben es uns ja ganz fest versprochen."
„Man kann ja fortgehen und dann unter ein Auto kommen", meint Joachim.
Und seine Mutter fügt hinzu: „Dann muss man das ganze Leben lang traurig sein, weil man böse auseinandergegangen ist."
„Ich schlage die Tür bestimmt nicht wieder so laut zu", sagt Joachim und drückt sich ganz fest an seine Mutter.
„Das war nicht so schlimm", sagt die Mutter mit einem verschmitzten Lächeln. „Du bist ja gleich wieder gekommen. Und wenn du jetzt raus zum Spielen gehst, bist du überhaupt nicht mehr böse auf mich."
„Wenn ihr euch das versprochen habt, du und Papa …", denkt Joachim ganz laut, „dann gilt das ja auch für mich. Schließlich gehöre ich ja zu euch dazu."

Vom Liebhaben

Einmal hat ein Kind Streit mit einem anderen Kind gehabt. Es hat so geweint, dass seine Mutter es trösten musste.
„Ihr habt euch doch lieb!" hat die Mutter gesagt.
„Nein!" hat das Kind geantwortet und den Kopf geschüttelt. „Nie mehr!"
„Liebhaben ist nicht leicht", hat die Mutter nach einer Weile gesagt.
„Doch!" hat das Kind da gerufen. „Ich hab dich lieb. Das ist ganz leicht!"
„Ja, einmal liebhaben ist leicht", hat die Mutter gesagt. „Aber immer liebhaben, jeden Tag und jeden Tag, das ist schwer."
„Und wenn man Streit hat?" hat das Kind gefragt.
„Dann kann man sich nur wieder vertragen, wenn man sich richtig liebhat."
„Kann man Liebe spüren?" hat das Kind gefragt.
Seine Mutter hat nachgedacht und schließlich gesagt: „Es ist wie ein zarter Wind."
„So schön wie die Luft vom Windrad?" hat das Kind gefragt.
„Ja, genauso!" hat die Mutter geantwortet.
Da hat das Kind das Mohrle auf dem Sessel gesehen. Es ist zu dem Mohrle gegangen und hat es gestreichelt. Da hat das Mohrle leise geschnurrt. Ja, das Mohrle liebhaben ist leicht. Es schnurrt, wenn es gestreichelt wird.
„Haben Katzen Mäuse lieb?" hat das Kind plötzlich gefragt.
„Wenn sie satt sind", hat seine Mutter gesagt.
„Also hat unser Mohrle alle Mäuse lieb", hat das Kind gesagt. „Es kriegt ja bei uns immer satt zu fressen."
„Hm!" hat die Mutter gesagt.
Und das Kind hat das Mohrle gestreichelt und gesagt: „Hörst du, Mohrle, du musst die Mäuse ganz liebhaben. Nicht nur einmal! Immer! Jeden Tag!"
Und als sich das Mohrle faul und zufrieden im Sessel räkelt, hat das Kind ihm noch gesagt: „Dann spürst du es wie einen zarten Wind." Und es hat dem Mohrle ganz zart auf das Fell gepustet, so dass das Mohrle noch zufriedener geschnurrt hat.
„Siehst du", hat das Kind zum Mohrle gesagt. „So schön ist das!"
Als es dann an der Tür geklingelt hat, hat das andere Kind vor der Tür gestanden.
„Kommst du wieder raus?" hat das andere Kind gefragt.
„Seid ihr euch wieder gut?" hat die Mutter gefragt.
„Wir haben uns doch lieb!" hat da das Kind gerufen und ist schnell in sein Zimmer gelaufen und hat seinen dicken roten Ball geholt.

Und wenn alles anders gekommen wäre?

„Sag' mal, wer ist denn das?" Marianne hält Mutti ein Foto hin, das sie in der großen Kiste gefunden hat, in der die vielen alten Fotos von früher aufbewahrt werden.
Mutti wirft einen kurzen Blick auf das Foto und nimmt es dann in die Hand. „Der Volker …", sagt sie nachdenklich und gibt Marianne das Foto mit einem Lächeln zurück.
„Was für ein Volker?" Marianne betrachtet das Foto kritisch. „Und warum hat er den Arm um dich gelegt?"
„Volker war meine erste große Liebe …", sagt Mutti leise und spürt, dass sie ein bisschen rot wird.
„Und Vati?" Marianne betrachtet das Bild genau. „Wo war Vati?"
„Vati gab es damals noch gar nicht."
„Er ist doch älter als du!"
„Es gab ihn noch nicht in meinem Leben", sagt Mutti und erinnert sich an den großen Jungen mit den hellblonden Haaren neben sich auf dem Foto. „Volker Vermeeren – ein toller Junge!", lacht sie.
„Mensch, Marianne, waren wir damals verliebt!"
„Aber geheiratet hast du ihn doch nicht." Marianne weiß nicht recht, ob sie sich darüber freuen oder traurig sein soll. „Dann hieße ich jetzt nicht Marianne Müller, sondern Marianne Vermeeren. Vielleicht hätte ich auch so helle Haare wie dieser Volker …"
„Wir hatten uns im Urlaub kennengelernt." Mutti lächelt, als sie daran zurückdenkt.
„Vierzehn Tage war ich auf Borkum. Und da traf ich Volker. Er studierte Medizin."

„Dann wäre mein Vater jetzt Arzt." Marianne staunt nur.
„Nach dem Urlaub haben wir uns noch ein paarmal geschrieben. Aber dann ist irgendwann der Kontakt abgebrochen."
Mutti seufzt leise. „So ist das oft mit Urlaubsbekanntschaften."
„Und was macht er jetzt?", fragt Marianne.
„Ich weiß nicht."
Mutti lacht schon wieder. „Ich habe dann in München Vati kennengelernt. Es ist alles anders gekommen, als ich gedacht habe."
„Und ich kann nicht Marianne Vermeeren heißen! Müllers gibt es so viele!"
Mutti blickt Marianne nachdenklich an. „Dich gäbe es überhaupt nicht", sagt sie dann.
Verwundert schaut Marianne auf.
„Wenn dieser Volker dein Vater wäre …", sagt Mutti sehr langsam, „dann wärst du ein ganz anderer Mensch. Du hättest einen anderen Vater, andere Großeltern, andere Verwandte, andere Erbanlagen. So wie du bist, bist du nur, weil du das Kind von Vati und mir bist."
„Aber irgendwie müsste es mich doch geben."
„Dich gibt es nur, weil du unser Kind bist", sagt Mutti noch einmal.
„Wenn Opa und Oma nicht geheiratet hätten, wenn irgendein anderer Mann Oma …" Mutti spricht nicht weiter.
„Dann gäbe es dich auch nicht so, wie du bist", führt Marianne das weiter, was Mutti sagen wollte.
„Ja, so ist das", sagt Mutti.
„Dann ist es ein Riesenzufall, dass wir wirklich wir sind", meint schließlich Marianne und kann wieder ein bisschen lachen.
„Ich glaube weniger an Zufälle", antwortet Mutti nachdenklich. „Sicher wollte es Gott so! Kein Mensch auf der ganzen Welt ist so wie du oder ich. Jeder Mensch ist einmalig. Und er ist nur so, weil all das in ihm zusammenkommt, was seine Eltern in sich tragen …"
Marianne schweigt und legt langsam alle Fotos wieder in die Kiste zurück. Dann geht sie plötzlich auf Mutti zu und legt beide Arme um sie.
„Was habe ich für ein Glück, dass ich euch habe, dich und Vati!", lacht sie. „Was habe ich für ein Glück, dass ich so bin wie ich bin."
Sie zögert einen Augenblick, dann fährt sie fort: „… und dass es euch und mich überhaupt gibt!"

Familiengeschichten

Sie hieß Nadja, war etwa fünf Jahre alt und saß dicht neben mir, als ich Kindern Geschichten vorlas. Familiengeschichten, die von Vätern, Müttern und ihren Kindern erzählten.
Sie hörte gebannt zu. Plötzlich stieß sie mich leicht an und fragte leise: „Hast du auch andere Geschichten?"
Ich verstand nicht, was sie meinte.
„Lustige Geschichten, nur mit Kindern und Müttern", sagte sie.
„Gefallen dir meine Geschichten nicht?", fragte ich. „Dass der Vater seinen Mittagsschlaf halten will und immer wieder gestört wird?"
„Ist ja ganz schön", antwortete sie ernst. „Aber das stimmt alles nicht!"
Sie schwieg und schaute nach unten. Ganz leise fügte sie dann hinzu: „Ich habe auch einen Vater. Aber er ist nicht mehr bei uns."
Die Kleine sah mich flehend an. „Vielleicht hast du doch noch eine Geschichte von Kindern und Müttern? Aber eine ganz lustige!"
Und ich saß neben ihr und wußte nicht, was ich ihr antworten sollte.

Nie und nimmer

Als Johanna aus dem Kindergarten heimkommt, ist sie anders als sonst.
„Was ist los, Johanna?", fragt Mama.
Doch Johanna sagt nichts.
„Was ist los mit meinem kleinen Mädchen?", fragt Papa und setzt Johanna einfach auf seine Knie, so wie er es immer tut.
Da wirft sich Johanna an ihn und klammert sich an seinem Hals fest.
„Tut dir etwas weh?", fragt Mama.
Johanna schüttelt wild den Kopf.
„War etwas im Kindergarten los?", fragt Mama jetzt.
Da nickt Johanna.
„Beim Turnen haben wir uns ausgezogen", sagt sie. „Christian hat nur seine Turnhose angehabt. Aber er hat ganz dicke rote Streifen auf seinem Rücken."
„Was für Streifen?", fragt Mama.
„Ich habe es Frau Steiner gezeigt." Johanna spricht so leise, dass Mama und Papa ganz nah herankommen müssen, um sie zu verstehen.
„Frau Steiner hat es Frau Marten und Frau Brod gezeigt. Sie haben ganz leise miteinander gesprochen. Und Frau Steiner hat Christian gestreichelt."

„Hat Christian gesagt, woher die Streifen kommen?", fragt Papa.
Da muss Johanna weinen.
Sie drückt sich so fest an Papa, wie es nur geht. Und Papa legt beide Arme um sie.
„Das würdest du nie tun!", flüstert Johanna und drückt ihr tränennasses Gesicht an Papas Hals.
„Niemals würde ich mein Mädchen schlagen", sagt Papa leise.
„Nie und nimmer!"
Als Johanna zu Mama blickt, sieht sie, dass Mama weint.
Da rutscht Johanna von Papas Knien herunter und muss Mama ganz fest drücken.
„Hab keine Angst!", sagt sie. „Wir schlagen uns doch nicht."
Mutti lächelt ein bisschen.
„Nie und nimmer!", sagt Johanna.

Tanja spielt Frisör

Sonntags nach dem Essen hält Tanjas Vater seinen Mittagsschlaf. Tanja weiß, dass sie dann bei ihrem Vater fast alles erreichen kann. Wenn sie ihn etwas fragt, antwortet der Vater schläfrig: „Hmhm!" Und das heißt immer: „Ja!" Sonntags nach dem Essen ist der Vater zu müde, um nein zu sagen.
Heute fragt Tanja: „Darf ich ein bisschen Frisör mit dir spielen?"
Schläfrig antwortet der Vater: „Hmhm!"
Da holt Tanja den Kamm und die Bürste, dazu Mutters Lockenwickler.
Der Vater ist ein geduldiger Kunde. Manchmal schnarcht er ein bisschen vor sich hin.
Nur Locken wickeln und kämmen ist langweilig, findet Tanja. Deshalb fragt sie: „Darf ich auch ein bisschen die Haare schneiden?"
„Hmhm!", brummt der Vater und schnarcht wieder ein bisschen.
Tanja holt die kleine Schere aus Mutters Nähkasten und gibt sich die allergrößte Mühe. Der Vater hat viele Haare. Da kann man auch viel schneiden.
Tanja will dem Vater eine besonders schöne Frisur machen. Sie schneidet zuerst vorn die langen Strähnen weg. Dann schneidet sie um die Ohren herum.
„Au!", brummt der Vater.
Tanja muss viel vorsichtiger sein. Das ist besonders hinten am Kopf sehr schwer. Aber Tanja schneidet und schneidet.
Nach einer Weile betrachtet sie Vaters Kopf. Eigentlich gefiel ihr die Frisur vor dem Haareschneiden doch besser.
Aber Tanja gibt nicht auf. Dann müssen halt noch mehr Haare abgeschnitten

werden. Tanja ist ein sehr gründlicher Frisör. Und der Vater schnarcht zufrieden.
Jetzt ist Tanja fertig. Es ist nichts mehr da, was man noch wegschneiden könnte.
Tanja holt noch Mutters Haarspray und sprüht Vaters Kopf tüchtig ein.
Da wird Vater wach. „Was machst du denn?", ruft er.
„Wir spielen doch Frisör! Und jetzt bist du fertig!", stellt Tanja fest.
Der Vater springt auf. Er rennt ins Bad. Er schaut in den Spiegel. Dann schreit er so laut wie damals, als er sich mit dem Hammer auf den Daumen geschlagen hat. Dann kommt er zurück. Er sieht richtig unglücklich aus. Jetzt ist auch die Mutter dazu gekommen. Als sie den Vater sieht, schreit auch sie. Tanja hat große Angst.
Doch dann nimmt der Vater Tanja auf den Schoß.
Er sagt ganz ruhig: „Tanja, wenn ich wieder einmal ‚Hmhm' sage, heißt das NEIN! Tanja, hast du das verstanden?"
Tanja nickt.
Und dann müssen alle drei ganz fürchterlich lachen.

Manuelas Geschwister

„Bei Hansteins ist alles ein bisschen anders als bei uns", erklärt Ria ihrer Mutter, als sie zum ersten Mal bei Manuela zum Spielen ist. „Manuela sieht schon ein bisschen anders aus als die anderen Mädchen im Kindergarten."
„Hat sie nicht zwei Augen und eine Nase?", fragt Mutti.
Ria lacht. „Natürlich! Aber ihre Haut ist ganz anders. Viel dunkler. Ihre Haut und ihr Gesicht sind ganz braun."

„Sie ist ja auch in Guatemala geboren", sagt Mutti. „Dort sehen die meisten Leute so aus. Hansteins haben sie adoptiert."
Als Ria sie fragend ansieht, erklärt sie ihr: „Manuela hatte keine Eltern mehr. Und Hansteins bekamen keine eigenen Kinder. So haben sie Manuela zu sich genommen."
„Für immer?", fragt Ria.
„Ja." Mutti nickt. „Sie haben sie adoptiert. Das heißt, dass Manuela jetzt Hansteins Kind ist."
„Sie hat aber noch einen Bruder", sagt Ria nachdenklich. „Und der ist ganz schwarz. Wie ein Neger."
„Du meinst den Joe." Mutti sieht Ria fragend an und erklärt ihr dann: „Das ist auch ein Neger. Er hat schwarze Eltern. Und er ist in Afrika geboren. Kurz nach seiner Geburt sind beide Eltern im Krieg getötet worden. Da hatte er keinen Menschen mehr."
„Nur noch die Hansteins!", meint Ria.
„Ja. Hansteins haben auch ihn adoptiert. Genauso wie das Baby, das noch gar nicht lange bei ihnen ist."
„Das ist aber auch braun", sagt Ria. „Hat es auch keine Eltern?"
„Leute haben es in Indien auf der Straße gefunden", antwortet Mutti leise. „Es war fast verhungert."
„Verhungert?", fragt Ria und kann es nicht fassen. „Dann ist es aber gut, dass es jetzt bei Hansteins ist!" Und als Mutti nickt, fragt sie: „Woher weißt du das alles?"
„Du weißt doch, dass Papa und Herr Hanstein zusammen arbeiten", sagt Mutti. „Deshalb kennen wir auch Hansteins gut. Manuela war doch schon oft zum Spielen bei uns."
„Aber ich heute zum erstenmal bei Manuela", meint Ria. „Und warum holen wir uns nicht auch ein Kind aus Indien oder sonstwoher? Hansteins haben drei Kinder, und ich bin ganz allein!"
Da nimmt Mutti Ria auf den Schoß. „Nicht mehr lange", sagt sie. „Bald bekommen wir nämlich auch ein Baby!"
„Aus Afrika?", fragt Ria und denkt an Manuelas neuen großen Bruder, mit dem sie heute sogar in Hansteins Garten Fußball gespielt hat.
Mutti schüttelt den Kopf. „Es wächst in meinem Bauch", sagt sie leise.
„In echt?", fragt Ria.
Als Mutti nickt, merkt sie plötzlich, wie sie sich auf einmal ganz mächtig zu freuen beginnt. Und dann drückt sie sich fest an ihre Mutter, so fest sie nur kann.

Gewisse Cowboys und Indianer

„Es wird Zeit für dich", sagt der große Cowboy. Der kleine Cowboy schüttelt nur den Kopf. „Noch nicht", bettelt er.
Doch der große Cowboy bleibt unerbittlich.
„Ich kann jetzt wirklich nicht fort", meint der kleine Cowboy und blickt sich nach den Kühen um. „Wenn ich nicht da bin, laufen sie weg."

„Ich bin doch schnell wieder zurück", sagt der große Cowboy und lacht. „Und außerdem hast du jeden Morgen dieselbe Ausrede."

„Ich sollte lieber bei dir bleiben", versucht es der kleine Cowboy noch einmal. „Hier gibt es so viel zu tun."

„Das ist meine Arbeit, und du hast deine", sagt der große Cowboy. „Komm jetzt, wir müssen los!"

Der große Cowboy macht sich mit breiten Schritten auf den Weg. „Komm schon, kleiner Cowboy!", ruft er. „Ich habe das Pferd bereits gesattelt."

Da weiß der kleine Cowboy, dass der große Cowboy nicht länger mit sich reden lässt. „Ich hole meine Tasche", sagt er kleinlaut und läuft zum Zaun, wo die kleine rote Tasche hängt. Dann trottet er langsam zurück zu seinem Vater.

„Da kommt dein Freund", sagt der große Cowboy, als er den kleinen Cowboy vor sich hinsetzt. Der kleine Cowboy sieht den großen Indianer auf seinem schwarzen Mustang herbeireiten. Der kleine Indianer sitzt hinter ihm und hat beide Arme um den Bauch des großen Indianers geschlungen. „Er darf heute bei seinem Vater bleiben", sagt der kleine Cowboy und dreht sich zum großen Cowboy um. Aber der winkt gerade dem großen Indianer zu.

„Brr!", sagt der große Indianer und hält neben dem großen Cowboy an. Er zeigt auf den kleinen Indianer hinter sich. „Er wollte unbedingt zu Hause bleiben", sagt er. „Ich musste ihn auf meinen Schultern aus dem Wigwam tragen."

„Du hast mich nicht getragen!", sagt der kleine Cowboy.

„Wir haben auch keinen Wigwam", antwortet der große Cowboy.

„Wir könnten zusammen in unserem Wigwam spielen", schlägt da der kleine Indianer vor, und der kleine Cowboy nickt begeistert. Er ist ja so froh, dass der kleine Indianer jetzt da ist.

„Vielleicht am Nachmittag", sagt der große Cowboy.

„Am Nachmittag?", schreien der kleine Indianer und der kleine Cowboy gemeinsam. „Da wollen wir doch ganz alleine auf alle Kühe aufpassen!"

„Okay!", sagt der große Cowboy und nickt.

„Dann morgen", schlägt der große Indianer vor. „Lieber jetzt!", brüllen der kleine Indianer und der kleine Cowboy und sind blitzschnell wieder abgestiegen.

„Jetzt auf keinen Fall!", rufen die beiden Väter. Jeder schnappt sich einen Jungen. Da sitzt der kleine Indianer vor dem großen Cowboy im Sattel, und der kleine Cowboy hockt hinter dem großen Indianer. Und keiner von beiden wagt sich mehr zu rühren. Sie sind mucksmäuschenstill.

Der kleine Cowboy kennt den großen Indianer nicht so gut wie den großen Cowboy. Schließlich ist er ja nicht sein Papa. Da getraut er sich nichts. Und der kleine Indianer kann vielleicht den großen Indianer um den Finger wickeln, aber doch nicht den großen Cowboy. Die beiden Väter lachen sich zu und lassen sich nun nicht mehr aufhalten.

Trotzdem kommen der kleine Cowboy und der kleine Indianer heute zu spät in den Kindergarten. „Es gab so viel zu tun", sagt der kleine Cowboy und hebt bedauernd seine Schultern.

„Und heute Nachmittag haben wir leider auch keine Zeit", fügt der kleine Indianer hinzu.

„Es gibt wieder so viel zu tun", sagt die Erzieherin und lacht. Doch da hat der kleine Indianer das neue große rote Feuerwehrauto in der Spielecke entdeckt und stürzt darauf zu. Der kleine Cowboy folgt ihm, so schnell er nur kann. „Aber wenn wir wollen, dürfen wir auch länger bleiben", rufen beide wie aus einem Mund.

Sie vergessen sogar, zum Fenster zu rennen und dem großen Indianer und dem großen Cowboy zuzuwinken, die sich jetzt wieder auf den Heimweg machen. Die Erzieherin aber läuft zum Fenster, reißt es auf und ruft den beiden Vätern zu: „Jetzt wollen sie doch heute Nachmittag hier bleiben. Sie können sie gegen fünf Uhr abholen."

„Okay!", erwidert der große Cowboy und zieht seinen Hut.

„Hugh!", sagt der große Indianer und hebt die Hand. Dann steigen sie zufrieden auf ihre Fahrräder und radeln davon.

Schwierigkeiten mit Mutters Geburtstag

Als Rainer mit Lars und Andreas aus der Schule kommt, gibt Andreas auf dem Heimweg wieder mal mit seinem Onkel aus Hamburg an. „Der verdient so viel in seinem riesigen Frisörgeschäft, dass er in diesem Sommer sogar eine Safari quer durch Afrika macht."

„Das ist gar nichts!", meint Lars. „Ich habe drei Tanten. Die Tante Hilde hat eine große Bäckerei. Wenn ich sie in den Ferien besuche, dann darf ich so viel Kuchen und Stückchen essen, wie ich will."

„Bis du platzt!", lacht Andreas und fügt sofort hinzu: „Mein Onkel in Hannover ist Filialleiter in einem großen Supermarkt. Wenn ich zu dem komme, darf ich mir aussuchen, was ich will."

„Meine zweite Tante, die Tante Uschi", fährt Lars unbeirrt fort, „ist Zahnärztin. Die hat sogar ein eigenes großes Schwimmbad zu Hause im Keller. Und eine Sauna! Ganz für sich allein."

Bevor noch einer ihn unterbrechen kann, erzählt er schnell auch noch von der dritten Tante. „Das ist eigentlich nicht meine ganz richtige Tante. Sie ist eine

Cousine meiner Mutter. Und sie hat in Duisburg einen richtigen Kiosk mit Zeitschriften, Bonbons, Heißen Hexen und Eis."
Er seufzt. „Wenn es nicht so weit wäre und wenn ich wollte, könnte ich jeden Tag alle drei besuchen. Dann könnte ich Wurst und Kuchen essen, Eis und Heiße Hamburger, soviel ich nur wollte. Und Comic-Hefte bekäme ich ganz umsonst!"
„Ihr habt Sorgen!", schnaubt Rainer. „Ich wünschte, ich hätte nicht so viele Verwandte!" Und als ihn seine beiden Freunde erstaunt ansehen, erklärt er ihnen: „Meine Mutter wird am Samstag dreißig. Da wollen beide Großeltern kommen, zwei Tanten mit ihren Männern und ihren fünf Kindern, ein Onkel mit seiner Frau und seinem Sohn, eine Freundin von früher und eine Cousine meiner Mutter mit ihren zwei Kindern. Und wir sind selbst vier Personen."
„Na und?", fragt Lars. „Da ist doch nichts dabei! So viele Verwandte habe ich auch."
„Ja", sagt Rainer und zieht die Stirn in Falten. „Ihr braucht aber am Samstag nicht alle vierundzwanzig Leute in einem einzigen Wohnzimmer unterzubringen. Meine Mutter ist schon ganz verzweifelt."
„Wenn meine Eltern Geburtstag haben, gehen wir immer aus zum Essen", meint Andreas.
Rainer schweigt. Nein, er wird Andreas und Lars nicht sagen, dass sein Vater immer noch keine neue Arbeit gefunden hat. „Das wäre das allerschönste Geburtstagsgeschenk für uns alle", hat Mutter noch heute morgen gesagt.

Die Kuh im Kastanienbaum

Annette läuft ganz aufgeregt zu dem Opa: „Der Christian hat gesagt, eine Kuh ist im Kastanienbaum!"
Der Opa blickt Annette misstrauisch an. Dann sagt er: „Die Welt wird immer verrückter!" Er ruft der Oma zu: „Im Kastanienbaum ist eine Kuh!"
Die Oma schaut den Opa verwundert an. Aber wenn der Opa das sagt, muss es wohl stimmen. So ruft sie Tante Helene zu: „Im Kastanienbaum ist eine Kuh!"
Tante Helene telefoniert gerade mit ihrer Freundin. „Übrigens", sagt sie ins Telefon hinein, „in unserem Kastanienbaum ist eine Kuh!"
Kaum hat Tante Helene den Hörer aufgelegt, da ruft ihre Freundin schon Frau Boller an. Sie verkündet sofort die Neuigkeit: „In Müllers Kastanienbaum ist eine Kuh!"
„Das muss ich Schulzes erzählen!", sagt Frau Boller. Sie legt den Hörer auf die Gabel und wählt Schulzes Nummer.
Herr Schulze sagt es Frau Weber.

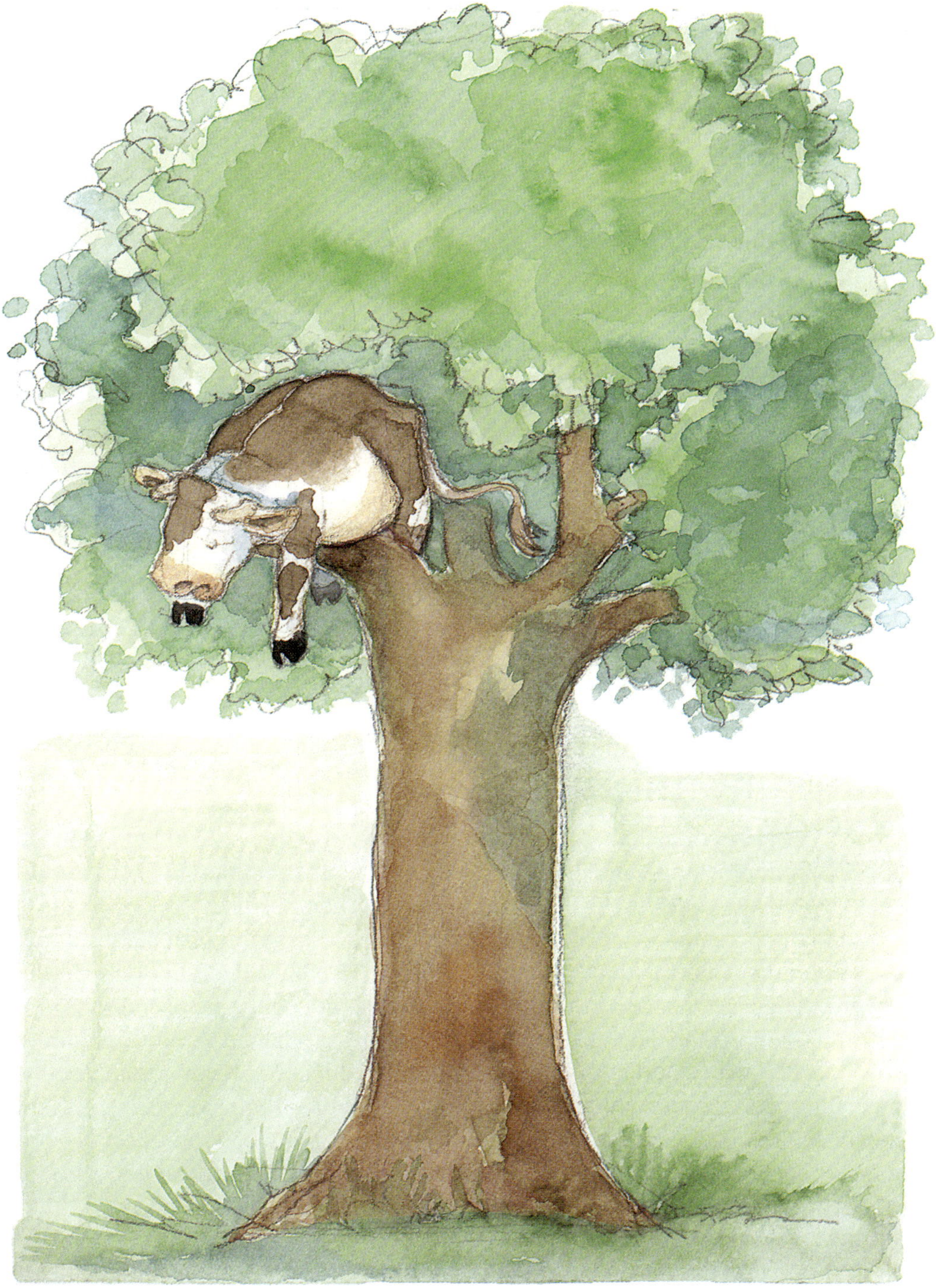

Frau Weber sagt es Herrn Will.
Herr Will sagt es Herrn Schneider.
Herr Schneider sagt es Frau Patzke.
Frau Patzkes Mann ist Reporter bei der Zeitung.
Um fünf Uhr läutet es bei Müllers an der Haustür.
Als die Mutter öffnet, stehen viele Leute davor. Auch ein Mann von der Zeitung mit einem Fotoapparat.
„Ich möchte die Kuh im Kastanienbaum fotografieren!", sagt der Mann von der Zeitung.
„In unserem Kastanienbaum ist keine Kuh!", sagt die Mutter.
Da kommt der Opa hinzu. Er ruft: „Annette hat es mir selbst gesagt!"
Und Annette schreit: „Ja, Christian hat gesagt: eine Kuh ist im Kastanienbaum!"
Da kommt auch Christian. Christian ist gerade drei Jahre alt geworden. Er hat nur am rechten Fuß einen Schuh.
„Mama!", jammert er. „Mein anderer Kuh ist im Baum!"
„Er kann leider noch nicht SCH sagen!", sagt die Mutter und klappt dem Mann von der Zeitung die Tür vor der Nase zu.

Klar, Joschi kann Rad fahren

Seit vierzehn Tagen schon. Als er das schöne neue Fahrrad zum Geburtstag bekam, hat er sich so darüber gefreut, dass er es am Abend mit ins Bett genommen hat.
Er wollte es auf sein Deckbett legen und die ganze Nacht im Arm behalten. Da hat es Papa und Mama viel Mühe gekostet, ihn zu überreden, dass das Fahrrad genau gegenüber von seinem Bett an der Wand stehen durfte.
Nur Rad fahren konnte Joschi damals noch nicht. Er hat sich einfach nicht getraut. Dafür hat er dann das funkelnagelneue Fahrrad im Hof herumgeführt. Er hat es an der Lenkstange gepackt und immer im Kreis rundherum neben sich hergeschoben. Papa und Mama haben laut gelacht. Und Anja hat es Joschi auf ihrem Rad immer wieder gezeigt, wie einfach Radfahren ist. Joschi hat nur den Kopf geschüttelt.
Einen Tag später, als niemand zusah, hat Joschi ganz vorsichtig versucht, auf sein Rad zu steigen. Es hat leider nicht so geklappt. wie er es sich wünschte.
Da hat er das Fahrrad zwischen seine beiden Beine genommen und hat es so im Hof herumgeschoben. Er hat es an der Lenkstange festgehalten und so immer weiter geschoben.
Am nächsten Tag hat Joschi laut nach Mama gebrüllt. Und als Mama in den Hof kam, da ist Joschi auf seinem neuen Fahrrad immerzu im Kreis herum gefahren.

„Ich kann es!" hat er glücklich gerufen. „Mama, weißt du was? Jetzt kann ich endlich Rad fahren!"
Der Hof ist eben. Aber vor dem Haus geht die Straße ein kleines bisschen den Berg hinunter. Anja schafft den kleinen Berg mit ihrem Rad spielend. Sie saust hinunter und steigt auch beim Hinauffahren nicht ab. So gut würde Joschi es auch noch lernen. Da war sich Joschi ganz sicher.
„Pass auf an der Kurve!", sagt Mama. „Fahr ganz langsam, damit du nicht aus der Kurve fliegst!"
„Aber Mama!", lachte Joschi und fuhr los. Und weil es sich so gut fahren ließ, fuhr Joschi immer schneller. Als er vor der Kurve ganz hart bremsen musste, machte sein Rad einen Satz, und Joschi landete in der Dornenhecke.
Tapfer unterdrückt Joschi all seinen Schmerz und macht sich noch nicht einmal etwas daraus, dass sein linkes Knie ein bisschen blutet.
„Die blöde Kurve!", sagte er, als Mama sein Knie verpflasterte.
„Bleib besser mit deinem Rad im Hof!", meinte sie, und Joschi nickte.
Später versuchte er es doch wieder auf der Straße. Und es klappte, wenn Joschi vor dem Haus blieb. Erst dort, wo die Straße steiler wurde, stieg Joschi schnell vom Fahrrad herunter.
Und dann versuchte er es doch wieder, den Berg hinunter zu fahren. Zuerst ging es langsam los, dann wurde Joschi immer schneller. Nein, nicht Joschi, sondern sein Fahrrad war es. Joschi schaffte es wieder nicht, frühzeitig vor der Kurve abzubremsen. So landete er wieder in der Hecke. Diesmal blutete das andere Bein.
„Du bist mir einer!", meinte Papa, als er Joschis anderes Knie verband. „Bleib besser mit deinem Rad im Hof oder vor dem Haus!"
Joschi nickte und versuchte es am Nachmittag noch einmal.
Diesmal hätte er es fast geschafft. Aber dann landete er doch wieder in der Hecke.
Als er heimkam, zeigte er Mama lieber gar nicht seinen zerschundenen Arm. Sie hätte doch gleich gewusst, dass er wieder in der Hecke gelandet war.
Dafür tröstete Anja ihn. Sie klebte ihm auch ein Pflaster dorthin, wo es ein bisschen blutete.
„Wir machen zuerst einmal eine große Fahrradtour!", sagte Papa am Abend. „Mama, Anja, Lukas, du und ich! Dann wirst du immer sicherer auf deinem Rad!"
Und wenn Papa etwas versprach, dann wurde es auch wahr.
So fuhren sie alle zusammen am Sonntagmorgen mit ihren Rädern los. Nicht den Berg hinunter, sondern nach der anderen Seite. Ein Stückchen auf der Teerstraße, dann die nur wenig befahrene Landstraße entlang und dann durch den großen Park. Anja fuhr vorneweg und zeigte den Weg. Papa hatte den kleinen Lukas auf dem Kindersitz vor sich sitzen und folgte ihr. Hinter Papa fuhr Joschi. Und zum

Schluss kam Mama. Sie hatte den großen Picknickkorb hinten auf ihrem Gepäckträger. Zuerst fuhr Anja recht langsam. Natürlich konnte Joschi da gut mitkommen. Und als sie etwas schneller fuhr, da klappte es auch.
„Klar, Joschi kann Rad fahren!", rief Mama von hinten und freute sich mit Joschi. Bald sausten sie schon richtig dahin.
„Immer auf die Autos und auf die Fußgänger achten!", rief Papa nach hinten, und Joschi nickte.
„Wohin fahren wir?", rief er laut, so dass es Anja vorn hören konnte.
„Immer weiter!", rief Anja zurück. „Bis wir müde sind!"
„Ich habe Durst!", schrie da der kleine Lukas, denn er hatte den Kiosk am Ende des Parks entdeckt. Immer wenn Lukas einen Kiosk sah, hatte er Durst.
„Anhalten!", rief Papa. Da lehnten sie ihre Räder an die Holzwand neben dem Kiosk, und Papa spendierte für alle Kinder Limonade. Mama und Papa tranken lieber einen heißen Kaffee.
„Am Hirschsee wird heute das neue Gasthaus eröffnet", meinte der Mann im Kiosk.
„Oha!", sagte Papa.
„Wir haben doch unseren Picknickkorb dabei!", rief Mama.
Papa bezahlte und sagte: „Wir können doch einmal hinfahren und es uns anschauen. Wir brauchen dort ja nichts zu essen."
Er stieg auf sein Rad, hob den kleinen Lukas auf den Kindersitz und setzte sich gleich an die Spitze. Joschi folgte ihm, und es klappte bereits sehr gut. Jetzt fuhr Anja hinter Joschi, und Mama folgte wieder als Letzte.
Sie fuhren jetzt mit ihren Rädern auf einem Teerweg, der mitten durch den Wald führte. Da machte das Radfahren ganz besonderen Spaß. Die Vögel zwitscherten, und die Sonne schien hell vom blauen Himmel herunter. Und es roch so gut, es roch so richtig nach Wald, nach Fichten und Buchen, nach Farn und nach Erde. Ja, das gefiel Joschi! Er summte vor Freude leise vor sich hin.
Dann kamen sie wieder an eine größere Straße. „Vorsicht!", rief Papa. „Denkt an die Autos und Fußgänger!"
Jetzt wurde auch der Verkehr immer dichter. Es waren viele Leute unterwegs. Viele Autos und viele Radfahrer. Da musste Joschi schon gut aufpassen, dass er immer hinter Papa blieb und nicht den Anschluss verlor.
„Toll!", sagte Papa, als sie endlich am Hirschsee ankamen und ihre Räder vor dem neuen Gasthaus abstellten. „Unser Joschi kann wirklich Rad fahren! Das müssen wir feiern!"
So setzten sie sich in den Garten des Gasthauses, und Papa bestellte für alle Pommes frites und Schnitzel.
Sie hatten Glück, dass sie früh genug da waren. Es kamen so viele Leute noch

nach ihnen, dass die Plätze kaum reichten. Als sie satt waren und auch noch Eis zum Nachtisch gegessen hatten, machten sie sich auf den Rückweg.
Zuerst fuhren sie so, wie sie auch hergekommen waren. Dann bog Papa an einer Kreuzung ab. „Diesen Weg kennt ihr noch nicht", rief er. „Er führt direkt am Dreifelder Weiher vorbei. Das ist auch ein kleiner, schöner See!"
Und als sie dann endlich an dem Weiher ankamen und sich vom Rad in das Gras fallen ließen, da hatten sie bereits wieder Hunger, so dass Mamas Picknickkorb gerade richtig war.
Am See war es still. Die Leute waren heute alle zum Hirschsee unterwegs. Da hatten sie hier so viel Platz, dass Anja und Joschi sogar ein kleines Fußballspiel mit Papa beginnen konnten. Und hinterher spielten sie Verstecken. Da machten sogar Mama und Lukas mit.
Schließlich schaute Mama auf die Uhr. „Jetzt müssen wir aber heimfahren!", sagte sie. „Der Tag ist so schnell herumgegangen!"
„Schöne Tage gehen immer viel zu schnell herum", meinte Anja ein bisschen traurig.
„Sie sind immer viel kürzer als die anderen.
Aber dann packten sie alles wieder zusammen und stiegen auf ihre Fahrräder. Und Joschi fuhr so sicher, als wäre er sein Leben lang schon immer mit dem Rad gefahren.
Als sie dann zu Hause ankamen und Mama die Haustür aufschloss, stürzten alle an ihr vorbei ins Haus hinein. Jeder wollte zuerst aufs Klo.
Nur Joschi nicht.
Er wartete, bis alle im Haus waren. Dann stieg er noch einmal auf sein Rad und fuhr den kleinen Berg hinunter.
„Ja, ich kann Rad fahren!", sagte er fröhlich vor sich hin und fuhr immer schneller.

Je näher Joschi aber an die Kurve kam, umso deutlicher sah er auch die Hecke.
„Nein, nicht wieder!", schrie er aus Leibeskräften.
„Hm!", meinte Papa später, als er wieder Joschis Bein verpflastern musste. „Ich dachte, du kannst jetzt Rad fahren?"
Er sah Joschi ganz merkwürdig an, und Joschi unterdrückte tapfer seine Tränen.
„Wieder die doofe Hecke?", fragte Papa.
Joschi schüttelte den Kopf.
„Ein Stückchen weiter die Mauer!", flüsterte er.
Da schmunzelte Papa. „Dann hast du die Kurve ja fast geschafft!", sagte er und legte den Arm um Joschi. Er sah ihn fragend an: „Was kommt denn nach der Mauer?"
„Nichts!", antwortete Joschi. „Dann geht es nur noch geradeaus. Und der Berg ist auch zu Ende."
„Na, also!", lachte Papa.
Da wusste Joschi, dass er es einmal schaffen würde. Morgen! Ja, morgen ganz bestimmt!

Ein Seehund auf dem Sofa

Wenn Opa zu Besuch ist, hat er immer Zeit für Susanne und Fabian. Die beiden sind Zwillinge, und manchmal stöhnt Mama, wenn es ihr mit Susanne und Fabian zuviel wird. Opa hat gute Nerven, und ihm wird nichts zuviel. Er spielt geduldig mit ihnen Bilderlotto und Memory. Aber auch ganz andere Sachen. Wilde Spiele, für die weder Mama noch Papa zu haben sind.
„Lasst den Opa doch einmal in Ruhe!", sagt Mama oft, wenn sie beide auf seinem Bauch liegen oder sich von ihm auf dem Rücken durch die Wohnung schleppen lassen.
„Lass sie doch!", sagt Opa dann und lacht. „Ich wehre mich schon, wenn es mir zuviel wird!"
Weil es heute nass und kalt draußen ist, können Susanne und Fabian nicht zum Spielplatz. Da ist es gut, dass Opa zu Besuch ist.
„Heute spielen wir Zirkus!", rufen die Zwillinge. „Opa, du spielst doch mit?"
Bevor Mama etwas dagegen einwenden kann, sagt Opa bereits: „Sie waren doch den ganzen Morgen im Kindergarten. Da hatte ich ja meine Ruhe. Jetzt lass sie doch mal, Margot!"
Und dann hilft Opa den Zwillingen, im Wohnzimmer aus Stühlen und Decken zunächst einmal ein ordentliches Zirkuszelt zu bauen. Weil ein Zirkus ohne

Clown kein Zirkus ist, spielt Opa zuerst einmal den Clown und dann noch den Zauberer. Die Kinder staunen nur, was der Opa alles zaubern kann. Er braucht nur einen Hut und ein paar Spielkarten, und schon zaubert er die tollsten Sachen.
Zum Zirkus gehören aber auch Tiere.
„Opa, machen wir Ponyreiten?", fragen die Zwillinge.
Opa nickt. „Aber danach etwas Ruhiges!", sagt er dann. „Jetzt merke ich doch, dass ich nach dem Mittagessen ganz schön müde geworden bin!"
„Klar!", sagen die Zwillinge. „Es gibt auch ganz ruhige Sachen im Zirkus!"
Aber vorher muss Opa das Pony beim Ponyreiten sein.
Zuerst schleppt er Fabian auf seinem Rücken fünfmal um den Tisch herum. Doch dann meint Susanne, dass ein Pony viel kleiner ist und außerdem vier Beine hat.
„Da kannst du recht haben!", meint Opa und lässt sich auf allen Vieren nieder. Wenn er jetzt um den Tisch kriecht, geht das alles zwar etwas langsamer, dafür können aber Fabian und Susanne gleichzeitig aufsteigen und auf seinem Rücken sitzen.
Toll ist das, einfach toll!
Nach der sechsten Runde aber stellt das Pony fest, dass es eigentlich jetzt recht müde ist und nicht mehr Pony sein möchte.
„Klar, Opa!", rufen die Kinder. „Im Zirkus gibt es auch ganz ruhige Nummern. Wir haben noch etwas ganz Schönes für dich!"
Zunächst beraten sich die Zwillinge erst einmal, so dass Opa es sich in der einen Sofaecke ganz gemütlich machen kann. Und gleich ist auch Susanne da und sorgt dafür, dass Opa ein weiches Kissen im Rücken hat und auch sonst ganz bequem sitzt. Opa muss aufpassen, dass ihm nicht die Augen zufallen.
Die Zwillinge aber überlegen, wie sie Opa nun als nächstes am besten einsetzen können.
„Wir können ihn als Affen nehmen! Als Gorilla oder Orang-Utan!" Affen sind Fabians Lieblingstiere.
„Da muss er zuviel springen!" Susanne schüttelt den Kopf. „Und ein Schimpanse, der nur dasitzt und die Augen zu hat, ist ein langweiliger Affe!"
Da hat sie recht. Fabian schaut kurz zu Opa hin, der ganz leicht mit offenem Mund vor sich hinschnarcht.
„Vielleicht ein Löwe!"
Susanne stellt sich vor Opa und betrachtet ihn nachdenklich. „Dann muss er aber liegen", sagt sie dann. „Löwen, die so wie Opa sitzen, gibt es nicht!"
Behutsam packen beide zu und drehen Opa ein bisschen herum, so dass sie dann seine Beine auch noch auf das Sofa hinaufwuchten können.

Opa macht schläfrig die Augen auf und blinzelt ihnen zu. „Das wird also jetzt die ruhige Nummer!", sagt er dann. Und mit einem leise gemurmelten „Okay!" streckt er sich so richtig auf dem Sofa aus und schließt wieder die Augen. Jetzt hat er die Hände über dem Bauch gefaltet.

„Ein Löwe sieht aber anders aus!", sagt Fabian, als er sich Opa von allen Seiten beguckt hat. „Der hat auch nicht die Hände auf dem Bauch!"

„Opa sieht mehr wie ein richtiger Seehund aus!", stellt Susanne fest.

Genau! Ein Seehund und nichts anderes wird Opa nun in dem Zirkus sein. Sie brauchen ihm jetzt nur noch die Schuhe auszuziehen, denn Seehunde tragen keine Schuhe. Sonst aber stimmt alles.

„Jetzt müssen wir ihm noch Sachen umhängen, damit er ein richtiger Seehund wird!", schlägt Susanne vor und schaut sich im Zimmer um. Es müssen schwarze und graue Sachen sein, denn Opas kariertes Hemd paßt ebensowenig zu einem Seehund wie seine grünen Strümpfe.

Nein, die Tischdecke ist zu hell. Aber im Kinderzimmer gibt es graue Decken und bestimmt noch mehr, was man für den Seehund verwenden kann.

„Spielt ihr schön?", fragt Mama, als ihr die Zwillinge auf dem Flur vollbepackt begegnen. „Wollt ihr denn jetzt den Opa ein bisschen in Ruhe lassen? Er ist ja nicht mehr der Jüngste!"

„Opa geht es gut!", lacht Susanne und verschwindet eilig mit Fabian im Wohnzimmer.

Sie legen graue Decken über Opas Bauch und Beine. Und dann malt Fabian ihm mit Farbe das Gesicht so grau, wie es nur geht. Ja, so ein bisschen sieht Opa jetzt wirklich wie ein Seehund aus…

Jetzt stört nur noch Opas Glatze. Aber dafür hat Susanne auch bereits gesorgt.

Im Flur hängt Mamas grauer Pullover, den ihr Tante Erika für den Winter gestrickt hat. Schon flitzt sie hinaus, um ihn zu holen. Und dann ziehen sie gemeinsam den dicken Pullover Opa über den Kopf.

Ja, genau so! Von Opas Glatze ist nichts mehr zu sehen. Jetzt gucken nur noch die Augen, der Mund und die Nase hervor, und daran läßt sich nichts ändern. Aber sonst sieht Opa wirklich wie ein Riesenseehund aus. Und so ein großes Tier hatten sie noch nie zu Hause.

Jetzt holen sie noch ein paar bunte Bälle und legen sie um Opa herum. Bunte Bälle gehören im Zirkus einfach zu Seehunden. Und Susanne findet auch noch zwei Luftballons, die sie aufblasen und ganz behutsam auf Opas Schultern legen. Sie betrachten den Seehund auf dem Sofa noch eine Weile, beschließen aber dann, in das Kinderzimmer zu gehen und dort die Kassette anzuhören, die Opa ihnen mitgebracht hat. Schließlich gibt es in jedem Zirkus auch einmal eine Pause. Und nachher ist Opa sicher nicht mehr so müde.

„Habt ihr alles aufgeräumt?", ruft Mama ihnen nach.
„Alles!", sagen Susanne und Fabian.
„Und Opa?"
„Er ruht sich aus!" kommt sogleich die Antwort.
Darauf verschwinden die beiden im Kinderzimmer.
Als Mama viel, viel später ins Wohnzimmer kommt und den Kaffeetisch für Opa und sich decken will, erschrickt sie sehr, als sie das große, grauschwarze Ungeheuer auf dem Sofa liegen sieht. Aber weil ihr die Schnarcher so bekannt vorkommen, kann das nur Opa sein.
Doch wie sieht Opa aus?
Ganz schnell zieht Mama ihm den dicken Pullover vom Kopf.
„Habt ihr es heiß in eurer Wohnung!", sagt Opa, als er wach wird. „Ich schwitze mich noch kaputt!"
„Ja, wenn man mit einem Pullover um den Kopf herum schläft!" Mutti ist ein bisschen ärgerlich. „Hast du denn nicht gemerkt, was die Kinder mit dir gemacht haben?"
„Ich habe nur geschlafen und geschwitzt!", gibt Opa zur Antwort und schält sich aus den vielen Decken heraus. „Die Kinder waren ganz lieb!"
„Und wie siehst du aus?", sagt Mama und gießt den Kaffee für Opa ein. „Einen ganz roten Kopf hast du!"
Da stürmen die Zwillinge ins Zimmer. „Unser Seehund ist wieder wach!", rufen sie und springen Opa auf den Schoß.
„Jetzt trinken wir zuerst einmal Kaffee", sagt Opa.
„Und dann?", fragen die Zwillinge.
„Dann sehen wir weiter!", sagt Opa und blinzelt den beiden schon wieder zu.
„Opa!", sagt Mama nur und schüttelt den Kopf. Aber sie lacht dabei.

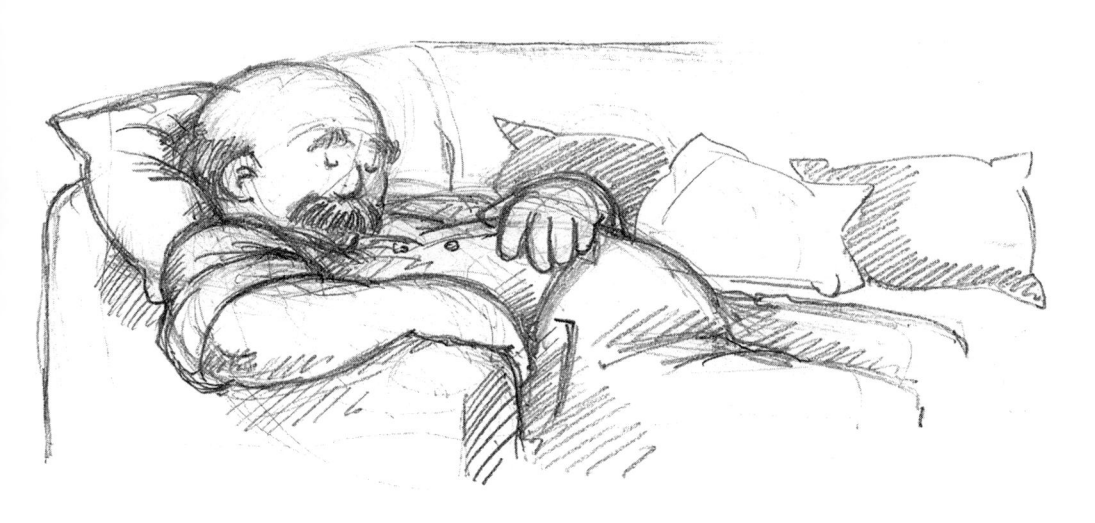

Wenn jemand doch Ulrike helfen könnte!

Jessica schlich auf Strümpfen vom Klo an der offenen Tür zu Ulrikes Zimmer vorbei. Mit einem kurzem Blick stellte sie fest, dass ihre große Schwester immer noch starr auf ihrem Bett lag und das Gesicht tief in das Kopfkissen vergraben hatte. Sie war nicht zum Mittagessen gekommen, und Mutti war schließlich mit dem Teller zu ihr in das Zimmer gegangen. Sie hatte die Tür hinter sich zugezogen. Als sie zurückkam, war das Essen kalt.
Ulrike hatte keinen Bissen angerührt.
„Jetzt iss du doch wenigsten etwas!", forderte Mutti Jessica leise auf. „Ich stelle den Teller noch einmal in den Microherd."
Jessica schüttelte stumm den Kopf. Mutti aß ja auch nicht. Und Vati kam mittags nicht zum Essen nach Hause.
„Ich werde bei Frau Wiemann anrufen!" Mutti seufzte leise, als sie aufstand und zum Telefon ging.
Ulrike war Lehrling in dem modernen Haarstyle-Institut in der Gutenbergstraße. So nannte Frau Wiemann ihr Frisörgeschäft, seit sie es vor einiger Zeit hatte umbauen und modernisieren lassen. Ulrike hatte nur eine kurze Pause. Es reichte gerade zum Essen, dann musste sie wieder im Geschäft sein. Aber weil der Frisiersalon so nah war, legte Mutti größten Wert darauf, dass sie mittags nach Hause kam.
Meistens war auch Benedikt mitgekommen. Er war Lehrling bei der Commerz-Bank in der Heinestraße. Morgens kam er immer mit dem Motorrad, das ihm seine Eltern angeschafft hatten, weil die Zug- und Busverbindungen von dem kleinen Dorf, in dem sie wohnten, zur Stadt so schlecht geworden waren.
Obwohl Jessica viel früher als sonst aus der Schule heimgekommen war, lag Ulrike bereits so wie jetzt auf ihrem Bett. Und Mutti hatte rotgeweinte Augen.
„Hat sie sich mit Benedikt gezankt?", hatte Jessica nichtsahnend gefragt.
Da hatte Mutti laut aufgeweint und kurz etwas über Benedikts Unfall gesagt. Er war heute morgen auf der nassen Straße ins Schleudern geraten und in einen Lastwagen gerast, der ihm entgegengekommen war. Benedikts Eltern hatten Ulrike im Geschäft angerufen. Benedikt war mit Blaulicht in die Klinik gefahren worden. Aber sie konnten ihm dort auch nicht mehr helfen. Er war gegen zehn Uhr gestorben.
Ulrike war weinend nach Hause gekommen. Seitdem lag sie drüben in ihrem Zimmer. Mutti hatte erst nach und nach von ihr erfahren, was geschehen war.

„Ich werde versuchen, sie morgen wieder zu schicken", sagte sie jetzt ins Telefon. „Aber im Augenblick ist sie überhaupt nicht ansprechbar."
Jetzt weinte auch Jessica wieder. Sie hing sehr an ihrer großen Schwester und hatte Benedikt im letzten Jahr richtig liebgewonnen. Immer hatte sich Jessica einen großen Bruder gewünscht. Und Benedikt war ein bisschen wie ein großer Bruder gewesen, wenn er auch nur Augen für Ulrike gehabt hatte.
Jessica legte den Kopf auf ihren Arm und weinte laut. Es war so plötzlich über sie hereingebrochen. Sie saß hier am Tisch, und drüben auf dem Bett lag ihre große Schwester und ließ nicht einmal Mutti zu sich kommen. Mutti telefonierte mit Vati. Jessica hörte, dass sie ihn bat, früher Schluss zu machen und nach Hause zu kommen. Als Jessica Mutti ansah, wusste sie, dass Mutti etwas von ihr erwartete. Mutti hoffte, dass Jessica zu Ulrike ging und mit ihr redete. Vielleicht würde Ulrike ihr zuhören. Vielleicht würde es der kleinen Schwester gelingen, Ulrike zu helfen, sie vielleicht zu trösten. Dabei war Jessica erst acht Jahre alt. Aber vielleicht gerade deshalb.
Es gab so vieles zwischen Mutti und Jessica, was nicht ausgesprochen werden musste. Sie verstanden sich, wenn sie sich nur anblickten. Aber was sollte Jessica jetzt tun?
Damals, als Oma gestorben war, da hatten Mutti und Ulrike Jessica getröstet. Und dann hatten sie alle drei Vati getröstet, weil Oma doch seine Mutter war. Aber Oma war krank gewesen. So krank, dass man eigentlich damit rechnen musste, sie werde eines Tages sterben.
Jetzt mit Benedikt war das ganz anders. Gestern abend war er noch so lustig wie immer gewesen. Er hatte sogar noch einmal angerufen, als er mit seinem Motorrad zu Hause angekommen war. „Bis morgen!" hatte er zu Jessica gesagt, bevor sie ihre Schwester ans Telefon geholt hatte. Keiner von ihnen hatte ahnen können, dass Benedikt heute schon tot war. Jessica spürte, dass sie eine Gänsehaut bekam, wenn sie nur daran dachte.
Mutti räumte schweigend den Tisch ab.
Da stand Jessica auf, zunächst langsam, zögernd – und dann mit einem Ruck.
„Ich gehe zu Ulrike", sagte sie leise, und Mutti nickte ihr zu.
Zuerst stand sie lange in der Tür zu Ulrikes Zimmer. Ulrike rührte sich nicht. Da ging sie langsam auf das Bett zu.
„Ulli!", flüsterte sie.
Ihre Schwester regte sich nicht.
„Ulli, ich bin's!"
Sie versuchte, sich neben Ulrike auf das Bett zu setzen.
„Es tut mir so leid", sagte sie leise. Und dann in das Schweigen hinein: „Ich hab' dich doch so lieb, Ulli!"
Ob Ulrike sie hörte? Ob sie überhaupt spürte, dass Jessica neben ihr saß?

Ganz behutsam legte Jessica ihre Hand auf Ulrikes Arm und versuchte, sie leicht zu streicheln. Sie wusste, wie gern ihre Schwester das sonst hatte.
„Ulli!", flüsterte sie immer wieder.
Da bäumte sich Ulrike plötzlich auf, wandte sich ihr zu und schrie sie mit rotgeweinten Augen an.
„Hau ab!", schrie sie. „Geh! Du sollst gehen! Ich will dich nicht sehen!" Und dann warf sie sich mit ihrem Gesicht wieder in das Kissen und weinte laut.
Wie versteinert saß Jessica neben ihr. Sie wäre so gern fortgelaufen, nur fort von hier, und sie konnte es doch nicht. Ihr war so, als ob sie keine Beine mehr hätte. Es tat nur alles innendrin so weh, so unendlich weh.
„Komm!" Das war Muttis leise Stimme ganz nah an ihrem Ohr. Und Mutti hob sie einfach von dem Bett hoch, nahm sie in ihre Arme und trug sie hinüber in ihr Zimmer. Sie setzte sich mit ihr auf das Bett, hielt sie ganz fest und weinte.
„Sie ist so gemein!", flüsterte Jessica. Mutti schüttelte den Kopf und versuchte, ihr durch die Tränen hindurch zuzulächeln.
„Sie meint es nicht so", sagte sie, und Jessica nickte.
„Es ist so schlimm für sie!" Mutti räusperte sich. „Sie hat Benedikt so lieb gehabt. Und jetzt ist für sie alles aus." Sie drückte Jessica ganz dicht an sich. „Wenn ihr doch nur einer helfen könnte!"
„Vielleicht Vati!", sagte Jessica und hoffte so sehr darauf, dass er bald kommen würde.

Die Enten auf dem Dach

„Das müsst ihr euch ansehen!", sagte Papa eines Nachmittags und holte Pia und Mama herbei. „Auf unserem Dach haben zwei Enten ein Nest gebaut!"
Pia und Mama wollten es nicht glauben, aber es war wirklich so, wie Papa gesagt hatte.
Pias Haus stand direkt hinter dem Deich. Da gab es vor dem Haus nur eine winzigkleine Wiese und davor den schmalen Weg. Wenn Pia dann auf den Deich hinaufstieg, auf dem meistens die Schafe weideten, konnte sie bereits den Fluß mit dem schmalen Ufer unter sich sehen. Manchmal trat der Fluss über die Ufer und überschwemmte alles. Deshalb hatten die Menschen bereits vor langer Zeit die hohen Deiche gebaut. Sie schützten die Häuser und Felder, die dahinter lagen. Aber meistens zog das Wasser des Flusses gemächlich dahin, so dass Pia dort immer den Enten zuschauen konnte, die aus dem Schilf herauskamen und auf dem Wasser herumpaddelten.
In diesem Jahr war der Fluss wieder einmal so stark und reißend gewesen, dass

die Enten aus dem Schilf geflüchtet waren. Aber jetzt war der Fluss längst wieder klein und ruhig geworden.

„Unser Dach geht recht tief hinunter!", meinte Papa. „Da haben sie sicher gedacht, dass es am Schornstein oben für sie am sichersten sei! Und sehr hoch ist unser Haus ja auch nicht!"

„Ein Entennest auf dem Dach!" Mama schüttelte nur den Kopf. „Davon habe ich noch nie im Leben etwas gehört!"

„Warte nur ab!", sagte Papa und lachte.

„Meinst du, da liegen Eier drin?", fragte Pia ganz aufgeregt.

Papa zuckte nur mit der Schulter.

„Warten wir es ab!", sagte er.

Und dann war es Mama, die wirklich die Enten zuerst auf dem Dach entdeckte.

„Eine sitzt auf dem Nest und brütet!", sagte sie, als Pia aus dem Kindergarten nach Hause kam. Dann stiegen sie zusammen den Deich hinauf, denn von hier aus konnten sie es am allerbesten sehen.

„Schau dir das an!", rief Mama und holte auch noch Papa herbei.

Wirklich, auf dem Nest saß eine braune Ente und brütete. Sie hockte neben dem Schornstein und breitete ihre Federn so weit auseinander, dass von dem Nest nicht mehr viel zu sehen war. Pia lief den ganzen Nachmittag immer wieder einmal den Deich hinauf, um nach dem Nest zu sehen. Und am nächsten Morgen erzählte sie allen Kindern davon im Kindergarten.

„Ist das wirklich wahr?", fragte Grete, ihre Erzieherin.

Pia nickte stolz. „Wirklich!", sagte sie. „Ganz wirklich!"

„Dann machen wir morgen früh einen Ausflug zu Pia!", schlug Grete vor, und alle Kinder stimmten begeistert zu.

Als Pia aber ihrer Mutter davon erzählte, schwang sie sich auf ihr Fahrrad und nahm Pia mit ins Dorf. „Dann müssen wir ja etwas zum Frühstücken für euch vorbereiten, wenn ihr mit der ganzen Gruppe zu uns kommt!", sagte sie und kaufte ein paar Tüten Mehl, dazu Milch und Eier ein. So viel, dass sie beim Rückweg Pia nicht mehr mit auf das Rad nehmen konnte. So schob sie das Rad und Pia ging neben ihr her. Als ihnen der Eiswagen begegnete, stoppte Mama ihn und spendierte für Pia ein Riesen-Schokoladeneis. Dann machten sie sich auf den Heimweg. Papa hatte sich extra dafür Opas Fernglas ausgeborgt.
„Jetzt werden sie bald flügge!", meinte Papa.
„Was ist das?", wollte Pia wissen.
„Dann verlassen sie ihr Nest. Und bald darauf schwimmen sie mit ihren Eltern drüben im Fluss!"
„Aber sie müssen doch über den Deich!", meinte Pia zweifelnd.
„Das schaffen sie ganz leicht!", sagte Papa.
„Und wie kommen sie von unserem Dach herunter?", fragte Pia dann.
Da kratzte sich Papa hinter dem Ohr. „Ja, Pia", sagte er dann, „wenn ich das wüsste!"
„Vielleicht musst du sie mit der Leiter herunterholen?", meinte Pia.
„Mal sehen, ob mich die Enten darum bitten!", lachte Papa.
„Du Dummkopf!", rief Pia. „Enten können doch nicht sprechen!"
Da kitzelte Papa Pia so doll, dass sie fast zusammen den Deich heruntergerollt wären. Aber nur fast. Papa bremste im letzten Augenblick noch.
„Und was kochst du für uns, wenn wir morgen früh kommen?", fragte Pia Mama, als sie mit Papa heimkam.
„Wird nicht verraten!", sagte Mama.
„Laß dich überraschen!", lachte Papa und lief davon, weil Pia ihn jetzt kitzeln wollte.
Am nächsten Tag führte Pia stolz Grete mit allen Kindern nach Hause. Pias Mama erwartete sie bereits. „Wenn ihr etwas sehen wollt, müsst ihr ganz leise sein!", sagte sie und stieg mit ihnen den Deich hinauf. „Dort neben dem Schornstein ist das Nest!"
Natürlich durfte jeder auch einmal durch das Fernglas gucken.
Eine große Ente saß neben dem Nest. Die andere Ente saß unter dem Dach und lockte mit leisem Quaken. Dann nahm sie Anlauf und flog auch zum Nest hinauf.
„Wie kommen die Kleinen denn vom Dach herunter?", fragten die Kinder.
„Ja, das wissen wir auch nicht!", sagte Pias Mutter.
„Vielleicht warten sie ab, bis sie richtig fliegen können", meinte Arne.
„Vielleicht!", meinte Grete.
„Und wenn sie Hunger haben?", fragte Dorte.

„Sie werden noch von ihren Eltern gefüttert!", lachte Pia. „Das habe ich schon gesehen."
„Bei uns gibt es auch etwas zu essen!", sagte da Mama und lud die Kinder zu frisch gebackenen Waffeln mit Kirschkompott und Kakao ein.
Sie aßen sich rundum satt und bedauerten es sehr, als sie dann wieder zurück zum Kindergarten gehen mußten. Nur Pia durfte gleich hierbleiben. Sie winkte den Kindern und Grete nach, solange sie sie noch sehen konnte.
Dann lief sie wieder hinauf auf den Deich.
Kurze Zeit später war sie schon wieder bei Mama in der Küche. „Das musst du sehen!", rief sie aufgeregt. „Mama, komm ganz schnell!"
Und dann standen Mama und Pia auf dem Deich und sahen zu, was auf dem Dach passierte.
Die jungen Enten waren aus dem Nest herausgeklettert und spazierten unsicher und wackelig auf dem Dachfirst herum. Wenn sie abrutschten, klammerten sie sich in dem Rieddach fest.
Jetzt war Pia richtig froh, dass ihr Dach mit Schilf gedeckt war und nicht mit Ziegeln so wie bei den meisten Häusern. Unter dem Dach aber standen die beiden Enten-Eltern und riefen nach ihren Küken. Bald darauf flog eine Ente zu den Jungen hoch. Sie wurde stürmisch von ihnen begrüßt.
Doch die Ente setzte sich auf ihren Po und rutschte das Dach hinunter. Als sie fast unten war, breitete sie die Flügel aus und landete sicher auf der Wiese vor dem Haus.
„Sie zeigt ihnen, was sie machen sollen!", sagte Papa leise und legte seinen Arm um Pia. Pia war so froh, dass er schon heimgekommen war.
Die Kleinen klammerten sich ängstlich am Dach fest.
Da flog die andere Ente zu ihnen hoch. Auch sie rutschte auf dem Po das Dach hinunter und breitete im letzten Augenblick ihre Flügel aus.
„Sie können doch noch gar nicht fliegen!", flüsterte Pia mitleidig.
Doch da versuchte es das mutigste Küken auch. Wackelig saß es auf seinem Hinterteil uns schoss dann voller Schwung das Dach hinunter. Am Dachende aber konnte es die Flügel nicht ausbreiten. So purzelte es über das Dach, überschlug sich ein paarmal in der Luft und fiel dann auf die Wiese.
Voller Angst presste Pia ihre Hand an den Mund.
Das Kleine aber zappelte ein bisschen, stand dann auf, schüttelte sich nach allen Seiten und marschierte schnurstracks auf seine Eltern zu.
„Sieh doch nur!", sagte Mama und deutete auf das Dach.
Wirklich, jetzt getrauten sich die anderen Küken auch.
Eines nach dem anderen ließ sich über das Dach gleiten und purzelte dann über den Dachrand hinunter in das Gras.
„Das hätten deine Freundinnen und Freunde mal sehen müssen!", sagte Papa, und Pia nickte nur.

Aber dann sagten sie gar nichts mehr. Die beiden Enteneltern kamen nämlich mit ihren Küken den Deich hinaufgewatschelt. Zuerst die eine Ente, dann die andere Ente und dann, eins hinter dem anderen, die putzigen Kleinen.
Zielsicher watschelten sie über den Deich und auf der anderen Seite wieder hinunter. Dann über ein kleines Stückchen Wiese durch das Schilf und dann ins Wasser hinein.
„Das habe ich noch nie im Leben gesehen", sagte Mama ganz glücklich.
„Warum hast du das nicht geknipst?", fragte sie Papa.
Oh, wie ärgerte sich Papa da über sich selbst. Sein Fotoapparat und die Videokamera lagen seit vorgestern griffbereit auf dem Schrank. Und ausgerechnet jetzt hatte er sie vergessen.

Das Zimmer-Spielzeug-Puzzle

Um drei Uhr war Frederik zum Spielen gekommen. Als um fünf Uhr alles Spielzeug aus den Regalen und Schränken, aus den Schubladen und Kisten in Fabians Zimmer ausgeräumt und im Zimmer verstreut war, da sagte Frederik: „Ich muß jetzt nach Hause." Er ging in den Flur, zog seine Jacke an und setzte sich die Mütze auf den Kopf. Dann sagte er „Tschüs!" und ging.
Fabian stand mitten im Zimmer, zwischen all den vielen Sachen, und wusste nur zu gut, dass er alles wieder aufräumen musste.
„O weh!", rief die Mutter, als sie die Bescherung sah. „Meine Güte!", sagte sie und schlug die Hände über dem Kopf zusammen. Es war das erste Mal, dass Frederik zum Spielen gekommen war.
„Es war auch das letzte Mal!", sagte Mutter nur. Sie nickte Fabian zu. „Jetzt solltest du lieber mit dem Aufräumen anfangen, sonst bist du bis zum Abendbrot nicht fertig."
Weil es an der Wohnungstür klingelte, ging Fabians Mutter, um zu öffnen. Sie kam mit Eva an der Hand zurück. Eva wohnte in der Wohnung über ihnen. Weil Evas Mutter um halb sechs schnell noch etwas einkaufen wollte, hatte sie ihre Tochter bei Fabians Mutter abgegeben. Ohne Eva konnte ihre Mutter die Einkäufe schneller erledigen.
„Was machst du denn da?", fragte Eva und sah sich mit großen Augen in Fabians Zimmer um. „So viel Durcheinander!", sagte sie und seufzte ein bisschen.
„Das ist nur ein bisschen Durcheinander", meinte Fabian tapfer.
„Das ist überhaupt kein Durcheinander", sagte seine Mutter. „Das ist ein neues Spiel."
Eva blickte Fabians Mutter verwundert an. „Was für ein Spiel?", fragte sie.

„Das ist unser großes Zimmer-Spielzeug-Puzzle", erklärte die Mutter. Und als Eva sie weiter sprachlos ansah, fügte sie hinzu: „Es ist ganz einfach und sehr spannend. Zuerst wird alles Spielzeug im Zimmer verteilt. Dann muss man alle Sachen wieder dahin räumen, wohin sie gehören."
„Und wer gewinnt?", fragte Eva nach einer Weile.
„Jeder!", antwortete die Mutter fröhlich. „Wenn das Puzzle fertig ist, kriegt jeder ein Eis." Sie lächelte den Kindern zu. „Ich will mir jetzt aber schnell mein Eis verdienen." Und schon begann sie, die Schienen und die Eisenbahn in den Karton zu räumen.
Da waren auch Eva und Fabian mit Eifer bei der Sache. Sie merkten gar nicht, wie schnell dabei die Zeit verging.
Als sie fertig waren, schwitzten sie alle drei: Eva, Fabian und die Mutter. Und dann gab es für jeden ein Riesen-Zitroneneis.
„Toll war das!", sagte Eva zu ihrer Mutter, als diese sie wieder abgeholt hatte. „Wir haben das große Zimmer-Spielzeug-Puzzle gespielt."
„Was ist denn das?", fragte ihre Mutter. Das Spiel kannte sie noch nicht.
„Eigentlich ist es bloß Zimmeraufräumen", sagte Eva nachdenklich, „aber viel spannender und lustiger."
„Das ist gut", lachte ihre Mutter. „Dann kannst du ja mit diesem Spiel in deinem Zimmer gleich weitermachen. Du weißt ja, wie es dort aussieht!"
„Fabians Mama hat aber auch mitgespielt."
„Was Fabians Mama kann, kann ich schon lange", sagte die Mutter und legte den Arm um ihre Tochter.
Das gefiel Eva, aber sie fragte noch: „Gibt es danach auch Eis?"
Ihre Mutter schüttelte den Kopf. „Zuviel Eis ist nicht gut", sagte sie. „Ich habe frische Erdbeeren mitgebracht. Was hältst du von Erdbeeren mit Milch und Zucker?"
„Sehr viel!", lachte Eva.
Und dann machten sie sich zusammen an die Arbeit.

Christians Schlaftrunk

„Ich bin immer noch nicht müde!", sagt Christian, als er bereits zum dritten Mal im Schlafanzug in die Küche kommt. Mama und Papa sitzen am Tisch.
„Hm!", sagt Papa und guckt Mama an.
Christian klettert auf den Stuhl zwischen Mama und Papa. „Darf ich noch ein bisschen bei euch bleiben? – Vielleicht werde ich dann müde!", fügt er schnell hinzu, als er sieht, dass Mama den Kopf schüttelt.

„Wir können ja für uns alle zusammen einen Schlaftrunk machen!", schlägt Papa vor.
„Au ja!", strahlt Christian. „Was ist das, ein Schlaftrunk?"
„Wenn man ihn trinkt, wird man müde!", erklärt Papa. „Und außerdem schmeckt er gut!"
„Ich mag Schlaftrünker!", jubelt Christian.
„Schlaftrünke!", verbessert ihn Papa. „Aber es gibt sowieso nur einen! Zuerst brauche ich Traubensaft!"
„Ist im Keller", sagt Mama.
Papa und Christian gehen zusammen hinunter und holen eine Flasche Traubensaft. Papa öffnet sie. „Jetzt noch ein Topf…", sagt er und schaut Mama an.
„Unten im Schrank", gibt Mama Auskunft.
Schon hat Christian den braunen Topf geholt.
„… und ein Meßbecher", fährt Papa fort.
„Oben im Schrank", sagt Mama. Papa und Christian messen einen halben Liter Saft ab und gießen ihn in den Topf. „Jetzt noch ein Viertelliter Wasser!", sagt Papa und dreht den Wasserhahn auf.
„Das Glühweingewürz muß ich suchen!", sagt Mama und steht auf. „Das findet ihr nie!" Sie kramt in der Gewürzkiste im Küchenschrank. „Hier ist es ja!", ruft sie dann und reicht Christian ein kleines weißes Päckchen. „Wirf es in den Topf!"
„Es wird doch nass!" Christian traut sich nicht.
„Es muss aber mitkochen", sagt Papa und stellt die Kochplatte an.

„Das Päckchen ist untergegangen", sagt Christian.
„Es muß jetzt alles gut würzen", sagt Mama.
„Wir müssen abwarten, bis alles kocht", sagt Papa.
Das dauert! Am liebsten würde Christian ständig in den Topf schauen. „Es rauscht!", ruft er plötzlich.
„Es kocht!", sagt Mama und schaltet den Herd ab.
„Jetzt muss der Schlaftrunk noch fünfzehn Minuten ziehen." Sie stellt die kleine rote Küchenuhr, die sie sonst zum Eierkochen braucht.
Christian lauscht dem leisen Ticken der Uhr und beobachtet, wie sich die kleine Scheibe langsam dreht. Seine Augen werden immer kleiner. „Pass auf, dass du nicht einschläfst!", sagt Mama.
Da fährt Christian zusammen und setzt sich wieder kerzengerade hin. „Ich bin nicht müde!", ruft er.
„Das sehen wir." Papa lacht. „Noch neun Minuten."
Christian nickt und merkt nicht mehr, dass Papa den Schlaftrunk probiert. „Es fehlt Zucker", sagt er.
„Nimm Honig", sagt Mama und reicht ihm das Glas. Papa rührt etwas Honig in den Schlaftrunk, probiert noch einmal und nickt zufrieden. Mama stellt die Küchenuhr in den Schrank, geht zum Herd und angelt den Gewürzbeutel aus dem Topf.
„Fertig!", sagt Papa. „Christian, du kannst jetzt drei Becher aus dem Schrank holen."
„Wir brauchen nur zwei Becher", flüstert Mama und zeigt auf Christian, der mit dem Kopf auf dem Tisch fest eingeschlafen ist. Papa schmunzelt. „Ganz ohne Schlaftrunk!" Dann nimmt er Christian auf den Arm und trägt ihn vorsichtig in sein Bett.

Papas Gutenachtgeschichte

Mama liest jeden Abend eine Geschichte aus dem dicken Vorlesebuch vor. Nur dienstags nicht; da geht sie zum Turnen. Und dann ist Papa mit dem Vorlesen dran.
Anna mag es am liebsten, wenn Mama ihr vorliest. Aber dienstags muss sie mit Papa auskommen.
Papa weiß nie, was er vorlesen soll. Deshalb sagt er: „Ich erzähle dir eine Geschichte." Aber Papa weiß nie eine Geschichte.
„Das letzte Mal hast du auch schon keine Geschichte gewusst!", meint Anna vorwurfsvoll.

„Und was haben wir da gemacht?", fragt Papa.
„Du wolltest mir ein Märchen erzählen", sagt Anna.
„Richtig!"
Papa nickt.
„Aber dann hast du auch kein Märchen gewußt!", sagt Anna.
Papa nickt wieder. Er erinnert sich. „Und was haben wir dann gemacht?"
„Ich habe dir ein Märchen erzählt", sagt Anna.
„Toll!", ruft Papa. „Dann machen wir es heute wieder genauso. Du erzählst, und ich höre zu."
„Nein!"
Anna schüttelt ganz entschieden den Kopf.
„Heute erzählen wir uns zusammen ein Märchen", schlägt sie vor. „Du und ich."
„Prima", sagt Papa. „Wie wäre es mit *Die Geiß und die sieben Wölflein* oder vielleicht *Schneewitzchen und Rosenkohl?*"
„Die Märchen gibt es doch überhaupt nicht", antwortet Anna und muss lachen.
„Dann vielleicht *Blaumützchen*", meint Papa.
„Gut", sagt Anna. „Dann eben *Rotkäppchen*. Aber du fängst an!"
„Besser du", sagt Papa leise. „Ich weiß den Anfang nicht."
Da beginnt Anna zu erzählen: „Es war einmal ein kleines Mädchen. Das hatte ein rotes Mützchen auf dem Kopf…"
„Jetzt weiß ich es wieder!", ruft Papa. „Es war weiß wie Schnee, rot wie Blut und schwarz wie Ebenholz. Deshalb nannte es auch jedermann das Blaumützchen."
„Quatsch!", sagt Anna. „Es hieß Rotkäppchen. Und es ging in den Wald, um der Großmutter Kuchen und Wein zu bringen."
„Aber jetzt weiß ich es wieder!", lacht Papa. „Es backte einen Kuchen für die Oma und sagte: *Heute back' ich, morgen brau' ich, übermorgen hol' ich mir der Königin ihr Kind!*"
„Nein!", sagt Anna. „Die Mutter backte doch den Kuchen!"
„Auch gut", stimmt Papa zu.
Anna nickt und erzählt weiter: „Als es in den Wald kam, begegnete es dem Wolf. Und als der Wolf das Rotkäppchen sah, sagte er…"
„Genauso war es", fällt Papa ihr ins Wort. „Und er sagte: *Ich bin so satt, ich mag kein Blatt. Mäh, mäh, mäh!*"
Da hält Anna dem Papa einfach den Mund zu. „Jetzt erzähle ich weiter!", sagt sie. Und Anna erzählt von dem Wolf, der so schnell er konnte zur Großmutter lief. „Lass mich! Lass mich!", ruft Papa und macht sich frei. „Ich weiß doch, wie es weitergeht. Der Wolf klopfte an und rief: *Lasst mich herein! Ich bin euer Mütterlein!*"
Da muss Anna so sehr lachen, dass sie nicht mehr sprechen kann. Endlich erklärt sie: „Das ist das ganz falsche Märchen!"

„Es war aber doch der Wolf", sagt Papa ernsthaft. „Ich weiß es ganz genau!"
„Aber nein, das war das Märchen mit den sieben Geißlein!"
Papa kratzt sich am Kopf. „Natürlich! Wie konnte ich das nur vergessen. – Komm, erzähl weiter!", sagt er und nimmt Anna in den Arm.
Da erzählt Anna von dem Wolf, der die Großmutter aufgefressen hat und das arme Rotkäppchen dazu. Papa schnarcht ganz leise vor sich hin. Da gibt Anna ihm einen Stoß. „So, jetzt bist du wieder dran", sagt sie. „Erzähl von dem Jäger!"
Es dauert ein bisschen, bis Papa weitererzählen kann. Er muss sich erst noch räuspern und noch ein bisschen nachdenken. Endlich sagt er: „Als der Jäger ins Haus trat und die Bescherung sah…"
Anna strahlt. „Jetzt erzählst du es endlich richtig", ruft sie begeistert.
„Lass mich nur weitermachen", sagt Papa. „Als also der Jäger in das Haus trat und die Bescherung sah, da rief er: *Wer hat von meinem Tellerchen gegessen? Wer hat aus meinem Becherchen getrunken?*"
„Nein!", ruft Anna laut und schüttet sich aus vor Lachen. „Es ist wieder alles falsch!"
Aber Papa erzählt weiter: „Als der Jäger zum Bett trat, rief er: *Und in meinem Bett liegt ein wunderschönes Mädchen.*"
„Es war nicht sein Bett", ruft Anna. „Es war auch kein wunderschönes Mädchen."
„Oh, das habe ich verwechselt", sagt Papa und sieht Anna so traurig an, dass sie wieder lachen muss. Sie sieht doch genau, dass Papa nur so tut, als wäre er furchtbar traurig. „Natürlich war es kein wunderschönes Mädchen", verbessert sich Papa. „Es war die alte Oma."
„Es war der Wolf", sagt Anna und kann kaum noch sprechen vor Lachen. Sie hat einen Schluckauf.
Da steht plötzlich Mama in der Tür. Das Turnen ist heute ausgefallen. „Was ist denn hier los?", fragt sie und blickt Papa ernst an. „Anna sollte längst schlafen!"
Papa nickt ebenso ernst. „Und ich sollte längst vor dem Fernseher sitzen. Das Fußballspiel hat bestimmt schon angefangen."
„Bitte, bitte, erzähle es noch zu Ende!", bettelt Anna.
Mama setzt sich auf die andere Seite des Bettes. Und Papa erzählt: „Da heiratete der junge Förster die Großmutter. Und wenn jemand vorbeikam, dann öffneten sie das Fenster, versteckten sich hinter dem Vorhang und riefen: *Knusper, knusper knäuschen, wer knuspert an meinem Häuschen?*"
„Das ist aber ein seltsames Märchen", sagt Mama und schaut Anna und Papa verwundert an. „Wie heißt es denn?"
Da muss Anna so lachen, dass sie lange braucht, bis sie endlich antworten kann. Sie blinzelt Papa zu und sagt: „Es heißt Blaumützchen und die sieben Wölflein."

Da muss auch Mama lachen. „Jetzt wird aber schnell geschlafen", sagt sie dann und jagt Papa aus Annas Zimmer. Sie holt das Vorlesebuch und liest noch eine Geschichte vor, so dass Anna nun auch richtig einschlafen kann.

Aber Papa muss ihr bald wieder einmal ein Märchen erzählen. So lustige Märchen kann nur er erzählen, wenn sie auch alle falsch sind.

So wie Franziska oder Pacci Patent
– Kleine, grosse Vorbilder –

Die Geschichte von dem Kind und dem Brunnen

Im Sommer ist einmal ein Kind mit seiner Mutter durch die Fußgängerzone gegangen. Es war sehr heiß. So heiß, dass die Sonne nur so heruntergebrannt hat. Da wollte das Kind auch nicht mit seiner Mutter in das kleine Geschäft am Marktplatz gehen. Viel lieber wollte es draußen am Brunnen sitzenbleiben.
Es war ein schöner Brunnen. Das Wasser sprudelte aus zwei Wasserrohren und spritzte in eine riesengroße Steinschüssel.
Ob es schön kalt ist? fragte sich das Kind und tippte ganz behutsam seinen Finger in das Wasser hinein. „Schön kalt!", sagte es leise. Es zog seine Sandalen aus und steckte die große Zehe in das Wasser. „Toll!", sagte es und freute sich, dass es keine Strümpfe anhatte. Dann stieg es mit beiden Beinen in das Wasser und hatte viel Spaß, weil man so herrlich im Wasser herumstampfen konnte.
Das Kind lachte und stieg wieder aus der Schüssel heraus. Es lief zu der Bank ganz in der Nähe und legte seine Sandalen darauf. Dann zog es sein Kleid aus. Jetzt hatte es nur noch den blauen Schlüpfer an. Und der sah fast so aus wie eine Badehose.
Da stieg das Kind wieder in die Schüssel hinein und setzte sich mitten in das Wasser.
Da merkte es auf einmal, dass es nicht mehr allein war. Noch mehr Kinder waren hinzugekommen. Sie zogen ihre Kleider aus und stiegen zu dem Kind in das Wasser.

Sie haben geplanscht und sind im Wasser herumgelaufen, dass es nur so spritzte. Sogar über den Rand ist das Wasser gespritzt. So schön ist es gewesen.

Und die Kinder haben laut gelacht und vor Freude geschrien, dass man es weit gehört hat. Bis zum Rathaus und bis zur Kirche.

Da haben ein paar Männer angefangen, mit den Kindern zu schimpfen.

„Hier ist kein Kinderspielplatz!" haben sie gerufen. Und: „Kommt sofort aus dem Brunnen heraus! Das ist verboten! Wir werden die Polizei rufen!"

„Hier steht doch: ‚KEIN TRINKWASSER'" hat einer gesagt und auf ein Schild gezeigt, das am Brunnen angebracht war.

„Wir trinken doch gar nicht!" haben die Kinder geantwortet.

Als sie ganz traurig wieder aus dem Wasser herausklettern wollten, ist eine alte Frau zum Brunnen gekommen.

„Die haben vergessen, dass sie auch einmal Kinder waren", hat sie gesagt und auf die Männer gedeutet, die geschimpft haben.

Sie hat sich auf den Rand der Schüssel gesetzt und hat ihre Sandalen ausgezogen. Und dann hat sie ihre Füße in das kalte Wasser gesteckt. „Das tut gut!" hat sie zu den Kindern gesagt.

Da sind die Kinder auch alle wieder in das Wasser gestiegen.

„Ihr braucht ja nicht so viel Lärm zu machen!" hat die Frau zu den Kindern gesagt. „Dann merken die Leute gar nicht auf uns."

Die Kinder haben genickt.

Das Kind hat sich zu der alten Frau gesetzt und seine Füße ins Wasser gehalten. So lange, bis seine Mutter plötzlich neben ihnen stand.

„Kommen Sie auch hinein!" hat die alte Frau freundlich gesagt.

„Wir müssen noch weiter", hat die Mutter gesagt und dem Kind die Hand gereicht. Da ist das Kind aus dem Wasser herausgestiegen und hat der alten Frau noch einmal zugewinkt.

„Dein Schlüpfer ist ja patschnass", hat die Mutter gesagt, als sie dem Kind das Kleid über den Kopf gezogen hat.

„Dann ziehen wir ihn aus", hat das Kind gelacht. „Es sieht ja keiner!"

Da hat die Mutter auch lachen müssen. Sie hat den nassen Schlüpfer in ihre Tasche gesteckt. Zu den Pfirsichen und zu den Kirschen, die sie eingekauft hat.

Und dann sind sie zusammen noch ein Eis essen gegangen. Das Kind und seine Mutter.

Mehr wert als fünf Einser

„Das ist mehr wert als fünf Einser!" hat Frau Sommer gesagt, und alle haben Pucki angesehen und sich mit ihm gefreut. Herr Wasserspeier, der Schulleiter, ist sogar extra wegen Pucki in die Klasse gekommen und hat den Arm um seine Schultern gelegt.
Und dann hat der Hausmeister den Fotoapparat holen müssen und ein Bild geknipst: Frau Sommer und Herr Wasserspeier auf der einen Seite, Pucki in der Mitte und Frau Waldorf in ihrem roten Kleid mit den gelben Blumen auf der anderen Seite. Und sie haben von beiden Seiten die Arme um Puckis Schultern gelegt. Herr Wasserspeier von der einen und Frau Waldorf von der anderen. Sicher hätte auch Frau Sommer Pucki gern für das Foto noch einmal in den Arm genommen, aber da stand ja bereits Herr Wasserspeier, und der war schließlich der Schulleiter.
Pucki konnte es immer noch nicht fassen, dass ihm das heute morgen in der Schule passiert war. Ausgerechnet ihm, dem Thomas Puckert, den alle nur Pucki nannten, weil er so winzig und der Kleinste in der Klasse war. Wenn es nur das gewesen wäre! Aber er war auch noch der schwächste und der schlechteste. O ja, das wusste Pucki ganz genau!
Wenn sie beim Spielen im Sport zwei Mannschaften bildeten und abwechselnd wählten, wer in diese oder jene Mannschaft kommen sollte, dann musste Pucki immer bis zum Schluss warten, bis er endlich gerufen wurde. Sogar alle Mädchen kamen noch vor ihm dran. Und das tat weh. Bitter weh.
Und wenn sie im Rechenunterricht alle aufgestanden waren und nur die sich setzen durften, die im Kopf ganz schnell zusammengezählt oder abgezogen hatten, dann saßen längst alle um ihn herum, wenn Pucki sich immer noch verzweifelt um eine richtige Lösung bemühte. Und oft wartete dann Frau Sommer nicht mehr darauf, dass Pucki herausbrachte, was siebzehn plus neun ergab. Sie winkte ihm nur, dass er sich setzen sollte. Und das tat genauso weh!
Im Diktat nannte Frau Sommer ihn fast immer mit vollem Namen. Und seine Klassenkameraden wetteten sogar, wer wieder die meisten Fehler gemacht hatte: kein anderer als er, Thomas Puckert.
„Oh, Thomas Puckert!" hatte Frau Sommer bereits mehr als einmal gesagt und geseufzt. „Thomas Puckert, was machen wir mit dir?"
Dreimal hatte sie Puckis Mutter bereits in die Schule bestellt. Einmal war sogar sein Vater mitgekommen. Er hatte extra Urlaub nehmen müssen. Doch genutzt hat es nichts, obwohl seine Eltern sogar zu Hause mit ihm lernten.
„Er regt sich so auf, dass er gar nichts mehr kann", hatte Puckis Mutter gesagt. Und Frau Sommer hatte mitleidig genickt und Pucki traurig angesehen. Wie sehr

hatte sich Pucki immer gewünscht, dass Frau Sommer ihm auch einmal zulächeln würde, weil er eine so gute Antwort gegeben hatte, so wie Hannelore Maxeiner oder Pit Breuer.
Seit heute morgen um 10.15 Uhr aber war alles anders. Sie waren mitten im Kopfrechnen gewesen, und die meisten hatten sich natürlich schon wieder setzen dürfen, weil sie so schnell waren.
Da hatte es plötzlich geklopft und Herr Wasserspeier war hereingekommen. „Dürfen wir einmal kurz stören?" hatte er gefragt.
Als Frau Sommer nickte, hatte er der Frau in dem roten Kleid mit den gelben Blumen gewunken, die draußen gewartet hatte. Es war eine alte Frau mit grauen Haaren und einem Stock. Das sahen alle, als sie hereinkam.
Pucki aber durchfuhr es von oben bis unten: Er kannte diese alte Frau, obwohl er nicht ihren Namen wusste.
„Das ist die Klasse 3b", sagte Herr Wasserspeier. „Schauen Sie sich nur um, ob es einer von den Jungen war!"
Da machten sich alle Jungen ganz klein. Jeder fürchtete, dass er irgend etwas ausgefressen hatte, an das er sich nur nicht mehr erinnern konnte.
Die alte Frau in dem roten Kleid mit den gelben Blumen hatte Pucki sofort wiedererkannt. Sie zeigte auf ihn und sagte: „Das war er!"
Da schauten alle zu Pucki hin, und manch einer hatte großes Mitleid mit ihm. Was hatte er nur ausgefressen?
Herr Wasserspeier winkte ihm mit dem Zeigefinger, und Frau Sommer bot der alten Frau ihren Stuhl an, damit sie sich setzen konnte.
„Thomas Puckert!", sagte Pucki, als er nach vorn kam. Er ahnte, dass Herr Wasserspeier seinen Namen wissen wollte.
„Unser Thomas!", stellte Herr Wasserspeier ihn der Frau vor.
Da wunderten sich alle, denn Herr Wasserspeier kannte sonst kaum einen aus der Klasse. Und noch nie hatte er einen „unser Thomas" genannt.
Und weil sich Frau Sommer auch wunderte, fügte sie hinzu: „Ja, unser Pucki!" Nein, „Pucki" hatte sie auch noch nie gesagt.
„Darf ich es erzählen, Frau Waldorf?", fragte nun Herr Wasserspeier die fremde Frau in dem roten Kleid. Sie nickte nur und lächelte.
„Es war so", sagte darauf Herr Wasserspeier und stellte Pucki mit dem Gesicht zur Klasse so vor sich, dass er ihm beide Hände auf seine Schultern legen konnte. „Vorhin kam Frau Waldorf zu mir und wollte zu einem Schüler aus unserer Schule, dessen Namen sie noch nicht einmal wusste. Da habe ich mich sehr gewundert. Als mir dann Frau Waldorf aber erzählt hat, was passiert ist, da habe ich ihr versprochen, mit ihr diesen Schüler zu suchen."
Das war also die Frau Waldorf. Sie saß auf Frau Sommers Stuhl und lächelte Pucki freundlich zu.

„Weißt du, warum die Frau Waldorf dich heute in der Schule sucht?", fragte nun Herr Wasserspeier und drehte Pucki zu sich herum.

„Weil ich fortgelaufen bin!", sagte Pucki.

Und Sigi Strömmer in der dritten Reihe sagte so laut, dass es jeder hören konnte: „Aha!"

„Ja, einfach fortgelaufen ist er mir", sagte nun die alte Frau. „Da blieb mir doch nichts anderes übrig, als ihn zu suchen. Er musste ja hier in die Grundschule gehen."

Und dann erzählte sie allen, was gestern passiert war.

Pucki stand daneben und hatte vor Aufregung ganz rote Ohren bekommen. So peinlich war es ihm, dass er auf einmal so gelobt wurde.

Gestern war die alte Frau Waldorf zu Fuß unterwegs gewesen. Sie ging nicht oft fort, weil sie so schlecht laufen konnte. Aber einmal im Monat musste sie zur Bank, um ihr Geld zu holen. Und ihre Bank war mitten in der Stadt. Was sie sonst brauchte, konnte sie ganz in ihrer Nähe kaufen. Manchmal brachten ihr die Nachbarn auch etwas mit. Nur zu ihrer Bank ging sie immer zu Fuß.

Als sie gestern von der Bank kam, trug sie das Geld in der kleinen schwarzen Tasche in der Hand. Da kam auf einmal einer mit dem Fahrrad von hinten, fuhr ganz dicht an ihr vorbei und riss ihr die Tasche vom Handgelenk. Sie wollte die Tasche mit der anderen Hand noch festhalten, da verlor sie das Gleichgewicht und stürzte.

Ein paar Leute kümmerten sich um sie und halfen ihr wieder auf. Die Tasche mit dem Geld wäre weg gewesen, wenn es da nicht einen kleinen Jungen gegeben hätte. Der hatte gesehen, was passiert war, und ist sofort hinter dem Dieb hergelaufen.

Weil der Dieb bei dem Überfall mit seinem Rad etwas ins Schlingern geraten war, brauchte er etwas Zeit, um wieder richtig in Fahrt zu kommen. Das reichte für Pucki, um von hinten auf den großen Jungen mit dem Fahrrad zu springen, ihn mit beiden Armen zu umschlingen, und so schrecklich zu schreien, dass der Dieb die Kontrolle über sein Rad verlor und stürzte. Pucki fiel auf ihn. Blitzschnell hatte er die Tasche ergriffen und rannte damit zu der alten Frau zurück, die mit Hilfe von zwei anderen Frauen langsam wieder auf die Beine kam. „Die Tasche!", rief Pucki und gab sie ihr. Dann rannte er davon, so schnell er konnte. Er hörte noch, dass sie etwas hinter ihm herriefen.

Pucki sah noch den Radfahrer, der versuchte, mit seinem Rad davonzukommen. Er sah auch, dass Leute hinter dem Dieb herliefen.

Pucki wollte auf keinen Fall von ihm erkannt werden. Deshalb machte er, dass er schnell wegkam. Zu Hause verpflasterte er sich dann heimlich sein linkes Knie.

„Ja", sagte Herr Wasserspeier, „nun ist die Frau Waldorf extra in die Schule gekommen, um sich zu bedanken."

„Obwohl sie so schlecht laufen kann", fügte Petra Lünemann hinzu und zeigte auf den Stock in Frau Waldorfs Hand.
„Ja, ich wollte ihm und all den netten Schülern in seiner Klasse eine kleine Freude bereiten", sagte die Frau. „Denn wenn einer so nett ist, dann müssen die anderen ja ähnlich sein."
Und dann kam es heraus, was keiner für möglich gehalten hätte: Frau Waldorfs Schwiegersohn gehörte das Gloria. Das Gloria war das einzige Kino in der Stadt. Und Pucki durfte nun einmal mit all seinen Klassenkameraden kostenlos in eine Nachmittagsvorstellung kommen. Er brauchte nur an der Kasse zu sagen, dass Frau Waldorf ihn geschickt habe.
Ja, und deshalb musste der Hausmeister kommen und das Foto von Pucki und Frau Waldorf und Frau Sommer und Herrn Wasserspeier knipsen.
Am schönsten aber war es, als ihn Frau Sommer in die Arme nahm und ihn drückte.
„Das ist mehr wert als fünf Einser!", sagte sie, und Pucki wusste, dass sie es auch so meinte.
Wie schön konnte Schule auf einmal sein!

Pacci Patent

Eigentlich heißt er Pascal Fuhrländer, aber alle nennen ihn nur Pacci Patent. Nur Frau Luxor nennt ihn so, wie er wirklich heißt: Pascal. Aber sie muss es sicher auch so tun. Schließlich ist sie Lehrerin und führt das erste Schuljahr.
Pascal hat große Schwierigkeiten mit dem Schreiben und Rechnen, das er nun in der Schule lernen soll. Noch schwerer fällt es ihm, so lange an seinem Tisch still zu sitzen, bis der Unterricht endlich vorbei ist.
Gut, dass es wenigstens die Pausen gibt! Dann rast Pacci mit den anderen über den Schulhof, bis er ganz außer Puste ist. Aber dann ist auch die Pause leider schon wieder vorbei.
Zuerst hat Frau Luxor oft mit Pacci geschimpft, weil seine Hefte so verschmiert und voller Eselsohren waren und er auch manchmal einfach vergessen hat, seine Hausaufgaben zu erledigen.
„Ich hatte so viel Wichtiges zu tun", entschuldigte er sich.
„Lass es dir auf dem Patentamt anmelden!", keifte sie und drückte Pacci den Schwamm in die Hand.
„Pacci Patent!", riefen die anderen Kinder und lachten.
Nur Sven und Simon lachten nicht. Sie waren nämlich Paccis beste Freunde.
Später ärgerte sich Frau Luxor über sich selbst, weil sie sich wieder einmal über den kleinen Pascal lustig gemacht hatte. Er war der schwächste Schüler im Schreiben, und sie hatte ihm das schwerste Wort aus dem Lesetext diktiert. „Er hätte ja auch einmal etwas üben können!", tröstete sie sich dann.
Aber am nächsten Tag ärgerte sich Frau Luxor noch mehr. Sie hatte ihren Autoschlüssel im Auto stecken lassen und die Tür verriegelt und zugeschlagen. Jetzt steckte der Schlüssel drin, und sie kam nicht mehr hinein. Ein Paar Lehrer versuchten, ihr zu helfen. Einer wollte sogar das Schloss aufbrechen, doch sie schafften es alle nicht.
Da kam zufällig Pacci vorbei, guckte ein bisschen zu, ging kurz fort und kam dann mit einem dünnen Draht zurück. Bevor Frau Luxor ihn festhalten konnte, hatte er den Draht bereits in den Fensterrahmen geklemmt. Mit etwas Geschick brachte er es fertig, das Fenster so weit hinunterzudrücken, daß er seine Hand durchstrecken und von innen die Tür öffnen konnte.
„Wie hast du das nur geschafft?", fragte Frau Luxor und konnte es nicht fassen.
„Mein Patent!", sagte Pacci und ging neben ihr her in die Klasse.
Von diesem Tag an war Frau Luxor ganz anders zu Pacci als vorher.
Der kleine struwwelige Junge mit den immer schmutzigen Händen konnte zwar nicht so gut lesen und rechnen wie die anderen in seiner Klasse. Dafür konnte er aber Sachen, die weder sie noch ihre Schülerinnen und Schüler konnten.

War ein großes Bild aufzuhängen, zauberte Pacci einen Hammer herbei und holte den richtigen Nagel aus seiner Hosentasche. Und als der neue Schreib- und Spielcomputer in der Klasse aufgestellt wurde und prompt am nächsten Tag nicht funktionierte, da hatte Pacci ihn bereits repariert, bevor der Hausmeister den Kundendienst holen konnte.

Ja, Frau Luxor begann, diesen kleinen, manchmal recht schmutzigen, dafür aber so patenten Jungen in ihrer Klasse immer lieber zu haben. Sie staunte nur noch darüber, was er alles fertigbrachte, und glaubte ihm schließlich auch seine Entschuldigungen, wenn er wieder einmal seine Hausaufgaben vergessen hatte.

Vielleicht ist das, was er kann, viel wichtiger für ihn als das, was er hier unbedingt lernen soll, dachte sie und drückte oft beide Augen zu. Vielleicht nicht nur für ihn, sondern auch für uns alle.

Zum Glück gibt es in den ersten beiden Schuljahren noch keine Noten. Frau Luxor hätte nicht gewusst, welche Note sie ihm für Schreiben, Lesen und Rechnen geben sollte.

„Ich lerne es bestimmt auch noch", meinte Pacci und sah sie dabei so hoffnungsvoll und treuherzig an, dass Frau Luxor ihm auch das glaubte.

Dann machte er sich daran, den Wasserhahn über dem Handwaschbecken, der mit seinem ständigen Tropfen seit Tagen den Unterricht störte, auseinanderzuschrauben. Als er ihn dann wieder zusammengeschraubt hatte, tropfte der Hahn nicht mehr.

Vor den Osterferien nahm sich Frau Luxor Pacci noch einmal allein vor.

„Pacci!", sagte sie. Ja, wirklich: „Pacci!"

„Pacci, was können wir nur tun, damit du nicht immer der Allerletzte in der Klasse bist? Wenn du doch ein bisschen mehr Zeit für das hättest, was du in der Schule lernen musst!"

„Ich habe jetzt mehr Zeit", antwortete Pacci.

„Versprichst du mir, dass du dir jetzt wirklich Mühe gibst?", fragte Frau Luxor und sah ihn bittend an.

„Mein Opa ist doch gestorben." Pacci räusperte sich. „Er kann mir nicht mehr zeigen, wie alles funktioniert."

„Es steht aber auch in den Büchern drin", sagte Frau Luxor.

„Ich weiß." Pacci nickte.

„Und wenn du schneller lesen kannst…", begann Frau Luxor, als Pacci sie bereits unterbrach.

„Ich verspreche es dir", sagte er und reichte ihr die Hand.

„Ihnen", verbesserte sie.

„Nein, nur dir", sagte Pacci und drückte ihr die Hand, so fest er nur konnte.

„Aber du musst mir auch etwas versprechen", sagte er dann.

Sie nickte.

„Fahr heute noch in die Werkstatt", sagte Pacci. „Mit deinem Auspuff stimmt etwas nicht!"

Er zuckte mit den Schultern und sah sie verschämt an. „Du kannst nicht so lange warten", sagte er dann verlegen, „bis ich lesen kann, wie man einen Auspuff repariert."

„Die Hausaufgaben sind am allerwichtigsten!", antwortete Frau Luxor streng und merkte zum Glück nicht, dass Pacci seinen Kopf schüttelte.

So kam es leider immer wieder vor, dass Pacci ganz unglücklich an seinem Tisch saß und unter sich blickte, während Frau Luxor vor ihm stand, schimpfte und ihm Vorwürfe machte, weil er wieder nichts getan hatte.

„Pascal, so lernst du nie Lesen und Schreiben!", sagte sie mit rotem Kopf. „Und Rechnen erst recht nicht!"
„Was kann denn nur für dich so wichtig gewesen sein", fragte sie neulich, „dass du wieder keine einzige Rechenaufgabe erledigt und nicht ein einziges Wort geschrieben hast?"
„Ich habe Licht in den Hühnerstall gelegt", antwortete Pacci leise.
Zunächst blieb es ganz still in der Klasse, aber dann prusteten die anderen Kinder los. Und Frau Luxor ärgerte sich ein bisschen. Sie meinte nämlich, Pacci wollte sie auf den Arm nehmen. „Für so etwas bist du noch viel zu klein", brummte sie, als sie mit festen Schritten zur Tafel ging.
„Ich kann es aber!", rief Pacci hinter ihr her.
„Dann melde dich beim Patentamt an!"
Was wusste Frau Luxor damals schon von Pacci Patent?
Pacci machte sich nichts daraus und grinste nur.
Einmal war Paccis Schreibheft so schmierig und schwarz, dass Frau Luxor entsetzt die Hände über dem Kopf zusammenschlug.
„Hast du mit dem Heft in einer Pfütze gelegen?", fragte sie und freute sich, als die anderen Kinder über ihren Witz lachten.
„Ich habe zuerst den Rasenmäher wieder ganz gemacht und dann noch Onkel Philipps Motorrad repariert", antwortete Pacci schüchtern und betrachtete verschämt seine Hände und Fingernägel, die immer noch recht schmierig wirkten und schwarze Ränder hatten.
„Du bist wirklich ein patenter Junge!", sagte Frau Luxor und glaubte ihm kein Wort.
Dann holte sie ihn zur Tafel und diktierte ihm zwei Wörter, die er richtig anschreiben sollte. Pacci gab sich viel Mühe. Langsam und bedächtig schrieb er mit großen Buchstaben „Mein Frischdig" an die Tafel.
„So viele Fehler in zwei Wörtern hat noch keiner geschafft", meinte Frau Luxor und schrieb ganz dick „Mein Frühstück" so, wie es richtig geschrieben wird, über das, was Pacci verbrochen hatte.

So einer war Thomas

Heute haben wir Thomas beerdigt. Das ganze Dorf ist mitgegangen. Kinder und Erwachsene. Alte und junge Leute. Viele haben Blumen mitgebracht. Und die Kränze, die die Leute auf den kleinen Sarg legten, trugen alle leuchtende Blumen, gelbe und weiße, blaue, rote und violette. Heute haben wir Thomas beerdigt, und es fällt uns so schwer, Abschied von ihm zu nehmen. Jetzt spüren wir immer deutlicher, wie lieb wir ihn hatten und wie lieb er uns alle hatte. Mit sechs Jahren ist Thomas gestorben. Sechs Jahre ist er nur alt geworden, aber jeder im Dorf hat ihn gekannt.

Unser Dorf ist klein. Da kennt jeder jeden. Aber den Thomas, den haben alle ganz besonders gut gekannt. Vielleicht sogar besser als den Bürgermeister und den Pfarrer. Das sagt sogar die Zeitungsfrau, die auch zur Beerdigung gekommen war.

Von der Klinik sind auch die Schwestern gekommen. Sie haben einen großen Strauß Tulpen mitgebracht. „Er war immer froh, obwohl er so krank war", sagte Schwester Ilse. „Mit seiner Fröhlichkeit hat er den anderen in seinem Zimmer Mut gemacht."

„Dabei war er doch so stark behindert", fügte Schwester Claudia hinzu.

Ja, dass Thomas behindert war, das wussten alle im Dorf. Nicht nur körperbehindert. Er war so stark geistig behindert, dass er erst ganz spät angefangen hat, überhaupt etwas zu sprechen. Oft konnte man ihn nicht richtig verstehen. Und in eine richtige Schule hatte er auch nie gehen können.

Aber lachen konnte Thomas. Und er freute sich mit jedem, dem er begegnete, wenn er an der Hand seines Vaters oder seiner Mutter langsam durch das Dorf ging. Später lernte er sogar, auf dem Dreirad zu fahren. „Wirklich, dann glaubte man gar nicht, dass er so schwer behindert war", sagt der Briefträger und lächelt ein bisschen, als er sich daran erinnert.

„Im letzten Jahr hat er immer bei uns die Milch geholt", erzählt Frau Scheibner, die zwei Kühe in ihrem Stall hat. „Es war ja nicht weit von uns, und er konnte mit seinem Dreirad auf dem Bürgersteig fahren. Die Milchkanne hatte er immer an der Lenkstange hängen. Er fuhr sehr vorsichtig. Nicht einen einzigen Tropfen hat er verschüttet. Und oft hat er mir ein Blümchen mitgebracht. Manchmal war es auch nur ein Gras oder ein Unkraut, das er am Weg zu uns gefunden hatte. Aber er schenkte es mir mit so viel Freude, dass ich sein Geschenk gern angenommen habe. Ich habe ihm zuliebe sogar das Unkraut in die Blumenvase gestellt."

„Er hat immer mit seiner Mutter bei uns das Brot und die Brötchen geholt", sagt der alte Bäcker Martens. „Und er war nicht zufrieden, wenn man ihn einfach nur so bediente. Ich musste immer um die Theke herumkommen und ihm die Hand geben. Ohne das ging es nicht!"

Herr Martens greift in seine Hosentasche und zieht sein Taschentuch heraus. Nachdem er sich gründlich geschneuzt hat, fügt er hinzu: „Später, als er dann von der Klinik wieder nach Hause kam, damals, als er so schwach war und wieder im Wagen gefahren werden musste, da wehrte er sich, wenn ihn sein Vater in den Laden hineintragen wollte. ‚Zum Bäcker Martens will ich gehen', sagte er. Da musste ihn sein Vater herunterlassen. Er stützte ihn und führte ihn zu mir. Und

Thomas war erst richtig zufrieden, wenn ich ihm die Hand gedrückt hatte. Dann erst durfte ihn sein Vater wieder auf den Arm nehmen."

„Gott hat ihn einschlafen lassen, bevor seine Schmerzen noch schlimmer wurden", sagte sein Vater. „In der Klinik waren viele kranke Kinder mit Leukämie, Blutkrebs. Jetzt ist es fast acht Monate her, als Thomas an Leukämie erkrankte. Er hat alle Untersuchungen über sich ergehen lassen. Er lernte sogar viele fremde Namen der Untersuchung und der Krankheit. Er nannte sie so wie all die anderen Dinge, deren Namen er kannte. Dann wurde er schwächer und schwächer. Seine Heilung wurde immer aussichtsloser."

„Es war richtig, dass wir ihn nach Hause genommen haben", sagte seine Mutter. „Ja, es war richtig! Über zwei Monate lang haben wir ihn noch bei uns haben dürfen. Und seine Fröhlichkeit ist zurückgekommen. Nicht mehr so wie früher, aber er hat wieder lachen können. Und Musik hat er gehört. Immer wieder dieselben Kassetten. Das Lied von der dicken Raupe. Dann hat er sich hingestellt und gespielt, wie sich die dicke Raupe in einen Schmetterling verwandelt. ‚Gleich fliege ich', hat er gesagt und seine Arme weit ausgebreitet."

„Es war richtig, dass Sie ihn wieder nach Hause geholt haben", sagte Frau Krüger, die Nachbarin. „Sie waren ja so lange Zeit mit ihm im Krankenhaus. Und ihr Mann hat während dieser ganzen Zeit neben seinem Beruf noch Ihre drei Kinder versorgt. Was Sie für den kleinen Thomas alles getan haben! Sie, Ihr Mann und Ihre Kinder!"

„Was Thomas für uns getan hat…", sagt sein Vater leise. „Obwohl er so krank war, hat er uns getröstet, wenn wir traurig waren. ‚Mir geht's gut', hat er immer gesagt. ‚Und einmal ist die Krankheit zu Ende.' So einer war Thomas!"

Heute haben wir Thomas beerdigt. Das ganze Dorf ist mitgegangen. Und die Erzieher aus der Kindertagesstätte, die er nur kurz besucht hat. Und die Schwestern aus der Klinik.

„Ich bin so glücklich, dass so viele Blumen auf seinem Grab sind", sagt der Vater. „Thomas hatte Blumen so gern. Deshalb haben wir ihn immer Tommy Tulpe genannt."

„Er hat ein Licht in uns angezündet", hat der Pfarrer bei der Beerdigung gesagt. „Ein Licht auf unserem Weg."

„Ja, so einer war Thomas", sagt seine Mutter.

Schwimmen

Schwimmtag. Sylvia und ihre Freundinnen tummeln sich im Wasser, spritzen sich nass und schwimmen um die Wette. Anschließend liegen sie auf der großen Liegewiese und sonnen sich.
Plötzlich stutzt Sylvia. Ein Mann führt einen Jungen mit beiden Händen. Der Junge scheint im gleichen Alter zu sein wie sie. Er geht sehr ungeschickt. Würde ihn der Mann nicht festhalten, müsste er bestimmt fallen.
Der Mann setzt den Jungen vorsichtig auf den Rasen. Dann breitet er eine Decke aus und hebt den Jungen behutsam darauf. Der Junge ist so behindert, dass er sich nicht allein ausziehen kann. Auch dabei muss der Mann helfen.
„Ich hole noch die Tasche", sagt der Mann und geht mit schnellen Schritten davon.
Sylvia tut der Junge leid. Sie muss immer wieder hinschauen. Aber dann guckt sie ganz schnell weg, damit er nicht bemerkt, dass er beobachtet wird.
„Hallo!", sagt der Junge und lacht Sylvia an. „Klassewetter!"
Da steht Sylvia auf und geht zu ihm.
„Warst du schon im Wasser?", fragt er.
Sylvia nickt. „Es ist herrlich!" Sie schaut den Jungen an, schluckt, sagt aber dann doch: „Schade, dass du nicht schwimmen kannst!"
Der Junge lacht: „Warte nur, bis mein Vater wiederkommt!", meint er.
Als Sylvia zu ihren Freundinnen zurückgeht, flüstert ihr Doris zu: „So einer wohnt auch bei uns in der Nachbarschaft. Der ist ein Spastiker!"
Inzwischen ist der Mann zurückgekommen. Er packt den Jungen mit beiden Händen und führt ihn zum Schwimmbecken.
„Passen Sie auf, hier ist doch das Becken für Schwimmer!", sagt Sylvia vorwurfsvoll zu dem Mann.

Der Mann lacht. Er hebt den Jungen hoch und stößt ihn mit Schwung ins Wasser. Die Mädchen schreien auf. Der Junge versinkt. Dann kommt er wieder hoch. Er prustet. Und dann schwimmt er.
„Mensch, der kann ja schwimmen!", sagt Sylvia.
„Was dachtest du denn?", lacht der Mann.

Rita ärgert sich

Als Rita heute auf den Schulhof kommt, schauen sich alle Mädchen nach ihr um. Sie laufen gleich zu ihr. Elfie sagt: „Du hast aber ein schönes Kleid an!" Und Dagmar will wissen: „Ist das Kleid neu?"
Rita ist sehr stolz. Sie sagt: „Meine Tante hat es mir gestern geschenkt. Ich muss gut aufpassen, dass es nicht schmutzig wird."
Rita geht ganz vorsichtig über den Schulhof. Sie macht einen großen Bogen um jede Pfütze. Sie ist ja so stolz auf ihr neues Kleid. Da kommt Walter angelaufen. Er rennt hinter Wolfgang her und schreit: „Warte nur, wenn ich dich fange!"
Er schaut nicht, wohin er läuft. Und schon passiert es! Walter rennt die kleine Rita um. Sie fallen beide. Walter ist zuerst wieder auf den Beinen. Er hat Glück gehabt. Nur seine Hände sind schmutzig.
Aber wie sieht Rita aus! Sie sitzt auf dem Boden und schaut auf ihr neues Kleid. Ein großer, brauner Schmutzfleck ist da zu sehen.
Walter läuft schon wieder weiter. Er schreit: „Dumme Gans! Warum musstest du dich auch in den Weg stellen!"
Jetzt weint Rita. Sie weint so laut, sie weint so durchdringend, dass alle es hören müssen.
Die anderen Mädchen stehen um Rita herum. Rita jammert: „Das sage ich unserer Lehrerin!"
Alle Mädchen nicken. Sie haben großes Mitleid mit Rita. Sie gönnen es dem wilden Walter, dass Rita ihn verpetzen will.
Und Dagmar schreit hinter Walter her: „Das sagt Rita bestimmt unserer Lehrerin! Warte nur, Walter!"
„Dumme Gänse!", ruft Walter böse und läuft weiter hinter Wolfgang her.
Aber dann in der Klasse hat Walter doch große Angst. Er schaut immer wieder zu Rita hinüber. Sie sitzt in ihrer Bank und sieht ihn gar nicht an. Walter möchte ihr doch so gern sagen, wie leid ihm alles tut. Er wollte Rita ja nicht umwerfen. Er schämt sich sehr. Aber er ist doch ein Junge. Da kann er sich nicht einfach bei einem Mädchen entschuldigen.
Den ganzen Morgen über wartet Walter darauf, dass Rita der Lehrerin die Sache

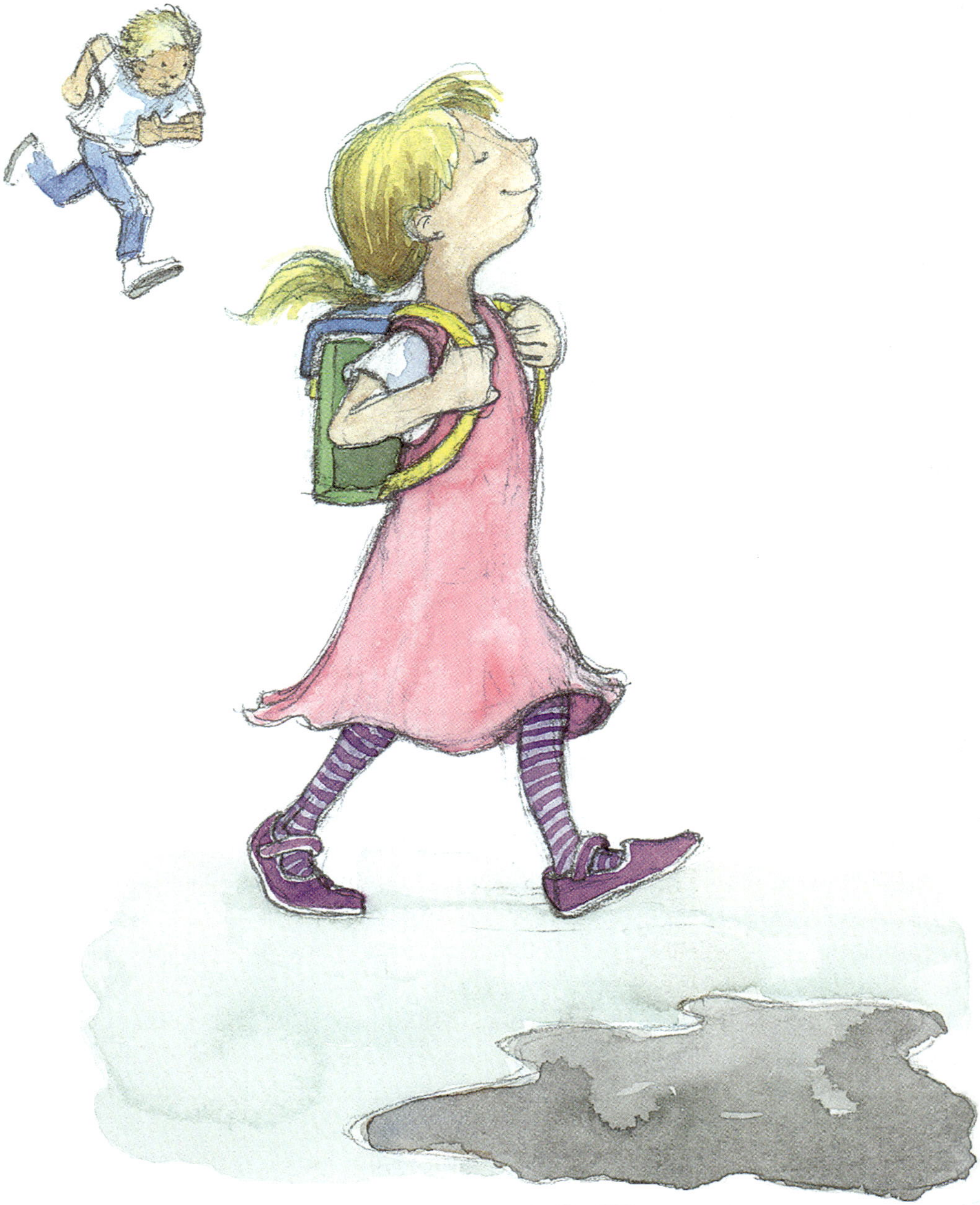

mit dem Kleid erzählt. Als endlich der Unterricht zu Ende ist, läuft Walter erleichtert nach Hause: Sie hat mich nicht verpetzt!
Am nächsten Morgen kommt Rita in die Klasse und wundert sich: Auf ihrem Tisch liegt ein dicker roter Apfel. Ein kleiner Zettel liegt daneben: Liebe Rita! Ich schenke Dir den Apfel, weil Du mich gestern nicht verpetzt hast. Dein W.
Rita freut sich. Sie möchte sich so gern bei Walter bedanken. Aber der steht drüben bei den anderen Jungen und tut so, als ob er Rita nicht sieht. Da lächelt Rita, denn sie bemerkt: Walter hat ganz rote Ohren.

Schwester Franziska

Früher war Franziska nie so ganz richtig mit dem Namen einverstanden gewesen, den ihre Eltern für sie ausgesucht hatten. Ihre Freundinnen hatten alle viel schönere Namen: Anke, Beatrix und Nicole. Franziska war immer ein wenig neidisch gewesen. Ganz ärgerlich aber war sie, wenn ihr Vater sie Franziskus nannte. Das mochte sie ganz und gar nicht. Schließlich war Franziskus ein Jungenname und klang noch altmodischer als Franziska.
Aber seitdem ihr Vater einmal vom heiligen Franziskus erzählt hat, ist alles ganz anders. Jetzt ist sie richtig stolz, wenn ihr Vater sie in den Arm nimmt und sie Franziskus nennt.
„Wenn ich ein Junge wäre", sagt Franziska oft, „dann wäre ich so wie der Bruder Franz. Bestimmt würden dann alle Tiere zu mir kommen und sich von mir streicheln lassen: Bären und Löwen, wilde Katzen und Wölfe.
Und manchmal träumt sie davon, der Bruder Franz zu sein. Dann setzt sie sich mit ihrer Flöte in den Garten unter den Fliederstrauch und wartet darauf, dass die Vögel von allen Seiten herbeigeflogen kommen, um ihr zuzuhören. Wenn Franziska träumt, dann kann sie sogar die Vögel sprechen hören und verstehen, was sie sagen.
Aber Franziska ist nun mal kein Junge und auch nicht der Bruder Franz. Und Bären und Löwen, wilde Katzen und Wölfe gibt es längst nicht mehr dort, wo Franziska mit ihren Eltern und dem kleinen Bruder wohnt.
„Du bist eben Schwester Franziska", sagt die Mutter und lächelt. „Den Namen hast du ja von dem Bruder Franz. Und das ist doch auch schon etwas."
Franziska findet, dass das nicht viel ist. Und wenn sie sich unter einen Fliederstrauch stellt, um den Vögeln zuzuhören, dann muss sie oft lange warten, bis überhaupt ein Vogel herbeifliegt und sich auf einem Zweig niederlässt. Und wenn dann einer wirklich im Fliederstrauch sitzt, dann spricht er noch lange nicht. Da nutzt es auch nichts, wenn Franziska ganz still ist und wartet und

wartet. Und wenn ein Vogel dann wirklich zu pfeifen beginnt, dann kann Franziska nicht ein einziges Wort verstehen.

„So schnell ging das bei dem Bruder Franz auch nicht", tröstet sie ihr Vater. „Er hat viele Jahre gebraucht, bis er die Sprache der Tiere verstehen lernte. Und ebenso lange hat es gedauert, bis die Tiere keine Angst mehr vor ihm hatten, sondern zutraulich zu ihm kamen." Er blickt Franziska lächelnd an. „Du bist ja noch jung. Da hast du noch viel Zeit."

„Und es liegt nicht daran, dass ich ein Mädchen bin?", fragt Franziska.

„Nein", sagt der Vater, „ganz bestimmt nicht!"

„Bei uns gibt es auch so wenig Tiere", meint Franziska. „Viel zu wenig! Man sieht an einem Tag manchmal nicht mehr als eins oder zwei. Da kann man natürlich auch ihre Sprache nicht lernen."

„Es gibt schon viele Tiere", antwortete der Vater. „Du musst nur nach ihnen Ausschau halten!"

„Aber keine Bären und keine Wölfe", sagt Franziska. Und da hat sie recht. Das muss sogar ihr Vater zugeben.

„Wenn wir wenigstens einen Hund hätten!", meint Franziska. „Oder eine Katze!"

„Wir haben zwei Eltern und zwei Kinder. Und damit ist unsere kleine Wohnung im ersten Stock voll", sagt der Vater. „Wenn wir mal eine größere Wohnung haben, dann vielleicht. Zudem erlauben Müllers nicht, dass Tiere in der Mietwohnung gehalten werden."

„Ich werde nie wie der Bruder Franz die Sprache der Tiere lernen", klagt Franziska. „Wenn wir noch nicht einmal ein Tier bei uns zu Hause haben."

Da zeigt ihr die Mutter im Klo zwischen dem Spülkasten und der Wand ein großes Spinnennetz. Sonst duldet ihre Mutter so etwas nie in der Wohnung. Aber als sie es heute morgen bemerkte, konnte sie es einfach nicht kaputt machen.

Franziska ist so begeistert, dass sie überall nach Fliegen sucht, mit denen sie die Spinne füttern möchte. Schade, im Klo gibt es keine Fliegen. Und die eine Fliege, die sie sonst immer in der Küche ärgert, ist auch nicht da.

Franziska verbringt lange Zeit im Klo. Sie setzt sich so auf den Klodeckel, dass sie die Spinne in ihrem Netz ganz genau beobachten kann. Sie versucht sogar, mit der Spinne zu sprechen. Sie entschuldigt sich, dass sie keine Fliege gefunden hat, die sie ihr zum Fressen bringen kann.

Doch die Spinne gibt keine Antwort. Sie sitzt ganz ruhig in einer Ecke ihres großen Netzes und tut so, als wäre Franziska gar nicht da. Nur als Franziska ein bisschen gegen das Netz pustet, so dass es ganz leicht hin- und herschwingt, da zieht sie sich noch mehr in die Ecke zurück. Franziska versucht, ein paar winzige Kekskrümel in das Netz zu streuen. Es könnte ja sein, dass Spinnen auch Kekse mögen. Aber die Krümel fallen durch das Netz hindurch auf die Fliesen am Boden. Und die Spinne kümmert sich überhaupt nicht darum.

Spät am Nachmittag meint die Mutter, dass es jetzt doch am besten sei, dass Spinnennetz wegzumachen. Schließlich gehört das Spinnennetz mit der Spinne nicht ins Klo.
„Das darfst du nicht tun!", sagt Franziska und versucht, die Spinne mit ihrem Netz vor der Mutter zu schützen.
„Hier findet sie doch nichts zu fressen", sagt die Mutter. „In unserem Klo geht sie vor Hunger ein."
Franziska blickt nach draußen und sieht die obersten Äste des Kirschbaums gerade vor ihrem Fenster. „Und wenn wir sie in den Kirschbaum setzen?", fragt sie.
„Warum nicht?", sagt die Mutter. „Nur im Klo wollen wir sie nicht haben!"
„Aber ihr Netz geht doch kaputt", meint Franziska und blickt ihre Mutter zögernd an.
„Du glaubst nicht, wie schnell sie wieder ein neues Netz gesponnen hat."
Da ist Franziska einverstanden. Sie hilft sogar dabei, die Spinne ganz vorsichtig mit der Kehrichtschaufel von der Wand zu lösen. Das Netz wird dabei zwar zerstört, doch der Spinne passiert nichts. Sie sind beide so behutsam, dass sie ihr wirklich nicht weh tun.
Dann hält Franziska die Schaufel zum Fenster hinaus. Der Spinne scheint es auf der Schaufel zu gefallen. Sie hockt unbeweglich in einer Ecke und rührt sich nicht. Franziska bekommt einen lahmen Arm.
„Mir schläft der Arm ein", sagt sie.
„Du musst die Schaufel ein bisschen schütteln!", meint die Mutter.
Doch die Spinne hält sich fest und lässt sich nicht vertreiben. Franziska muss kräftiger schütteln.
Da, jetzt lässt die Spinne los. Sie rutscht bis zum unteren Rand der kleinen Schaufel und lässt sich dann an einem Faden herunterfallen. Nein, sie fällt nicht! Ganz langsam schwebt sie an dem Faden bis zu dem dicken Zweig direkt unter dem Fenster. Dort lässt sie sich nieder. Sie krabbelt auf dem Zweig herum, und Franziska sieht ihr zu. Aber dann krabbelt sie weiter, so weit, dass Franziska ihr nicht mehr mit den Augen folgen kann, weil ihr die grünen Blätter des Kirschbaumes die Sicht versperren.
„Schade!", sagt Franziska endlich. „Aber sie ist gerettet."
Am Abend erzählt die Mutter von der Spinne.
„Na, hast du ihre Sprache verstanden?", fragt der Vater.
„Es war doch nur eine Spinne", lacht Franziska. „Die spricht doch überhaupt nicht!"
„Aber wir haben sie gerettet", sagt die Mutter.
„Sie wollte sogar bei mir auf der Kehrichtschaufel bleiben", meint Franziska.
„Ich glaube, große Tiere hätten auch Vertrauen zu mir."

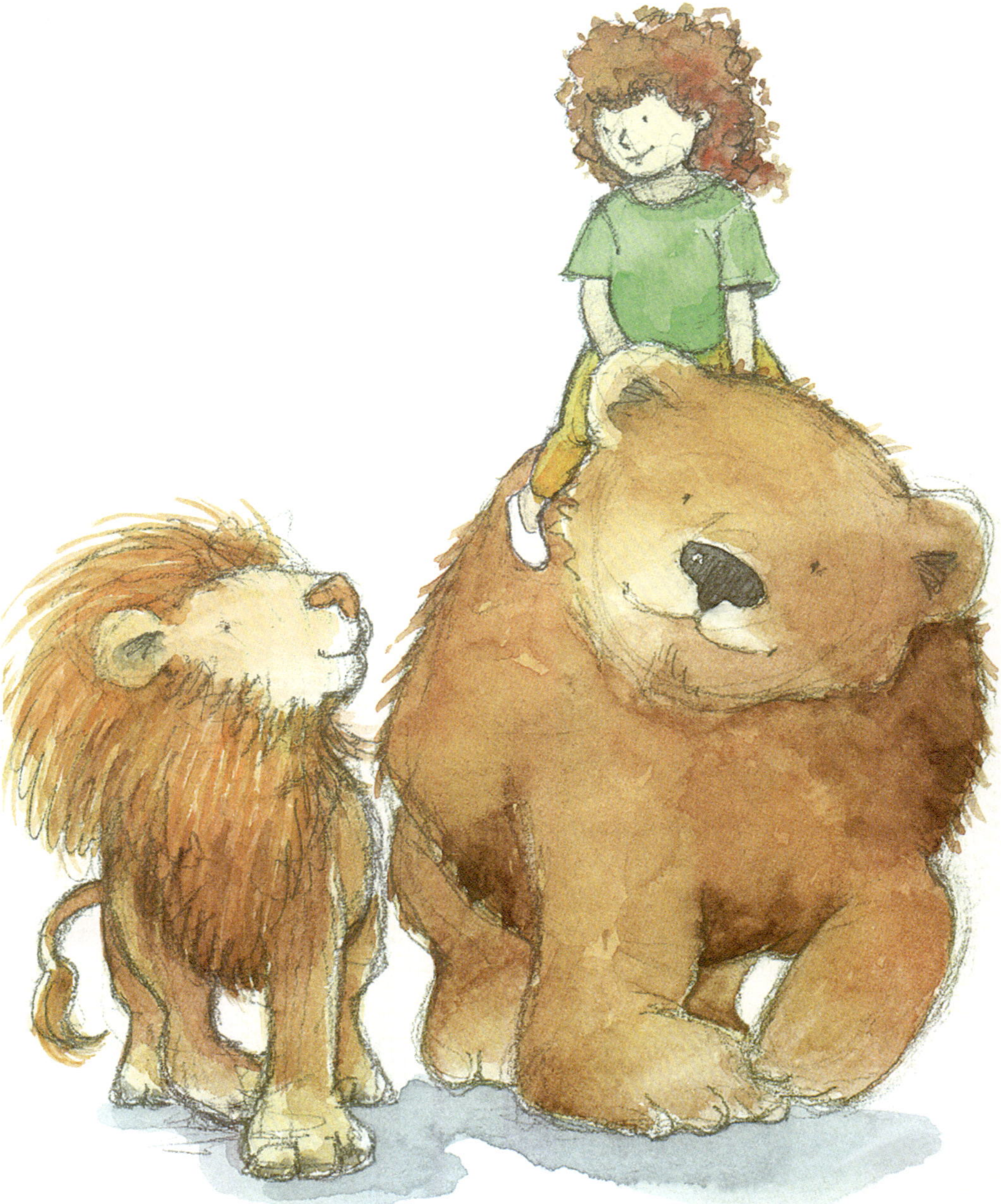

Am nächsten Tag, als Franziska aus der Schule kommt, rettet sie eine Schnecke. Sie hat sich auf die Straße gewagt. Bestimmt wäre sie von einem Auto überfahren worden, wenn Franziska sie nicht auf der Straße entdeckt hätte.
Ganz vorsichtig nimmt Franziska sie in die Hand. Die Schnecke fühlt sich bedroht und zieht sich in ihr Haus zurück. Aber Franziska redet ihr gut zu und trägt sie zu einer Wiese in der Nähe. Dort setzt sie sie behutsam wieder ab und wartet so lange, bis die Schnecke ihre Angst verliert, sich vorsichtig wieder aus ihrem Häuschen herauswagt, die Fühler ausstreckt und langsam weiterkriecht.
„Unsere Schwester Franziska!", sagt der Vater, als Franziska von der Rettung der kleinen Schnecke erzählt.
Trotzdem, Schnecken und Spinnen sind keine Wölfe und Bären.
„Wir müssen mit den ganz kleine Sachen anfangen", sagt der Vater. „Dann gelingen uns auch die großen."
Aber davon will Franziska nichts wissen.
Plötzlich hört sie ein ängstliches und aufgeregtes Vogelzwitschern direkt vor dem Fenster.
„Das kommt aus dem Apfelbaum", ruft der Vater und springt auf. „Hast du das Nest noch nicht entdeckt?"
Nein, davon weiß Franziska nichts. Aber sie weiß, dass der schwarze Kater aus dem Nachbarhaus immer durch den Garten streicht. Und sie weiß auch, dass Katzen hinter Vögeln her sind. Besonders auf die jungen Vögel haben sie es abgesehen. Sie sind noch etwas unbeholfen und können nicht schnell davonfliegen, wenn sich die Katze anschleicht. Und der schwarze Kater ist ein ganz besonders geschickter und erfolgreicher Vogeljäger, das weiß Franziska.
Blitzschnell rennt sie hinaus, und Vater und Mutter folgen ihr. Selbst ihr kleiner Bruder rennt hinter ihnen her.
Wirklich, unter dem Apfelbaum sitzt der schwarze Kater, und seine grünen Augen starren hoch in den Baum hinauf. Ob er schon im Baum war?
„Mach dich weg!", ruft Franziska und klatscht laut in die Hände. Der Kater macht einen Buckel und streckt seinen langen Schwanz hoch in die Luft. Dann springt er mit einem großen Satz über den Zaun.
„Sie sind bald groß", sagt der Vater. „Dann kann der Kater den Vögeln nichts mehr tun. Aber jetzt ist eine schwierige Zeit. Sie sind gerade flügge geworden. Da sind sie noch ein bisschen tolpatschig, und das Fliegen klappt auch noch nicht so richtig. Sie müssen sich noch oft ausruhen. Aber weil ihre Eltern ihnen zeigen, wie es gemacht wird, lernen sie es bald."
„Heute pass ich auf, dass der Kater ihnen nichts tut!", verspricht Franziska. Und sie nimmt sich einen Stuhl und ihr Lesebuch und setzt sich unter den Apfelbaum. Die Vögel haben sich beruhigt. Und weil Franziska ganz still dasitzt, kann sie zusehen, wie sie aus dem Apfelbaum herausfliegen, eine Runde drehen und wieder

zurückkommen. Franziska hört sie zwitschern und pfeifen. Später sieht sie sogar zu, wie die Vögel ein paar Mücken im Flug fangen.

Der schwarze Kater lässt sich nicht mehr blicken. Es lohnt sich nicht, auf die jungen Vögel Jagd zu machen, solange Franziska sie so gut bewacht.

Am Abend klingelt es an der Tür. Frau Jäger von gegenüber fragt, ob Franziska vielleicht Mohrchen, ihren schwarzen Kater, gesehen hat. Frau Jäger ist den Tag über nicht zu Hause. Aber wenn sie heimkommt, dann wartet Mohrchen schon vor der Haustür auf sie. Das ist immer so. Deshalb ist Frau Jäger sehr beunruhigt, dass Mohrchen heute nicht da ist.

„Er war heute mittag hier im Garten", sagt die Mutter. „Dann ist er über den Zaun davon."

Frau Jäger hat bereits überall in der Nachbarschaft nach ihrem Mohrchen gefragt. Jetzt ist sie sehr traurig. Sie lebt allein. Und der schwarze Kater ist das einzige, was sie hat. Sie hat Angst, dass er vielleicht von einem Auto überfahren worden ist. Er hat nämlich eine dumme Angewohnheit: Er legt sich oft einfach unter fremde Autos, die auf der Straße stehen. Und er steht nicht einmal auf, wenn der Motor angelassen wird. Das hat Franziska auch schon manchmal beobachtet.

Seltsam, jetzt sorgt sich Franziska plötzlich um den schwarzen Kater, als sie sieht, wie lieb Frau Jäger ihr Mohrchen hat. Heute Mittag war sie noch so böse auf ihn, weil er die jungen Vögel jagen wollte. Aber jetzt hat sie Angst, dass dem Mohrchen vielleicht etwas passiert ist.

„Er wird bestimmt nach Hause kommen!", sagt die Mutter und versucht, Frau Jäger zu trösten. „Katzen gehen oft eigene Wege."

Doch Frau Jäger schüttelt traurig den Kopf. „Er wartet jeden Abend vor der Haustür auf mich", antwortet sie. „Es muss ihm etwas passiert sein!"

Da fällt Franziska etwas ein. Als sie im Garten war, hat sie gesehen, dass Petermanns den ganzen Nachmittag an ihrem Auto herumgebastelt haben. Irgend etwas mit dem Motor war nicht in Ordnung. Herr Petermann hat sogar unter dem Auto gelegen und von unten her alles untersucht. Und Franziska erinnert sich, dass der schwarze Kater dort auch gewesen war. Er hatte auf der Mauer gesessen und Herrn Petermann zugeschaut. Franziska erinnert sich genau, weil sie gehört hat, dass Herr Petermann mit dem Kater gesprochen hat. Er hat ihn sogar einmal unter dem Auto weggejagt. Als dann das Auto wieder angesprungen ist, hat Frau Petermann das Garagentor geschlossen. Darauf sind sie mit dem Auto davongefahren.

„Vielleicht ist Ihr Mohrchen in Petermanns Garage!", sagt Franziska.

Petermanns sind noch nicht zurück. Als Frau Jäger und Franziska zur Garage kommen und Frau Jäger laut nach ihrem Mohrchen ruft, da miaut es drinnen ganz kläglich.

Man braucht einen Schlüssel, um die Garage zu öffnen. Und der Schlüssel hängt an dem Schlüsselbund in Petermanns Auto. Da bleibt Frau Jäger und Franziska nichts anderes übrig, als zu warten, bis Petermanns mit dem Auto zurückkommen.

Franziska hält ihren Mund ganz dicht an das Garagentor und spricht beruhigend auf den Kater ein. „Bald kommst du hier heraus", sagt sie immer wieder. „Bestimmt kommen Petermanns bald mit ihrem Auto."

Frau Jäger ist froh, dass Franziska vor der Garage warten will, bis Petermanns kommen. Da kann sie sich noch um ihre Wohnung kümmern. Sie erwartet nämlich heute Abend Besuch.

Franziska spricht ganz ruhig auf den Kater hinter dem verschlossenen Garagentor ein. Als sie sicher ist, dass sie niemand sieht und keiner ihr zuhört, singt sie ihm sogar ein Lied vor. Sie hat es erst heute Morgen in der Schule gelernt. Der Kater ist ganz still geworden. Ob er versteht, dass Franziska ihm mit ihrem Lied seine Angst nehmen will?

„Ich bleibe bei dir, bis Petermanns kommen!", flüstert sie durch den kleinen Ritz auf der Seite des Tores. Und der Kater in der dunklen Garage hinter dem Tor miaut ganz leise.

Endlich kommen die Petermanns. Sie staunen nicht schlecht, als Franziska ihnen von dem Mohrchen in ihrer Garage berichtet.

Sogleich schließt Herr Petermann die Garage auf. Da schießt der Kater heraus, rast über die Straße. Dann macht er eine Wendung und kommt zurück. Er geht auf Franziska zu und streicht ihr um die Beine, so dass sie sein weiches Fell mit beiden Händen streicheln kann. Ob er sich bei ihr bedanken will? Da nimmt Franziska ihn ganz vorsichtig hoch und trägt ihn zu Frau Jäger nach Hause.

„Seltsam!", sagt Frau Jäger, als sie beide hereinlässt. „Er ist sonst Fremden gegenüber so scheu. Aber dir vertraut er."

„Ich habe mit ihm gesprochen", sagt Franziska leise. So leise, dass Frau Jäger es nicht hört. Sie bedankt sich aber ganz herzlich bei Franziska und schenkt ihr ein Eis aus der Tiefkühltruhe.

„Na, Schwester Franziska", sagt der Vater beim Abendbrot, „da hast du ja heute viele neue Freunde gefunden. Die Vögel im Apfelbaum und Frau Jägers Mohrchen."

Franziska nickt. „Dabei hatte ich zuerst eine richtige Wut auf den Kater", sagt sie.

„Und hast du mit ihnen sprechen können?", fragt die Mutter und lächelt ein bisschen.

Aber Franziska antwortet ganz ernst: „Ich glaube, ich habe sie verstanden. Und sie haben mich verstanden, dass ich ihnen gut sein wollte. Das scheue Mohrchen hat sich sogar von mir tragen lassen."

„So ist es sicher auch bei dem Bruder Franz gewesen", sagt der Vater nachdenklich. „Gottes Geschöpfe haben in ihm ihren Bruder gespürt. Deshalb haben sie ihm vertraut."

„Sicher ist es so gewesen", sagt Schwester Franziska und blickt auf den kleinen roten Marienkäfer mit den schwarzen Punkten, der sich mitten auf dem Kopf ihres Bruders niedergelassen hat.

„Ganz ruhig!", sagt sie und hält einen Finger in sein Haar. „Gleich wird der Marienkäfer auf meinen Finger krabbeln. Dann bringen wir ihn zum Fenster und lassen ihn fliegen."

Jörg und der Riesenhund

Jörg hatte es sonst kaum mit Hunden zu tun. Da brauchte er auch vor ihnen keine Angst zu haben. Und die Riesenhunde, die er gelegentlich einmal traf, wurden immer von jemandem an der Leine geführt. Da brauchte man keine Angst vor ihnen zu haben.
Jörg ist nicht so mutig, wie er es gern wäre. Wenn Jörg so richtig Mut hätte wie Asterix und Obelix in seinem Comic-Heft oder Supermann im Fernsehen, dann würde er gegen alles Unrecht kämpfen. Und die großen Jungen in der Lorbachstraße könnten ihm auch nichts mehr tun. Er brauchte nicht jeden Tag einen Umweg zu machen, um ja nicht den Jungen aus der Lorbachstraße in die Hände zu laufen. Und gerade die Lorbachstraße ist eine so wichtige Straße. Man muss hindurchgehen, wenn man zur Schule will oder von der Schule heimkommt. Und wenn Mutti einen zum Einkaufen schickt, dann muss man auch durch die Lorbachstraße.
Jörg hat solche Angst vor den Jungen in der Lorbachstraße gehabt, dass er manchmal sogar von ihnen träumte. Dann lief und lief er, und die großen Jungen rannten immer dicht hinter ihm her. Schweißgebadet ist Jörg dann aufgewacht. Dabei haben ihn die Jungen aus der Lorbachstraße noch nie richtig zu fassen gekriegt.
Einmal haben sie ihn festgehalten. Ganz bedrohlich sind sie um ihn herumgestanden. Aber da ist Herr Schneider vorbeigekommen. Herr Schneider kennt Jörg gut. Er ist ein Arbeitskollege seines Vaters. „Kommst du mit?" hat Herr Schneider Jörg gefragt. Und Jörg ist sofort losgerannt und neben Herrn Schneider hergegangen. Da hat keiner der großen Jungen aus der Lorbachstraße ihm etwas tun können. Sie sind nur dagestanden und haben ihm nachgeschaut. „Na, warte!" hat einer gesagt. „Dich erwischen wir schon noch!"
Seitdem hat Jörg einen Riesenbogen um die Lorbachstraße gemacht, obwohl der Weg durch die Lorbachstraße am schnellsten wäre.
Nein, Jörg ist nicht sehr mutig. Er leidet darunter, dass er Angst hat. Er hat sich schon so oft vorgenommen, mutig zu sein. So mutig wie der kleine David, der gegen den großen Goliat in den Kampf gezogen ist, oder wie Robin Hood oder der Held aus der Detektiv-Serie im Fernsehen, die er manchmal nachmittags ansehen darf. Es hat nie geklappt. Bevor er richtig mutig werden konnte, war er bereits davongelaufen. Hinterher hat er sich über sich selbst geärgert.
Wenn die großen Jungen nicht da waren, sah sich Jörg vorsichtig nach allen Seiten um, und wenn er keine Spuren von ihnen entdecken konnte, dann wagte er sich auch schon einmal durch die Lorbachstraße. Dann rannte er aber so schnell, wie er nur konnte, und war nachher richtig glücklich, dass er es geschafft hatte.

Letzten Montag, als Jörg von der Schule nach Hause kam, hatte sich seine Mutter den Fuß verknackst. Sie konnte nicht richtig auftreten und humpelte in der Wohnung herum.
„Würdest du heute Benjamin aus dem Kindergarten abholen?", fragte sie ihn. Sonst holte sie den kleinen Bruder immer selbst ab, meistens mit dem Auto. Aber letzten Montag tat Mutters Fuß so weh, dass sie nicht einmal Autofahren konnte. Jörg hatte solches Mitleid mit seiner Mutter, dass er sofort dazu bereit war. Es war ja auch nicht weit bis zum Kindergarten. Nur drei Straßen: die Mozartstraße, der Petersweg und die Lorbachstraße.
Als er aber gerade in die Lorbachstraße einbiegen wollte, sah er drei große Jungen ein paar Häuser weiter beisammenstehen. Einen davon kannte Jörg gut. Er war dabei, als sie ihn damals festgehalten und beinahe erwischt hatten.
Jörg blieb an der Ecke stehen, wartete ab, bis die Jungen nicht in seine Richtung blickten, und rannte dann blitzschnell zur anderen Straßenseite. So musste er halt wieder den großen Umweg durch die Kaiserstraße und die Parkallee machen. Das dauerte zwar viel länger. Aber irgendwann kam er dann doch noch zum Kindergarten. Natürlich waren die anderen Kinder längst fort. Frau Meinzinger stand mit Benjamin allein an der Eingangstür und wartete, dass er endlich abgeholt wurde. „Du bist aber spät!", sagte sie nicht gerade freundlich. „Weißt du, wenn um 12 Uhr Schluss ist, dann müsst ihr euren Benjamin auch pünktlich abholen." Benjamin stand neben Frau Meinzinger und blickte seinen großen Bruder vorwurfsvoll an.

„Ich habe mich so beeilt!", keuchte Jörg und wischte sich mit der Hand die Haare aus der Stirn.
Frau Meinzinger lächelte schon wieder. „Naja, nächstens bist du pünktlicher!", sagte sie.
„Meine Mutter hat sich den Fuß verknackst", stammelte Jörg noch und merkte, dass Frau Meinzinger darauf gleich wieder ganz ausgesöhnt war. „Dann beeilt euch aber jetzt, dass ihr schnell nach Hause kommt", rief sie ihnen noch zu, als sie sich auf den Heimweg machten.
Das war gut gesagt. Benjamin blieb nämlich an jedem Hauseingang stehen, ließ sich von Jörg nicht an der Hand nehmen und trödelte immer drei Schritte hinter Jörg her. Sie kamen nur langsam voran, denn Jörg musste oft warten und Benjamin auffordern, doch endlich zu kommen. Ging es gar nicht weiter, packte er ihn am Arm und zog ihn hinter sich her. Aber Benjamin gelang es immer wieder, sich loszureißen und ein paar Meter hinter Jörg herzutrotten.
Als sie den Petersweg fast hinter sich hatten, musste Jörg plötzlich an die Lorbachstraße denken. Und sogleich fielen ihm auch die großen Jungen wieder ein, die dort immer noch stehen konnten. So bog er lieber vom Petersweg in die Parkallee ein.
Überrascht blieb Benjamin stehen und blickte ihn verwundert an. „Wo willst du denn hin?", fragte er.
„Nach Hause!", antwortete Jörg. „Wohin denn sonst?"
Da stemmte der Kleine die Hände in die Seiten und begann lauthals seinen großen Bruder auszulachen. „Du bist dumm!", schrie er. „Hier müssen wir gehen!" Und ohne Jörg weiter zu beachten, marschierte er geradewegs auf die Lorbachstraße zu. Jörg rannte ihm nach, wollte ihn zurückziehen und kam doch nicht gegen seinen kleinen Bruder an, der den richtigen Weg genau kannte und mit aller Kraft in Richtung Lorbachstraße strebte.
„Der andere Weg ist viel schöner", versuchte Jörg seinen Bruder zu locken.
Aber Benjamin ließ sich nicht so leicht täuschen. „Der andere Weg ist falsch", sagte er und war nicht bereit, auch nur einen Schritt in die andere Richtung zu gehen.
„Komm doch!", bat Jörg noch einmal. Vergebens! Und dann begann Benjamin auch bereits, sein Gesicht zu verziehen. Jörg wusste nur zu genau, dass er in der nächsten Minute in ein fürchterliches Schreien und Heulen ausbrechen würde. Schon begannen seine Mundwinkel zu zucken. „Ich will heim zu Mutti!", jammerte er und versuchte, sich mit aller Kraft von seinem Bruder zu lösen.
In diesem Augenblick stand plötzlich ein riesiger Hund vor ihnen. Keiner von beiden hatte ihn kommen sehen. Als er plötzlich da war, schrie Benjamin vor Angst und Schrecken laut auf, und Jörg spürte, wie es ihm eiskalt über den Rücken lief. Den großen Hund kannte er nicht. Er wusste auch nicht, dass es hier

so große Hunde gab und dass sie auch noch frei herumliefen. Sonst wäre Jörg wohl niemals durch den Petersweg gegangen. Voller Schrecken sah er, dass der Hund so groß wie Benjamin war.

Dann begann der Hund zu bellen. Er rannte um die beiden Jungen herum und kläffte laut. Und Benjamin klammerte sich mit beiden Armen an Jörg fest, dass dieser sich kaum noch rühren konnte.

Plötzlich sprang der Hund hoch und legte beide Vorderpfoten Benjamin auf die Schultern. Da brüllte der Kleine wie am Spieß. Jörg sah nur den großen Hundekopf ganz nah am Kopf seines kleinen Bruders und wusste mit einemmal, dass er jetzt ganz allein auf sich gestellt war und ganz allein mit dieser Gefahr fertig werden musste. Fortlaufen nutzte nichts. Der Hund würde viel schneller sein als er und Benjamin, der ihn immer noch mit beiden Armen festhielt. Der Hund war so nah, dass er jeden Augenblick zuschnappen konnte. Zudem bellte er immer noch wütend.

„Pfui!", sagte Jörg leise.

Der Hund bellte nur noch lauter. Er sprang von Benjamins Schultern herunter und umkreiste die beiden Jungen. Dann setzte er erneut an und landete noch einmal mit seinen Vorderpfoten auf Benjamins Schultern. Und wieder brüllte Benjamin los. „Weg da!", sagte Jörg ganz ruhig und bestimmt. Er wunderte sich über sich selbst, wie ruhig seine Stimme klang, obwohl er doch solche Angst vor dem riesigen Hund hatte. „Runter mit dir!", rief er laut. „Runter da!"

Der Hund blickte ihn verwundert an und bellte nicht mehr.

„Platz!", rief Jörg.

„Platz!", wiederholte sein kleiner Bruder mit zittriger Stimme. „Platz, Hund!"

„Platz!", rief Jörg noch einmal. Er spürte, dass er immer ruhiger wurde.

Da nahm der fremde Hund wirklich seine riesigen Pfoten von Benjamins Schultern, setzte sich vor die beiden Jungen auf den Bürgersteig und schaute sie erwartungsvoll an. Jörg atmete ganz tief durch. Dann sagte er freundlich: „Brav! Guter Hund!" Als er aber bemerkte, dass der Hund wieder aufstand und schwanzwedelnd auf sie zukommen wollte, rief er sofort wieder: „Platz!"

Und wirklich, der Hund gehorchte.

Da nahm Jörg ganz vorsichtig seinen kleinen Bruder an der Hand und versuchte, an dem Hund vorbeizukommen und weiterzugehen.

Sogleich sprang der Hund wieder auf und lief auf sie zu. „Platz!", rief Jörg und zeigte mit seiner Hand auf die Erde. Unschlüssig blieb der Hund stehen.

Anscheinend hatte Benjamin jetzt keine Angst mehr vor dem Hund. Irgendwie begriff er, dass der Hund seinem großen Bruder gehorchte. Deshalb fühlte er sich plötzlich ganz sicher. Zu sicher! Er ging auf den fremden Hund zu und wollte ihn streicheln.

„Lass das!", fauchte Jörg ihn an.

Doch der Hund blieb ganz ruhig stehen und begann sogar, mit dem Schwanz zu wedeln. „Lieber Hund!", sagte Benjamin und streichelte dem großen Hund über den Rücken. Und der drückte seinen mächtigen Kopf an Benjamin und wedelte mit dem Schwanz. Es gefiel ihm anscheinend.
Da spürte Jörg plötzlich, dass er keine Angst mehr vor dem Hund hatte. Behutsam streckte er seine Hand aus und strich dem Riesenhund über den Kopf. „Guter Hund!", sagte er. „Bist ein guter Hund!"
„Lieber Waldi!", flüsterte Benjamin und tätschelte den Rücken des Hundes.
„Du weißt doch gar nicht, ob er Waldi heißt", sagte Jörg.
„Weiß ich doch!", antwortete Benjamin und streichelte weiter. „Tante Doras Hund heißt auch Waldi."
Als die beiden Jungen endlich gehen wollten, folgte ihnen der Hund. Er lief hinter ihnen her, als würde er zu ihnen gehören. Und immer wieder stupste er Benjamin oder Jörg an, um sich von ihnen streicheln zu lassen.
So kamen sie nur langsam vorwärts. Kein Wunder, wenn Jörg auch nicht darauf achtete, dass sie auf einmal bereits in der Lorbachstraße waren.
Und dann sah er plötzlich die drei großen Jungen.
Aber seltsam, sie waren nicht mehr auf der Straße. Nein, sie hatten sich in einen Eingang zurückgezogen und das Gartentor hinter sich geschlossen.
„Das ist ja ein Riesenköter!", rief der eine.
„Beißt der?", fragte der andere.
Und der dritte sagte gar nichts. Zwischen ihm und dem Hund war zwar ein sicheres Gartentor, aber was würde geschehen, wenn der Hund mit seinen langen Beinen einfach darübersprang?
„Beißt der?", fragte der Junge noch einmal.
„Mich nicht!", sagte Jörg und kraulte den Hund hinter dem Ohr.
„Wie heißt er denn?", fragte der andere Junge.
„Waldi", antwortete Benjamin und lächelte dem fremden Jungen freundlich zu.
„Gehört der euch?", fragte einer der Großen.
„Er ist unser Freund", sagte Jörg und ging einfach weiter.
Zum erstenmal hatte er keine Angst vor den großen Jungen. Zum erstenmal spürte er, dass sie sich vor dem fremden Hund mehr fürchteten als er. Der Hund war ihm so vertraut geworden, dass er keine Angst mehr vor ihm hatte. Nein, wirklich nicht! Und er spürte auch, dass seine Angst vor den großen Jungen aus der Lorbachstraße weg war. Sicher werden sie ihn jetzt in Ruhe lassen, wenn er durch die Lorbachstraße kommt. Sie werden ihm nichts mehr tun, weil sich die Sache mit dem Hund herumsprechen wird. Da war sich Jörg ganz sicher.
„Braver Hund!", sagte er, als sie weitergingen. Und der große Hund drängte sich mit seiner Schnauze ganz dicht an ihn.

„Mein kleiner Waldi!", flüsterte Benjamin zärtlich. „Du kommst jetzt mit uns nach Hause."

Als sie ein Stück gegangen waren, kam ihnen eine Frau mit einer Hundeleine entgegen. Sie war sehr aufgeregt. „Delpha!", rief sie schon von weitem.

Der Hund spitzte die Ohren, blieb stehen und rannte dann mit Riesensprüngen auf die Frau zu. Und obwohl die Frau recht groß war, sprang er an ihr hoch und legte ihr seine mächtigen Pranken auf die Schultern.

„Ist ja schon gut!", sagte die Frau. „Alter Ausreißer!"

Sie wandte sich den beiden Jungen zu. „Schönen Dank, dass ihr den Hund mitgebracht habt!", sagte sie. „Er ist noch so jung. Und wenn man nicht aufpasst, rennt er davon. Ich habe schon überall nach ihm gesucht." Sie legte dem Hund die Leine an und fragte: „Ihr habt doch hoffentlich keine Angst vor ihm gehabt? Er ist noch sehr verspielt."

Benjamin schüttelte ganz energisch den Kopf. Aber Jörg räumte ein, dass er zuerst doch ein bisschen Angst gehabt hatte.

„Naja, er ist ja auch fast so groß wie dein kleiner Bruder", meinte die Frau. Und dann fragte sie Benjamin, ob er ihn an der Leine halten wollte.

„Komm, Waldi!", rief Benjamin glücklich. Aber die Frau musste mit an die Leine fassen. Der Hund hatte viel Kraft. So kamen Benjamin und Jörg mit der Frau und dem Hund zu Hause an.

„Hier wohnen wir", sagte Benjamin, und es tat ihm leid, dass er jetzt die Leine loslassen musste. „Dürfen wir den Waldi mal besuchen?", fragte er.

„Sicher", lachte die Frau. „Aber eigentlich ist es eine Hundedame. Und sie heißt Delpha."

„Komm, Delpha!", lockte Jörg und streichelte den Hund noch einmal, bevor sie endgültig gehen mussten.

Als ihnen dann Mutti die Tür öffnete, fragte sie verwundert: „Habt ihr denn keine Angst vor dem großen Hund gehabt?"

„Ich nicht", sagte Benjamin. „Jörg war doch dabei."

Da spürte Jörg plötzlich, wie glücklich er war. Er, Jörg, hatte Angst vor dem Hund und gleichzeitig Angst um seinen kleinen Bruder gehabt. Diese Angst um Benjamin war stärker als seine eigene. Deshalb war er dem großen Hund plötzlich mutig entgegengetreten. Das hatte er sich gar nicht vorzunehmen brauchen. Das kam einfach so.

Tanja sucht den lieben Gott
– Geschichten von Gott und den Menschen –

Wo ist Gott?

Einmal war ein Kind gerade in sein Bett gekrabbelt, da hat sich die Mutter zu ihm gesetzt.
„Wollen wir beten?", hat die Mutter gefragt.
„Wie macht man das?", hat das Kind gefragt.
Da hat die Mutter ihre Hände gefaltet und es dem Kind gezeigt. Das war so leicht, dass es das Kind auch gleich konnte.
Es hat die Hände gefaltet und gefragt: „Und jetzt?"
„Jetzt sprechen wir mit Gott!", hat die Mutter gesagt.
„Wo ist Gott?", wollte da das Kind wissen.
„Überall!", hat die Mutter gesagt.
„Auch draußen?", hat das Kind gefragt.
Die Mutter hat genickt.
Da wollte das Kind unbedingt nach draußen.
So hat die Mutter das Kind auf den Rücken genommen und ist mit ihm nach draußen gegangen.
Julia und Jens und Philipp sind auch mitgegangen.
Und Philipps Teddy auch. Draußen war es dunkel.
„Ist hier auch Gott?", hat da das Kind gefragt und sich an der Mutter festgehalten.
„Seht ihr dort den hellen Stern?", hat Jens gefragt.
„Gott hat alle Sterne am Himmel gemacht!", hat Julia erklärt. „Und die Sonne und den Mond!"
„Ist Gott dort oben bei dem Stern?", hat das Kind gefragt.
„Ja!", hat die Mutter gesagt. „Dort oben und hier unten bei uns!"
„Und in meinem Zimmer auch?", hat das Kind gefragt.
„Auch in deinem Zimmer!" Die Mutter hat gelacht und das Kind wieder zurück in sein Zimmer getragen.
Julia, Jens und Philipp sind auch wieder hineingegangen.
Und der Teddy auch.
„So", hat das Kind gesagt und seine Hände gefaltet, „jetzt wollen wir beten!"
„Lieber Gott!", hat die Mutter gebetet. „Du bist überall da und gibst immer auf uns acht, weil du uns so lieb hast. Dafür danken wir dir!"
Das Kind hat zugehört und an Julia und Jens und Philipp und den Teddy gedacht.
Und an den Vater und an den hellen Stern am Himmel
„Amen!", hat die Mutter noch leise gesagt, denn da war das Kind bereits eingeschlafen.

Tanja sucht den lieben Gott

„Wie sieht Gott aus?", fragt Tanja ihre Mutter. „Wo kann ich ihn sehen?"
„Überall kannst du Gott finden", sagt die Mutter. „Überall, wo du ihn suchst."
Tanja schüttelt den Kopf. „Ich habe ihn noch nie gesehen."
„Ich sage dir, wenn du ihn gefunden hast", sagt die Mutter und lächelt.
Mittags fährt Tanja mit ihrer Mutter zum Opa. Sie fahren mit dem Bus, denn der Opa wohnt draußen am Stadtrand.
Im Bus sitzt ein Mann hinter ihnen. Er trägt einen schmutzigen Anzug. Der Kragen seiner Jacke ist kaputt. Der Mann ist schlecht rasiert. Und er riecht nach Bier oder Wein. Tanja wendet sich ein paarmal nach ihm um. Nein, gut sieht der Mann nicht aus. Tanja ist froh, dass sie nicht neben ihm sitzen muss.
In der Sudetenstraße müssen die Leute einer alten Frau beim Einsteigen helfen. Sie geht an zwei Krücken. Nur mühsam kann sie sich auf den Sitz gegenüber setzen. Tanja schaut verstohlen zu ihr hinüber. Ihr tut die alte Frau leid. Doch die Frau lächelt ihr freundlich zu.

Als aber dann an der Bahnhofstraße eine junge Frau mit einem kleinen frechen Jungen auf dem Arm einsteigt, da freut sich Tanja, als die Frau sich neben sie setzt. Der kleine Junge heißt Nils. Und er zieht Tanja an den Haaren. Tanja lacht. „Ich heiße Tanja", sagt sie. „Manja!", sagt der Kleine und strahlt Tanja an. Da müssen beide lachen.
Schade, dass Nils und seine Mutter schon bald wieder aussteigen. Immer leerer wird der Bus. Auch der betrunkene Mann steigt aus.
„Ob Sie mir beim Aussteigen helfen?", fragt die alte Frau. Die Mutter nickt. Und dann bringen Tanja und ihre Mutter die alte Frau an der nächsten Haltestelle zur Tür und helfen ihr beim Aussteigen.
„Jetzt sind wir auch bald da", sagt die Mutter. Sie zeigt Tanja aus dem Fenster die dicken Kastanienbäume. Wie schön sie sind!
Als sie aussteigen, spürt Tanja, wie warm die Sonne scheint. „Das tut gut!", sagt sie und freut sich.
Dann sieht sie eine gelbe Blume mitten auf dem Bürgersteig.
„Ein Wunder, dass sie hier wachsen kann", sagt die Mutter und bückt sich mit Tanja zu dem Löwenzahn hinunter. „Jeder hat aufgepasst. Keiner hat sie kaputtgetreten."
Und Tanja entdeckt auf der gelben Blüte einen winzigen Marienkäfer. Sie schaut ihn ganz genau an und wartet darauf, dass er fortfliegt. Aber der Marienkäfer bleibt ruhig sitzen.
„Wir müssen weiter", sagt die Mutter. „Der Opa wartet auf uns!"
Doch Tanja braucht lange. Hier draußen gibt es viel mehr zu sehen als mitten in der Stadt. Vor einer Haustür schläft eine braune Katze. Tanja möchte sie so gerne streicheln. Schade, dass die Mutter sie so antreibt.
Aber den kleinen Hund, der ihnen jetzt begegnet, den darf Tanja begrüßen und ein bisschen streicheln.
„Er tut nichts", sagt der Mann, der ihn an der Leine führt, zur Mutter. „Er mag Kinder gern. Sehen Sie, wie das Schwänzchen wedelt!"
„Wie heißt du denn?", fragt Tanja den Hund und streichelt ihn ganz behutsam am Kopf zwischen den Ohren.
„Rubin heißt er."
„So heißt auch ein berühmter Edelstein", sagt die Mutter
„Genauso", antwortet der Mann. „Und er ist auch so. Ein wirklicher kleiner, frecher Schatz!"
Aber dann müssen Tanja und ihre Mutter weiter. Jetzt hat Tanja einen weißen Schmetterling entdeckt. Er tanzt vor ihnen her. Ob er sich von Tanja fangen läßt? Nur einmal in die Hand nehmen! Für einen Augenblick streicheln!
„Du würdest ihn kaputt machen", sagt die Mutter leise. „Er ist so zart." Da will Tanja den Schmetterling nicht mehr fangen. Aber hinter ihm herlaufen, ja, das will sie.

Und dann sieht Mutter plötzlich das Eichhörnchen. Es flitzt über die Straße und klettert drüben an dem Baum hoch.
Ja, jetzt sieht Tanja es auch. „Ob man zu dem Baum kann?"
„Natürlich!", lacht die Mutter. „Er steht doch in Opas Garten!"
Da merkt Tanja erst, dass sie bereits bei Opas Haus angekommen sind. Und der Opa steht am Gartentor und breitet beide Arme aus. Tanja läuft los. Sie fliegt mitten in Opas ausgebreitete Arme hinein. Opa hat Kuchen geholt und Kaffee gekocht. Und für Tanja herrlichen Kakao. Seit die Oma gestorben ist, kann Opa sogar Kaffee kochen. Und noch vieles mehr. Trotzdem vermisst er die Oma überall. Die Oma ist im Winter gestorben. Alle haben so geweint, weil sie nicht mehr bei ihnen war. Tanja hat Oma sehr, sehr liebgehabt. Jetzt ist sie immer doppelt lieb zu dem Opa. Weil doch die Oma nicht mehr da ist.
„Ich habe etwas für dich", sagt der Opa geheimnisvoll und holt aus der Schublade ein Päckchen heraus. Es ist winzig klein. „Noch ein Geschenk von der Oma", sagt der Opa und stellt das Päckchen vor Tanja auf den Tisch. „Sie hat es voriges Jahr für dich gekauft. Als sie dann gestorben ist, habe ich es vergessen."
Ganz vorsichtig packt Tanja das Päckchen aus. Seltsam, die Oma ist nicht mehr da, und trotzdem bekommt sie noch ein Geschenk von ihr. Ein kleiner Goldring mit einem roten Stein. Die Mutter steckt Tanja den Ring an den Finger. Er passt!
„Ein rubinroter Stein", sagt die Mutter.
„Ja, wie ein Rubin", fügt der Opa hinzu und nickt. „Wir haben ihn damals zusammen für dich ausgesucht."
„Ob die Oma gewusst hat, dass ich heute den Rubin treffe?", fragt Tanja.
„Welchen Rubin?", wundert sich der Opa.
„Na, den kleinen Hund vorhin", sagt Tanja. „Er hieß auch Rubin!"
Und dann streichelt Tanja den roten Stein und muss wieder an die Oma denken. Wie muss die Oma sie liebgehabt haben, dass sie ihr einen so schönen Ring mit einem roten Stein schenkt! „Es ist so, als wäre die Oma wieder hier", sagt Tanja leise.
„Sie ist immer bei mir", sagt der Opa, und die Mutter legt den Arm um ihn und gibt ihm einen Kuss.
Am Abend fällt es Tanja schwer, von Opa Abschied zu nehmen. Aber am Samstag kommt der Opa zu ihnen. Und er schläft auch in der Nacht bei ihnen. Am Sonntagabend fährt er wieder nach Hause. Dann hat er Heimweh nach seinem Haus und nach seinem Garten.
„Bis Samstag!", sagt Tanja und drückt Opa ganz fest.
Tanja dreht sich immer wieder um und winkt dem Opa zu, so lange sie ihn noch sehen kann. Und der Opa steht im Gartentor neben der Laterne und winkt mit seinem weißen Taschentuch zurück.
Der Bus ist fast leer, als Tanja und die Mutter einsteigen. Tanja rückt dicht an ihre

Mutter heran. Es ist so schön, sie zu spüren. Die Mutter legt ihren Arm um Tanja, so dass sie sich hineinkuscheln kann. Sie wird ein bisschen müde. Die Augenlider werden sehr schwer.

„Na, hast du heute Gott gefunden?", fragt die Mutter.

Gleich ist Tanja hellwach und schüttelt den Kopf. „Wieder nicht", sagt sie. „Leider!"

„Die Oma hast du heute auch nicht gefunden?", fragt die Mutter.

„Sie ist doch gestorben", sagt Tanja und wundert sich über Mutters Frage.

Da nimmt die Mutter Tanjas Hand und streicht ganz behutsam über den roten Stein an dem kleinen Ring.

Tanja schweigt. Dann meint sie plötzlich: „Es war so, als wäre die Oma wieder da. Sie ist im Winter gestorben, und jetzt habe ich den Ring von ihr bekommen. Mit einem rubinroten Stein!"

„Du hast die Oma nicht gesehen", sagt die Mutter. „Sie ist bei Gott. Und trotzdem weißt du, wie lieb sie dich hatte, als sie dir den Ring gekauft hat."
Tanja nickt. „Und wie ist das mit Gott?", fragt sie nach einer Weile. „Ist er auch gestorben?"
„Er lebt", sagt die Mutter. „Und er ist immer da, wenn du ihn auch nicht siehst. Aber du kannst erkennen, dass er da ist." Als die Mutter bemerkt, wie erstaunt Tanja sie anblickt, erklärt sie es ihr: „Du findest Gott in allem, was du heute gesehen und erlebt hast. Er beschützt dich und mich, den Papa und den Opa und alle Menschen. Er hat dich so lieb wie wir alle. In jedem Menschen lebt Gott."
„Auch im Opa?", fragt Tanja. Und als ihre Mutter nickt, ruft sie: „Deshalb habe ich auch den Opa so lieb!"
Dann muss Tanja an die Frau mit dem kleinen Nils denken. Und an die alte Frau, die so schlecht gehen konnte. „Aber mit dem komischen Mann hat Gott doch nichts zu tun", sagt sie und erinnert sich an den betrunkenen Mann hinter ihnen im Bus.
„Doch, auch er hat sehr viel mit Gott zu tun", sagt die Mutter leise.
„Aber das fällt uns allen schwer, immer daran zu denken, dass Gott auch in Menschen ist, die uns nicht so gut gefallen."
„Dir doch nicht", sagt Tanja. „Du bist doch schon erwachsen!"
„Vielleicht fällt es den Kindern viel leichter als den Erwachsenen", meint die Mutter.
„Gott hat alles geschaffen", sagt die Mutter dann. „Er lässt die Pflanzen wachsen. Und die Tiere sind auch seine Geschöpfe. In allen findest du Gott."
„Auch in dem Schmetterling, den wir gesehen haben?", fragt Tanja.
Die Mutter nickt.
„Und in dem Kätzchen vor der Haustür?"
„Ja, Tanja!"
„Und in dem kleinen Hund? Und in dem Eichhörnchen? Und in dem Löwenzahn? Und in dem Marienkäfer?"
Aber dann wird Tanja immer leiser. Sie kuschelt sich ganz eng in den Arm der Mutter und kann die Augen nicht mehr aufhalten. Sie ist heute so müde geworden, dass sie jetzt im Arm ihrer Mutter einschläft. Sie drückt sich ganz fest in den Arm hinein und spürt, wie geborgen sie hier ist. Es ist warm und schön im Arm der Mutter.

Wie sieht Gott aus?

„Wie sieht Gott aus?", hat das Kind gefragt, als Mutti mit ihm beten wollte.
„Ich habe ihn noch nie gesehen!", hat Mutti geantwortet. „Nur auf Bildern."
„Dann weißt du es ja doch!", hat das Kind gemeint.
„Auf den Bildern haben die Maler Gott so gemalt, wie sie ihn sich vorstellen", hat die Mutti gesagt. „Und jeder hat sich ihn anders vorgestellt!"
„In dem Bilderbuch ist er ganz alt und hat einen weißen Bart!", hat das Kind gesagt. „Sieht Gott wie der Nikolaus aus?"
„Vielleicht!", hat Mutti gesagt. „Aber vielleicht hat er gar keine Haare, noch nicht mal weiße."
„Aber er hat doch keine Glatze!", hat das Kind gerufen.
„Ich weiß es nicht!", hat Mutti gesagt. „Vielleicht ist Gott eine Frau. Vielleicht auch keine Frau und kein Mann. Nur Gott. Gott allein!"
„Stell dir vor, Gott sieht aus wie ein Indianer!", hat das Kind gemeint und lachte.
„Wäre das schlimm?", hat seine Mutti gefragt.
Das Kind hat einen Augenblick nachgedacht. „Eigentlich wäre es toll!", hat es dann gesagt.
„Er sieht uns allen ähnlich!", hat seine Mutti gemeint. „Dir und mir. Er hat uns nämlich so geschaffen, wie er selbst ist."
„Dann ist er also kein Neger!", hat das Kind gesagt. „Und kein Chinese!"
„Wer sagt das denn?", hat Mutti gleich nachgefragt.
„Du!", hat das Kind geantwortet. „Gott sieht mir doch ähnlich!"
„Und der Tommy aus dem Kindergarten?", hat seine Mutti gefragt. „Hat der keine Nase und keinen Mund, keine Hände und Füße wie du?"
„Die sind doch nur braun!", hat das Kind gesagt. „Nicht richtig schwarz!"
„Vielleicht sieht er auch so wie die Turkan aus!", hat seine Mutter dann gemeint.
„Nie im Leben!", hat das Kind gesagt. „Die Turkan ist ein Mädchen und hat immer ein Kopftuch um!"
Nein, Gott mit einem Kopftuch, das kann sich das Kind einfach nicht vorstellen.
„Vielleicht sieht er aus wie der Pfarrer!", sagt es nach einer Weile.
„Vielleicht sieht er auch der Oma ähnlich…!", meint Mutti.
„Welcher Oma?" Das Kind mag die eine Oma nämlich ein bisschen mehr als die andere. Sie bringt ihm immer neue Sachen zum Spielen mit. Und außerdem ist sie sehr schön.
„Vielleicht sieht er auch ganz, ganz anders aus!", sagt Mutti schließlich. „Keiner von uns weiß, wie Gott aussieht."
Mutti denkt lange nach. Dann sagt sie: „Etwas wissen wir von Gott. Er ist wie ein guter Vater zu uns. Er hat uns lieb wie eine gute Mutter!"

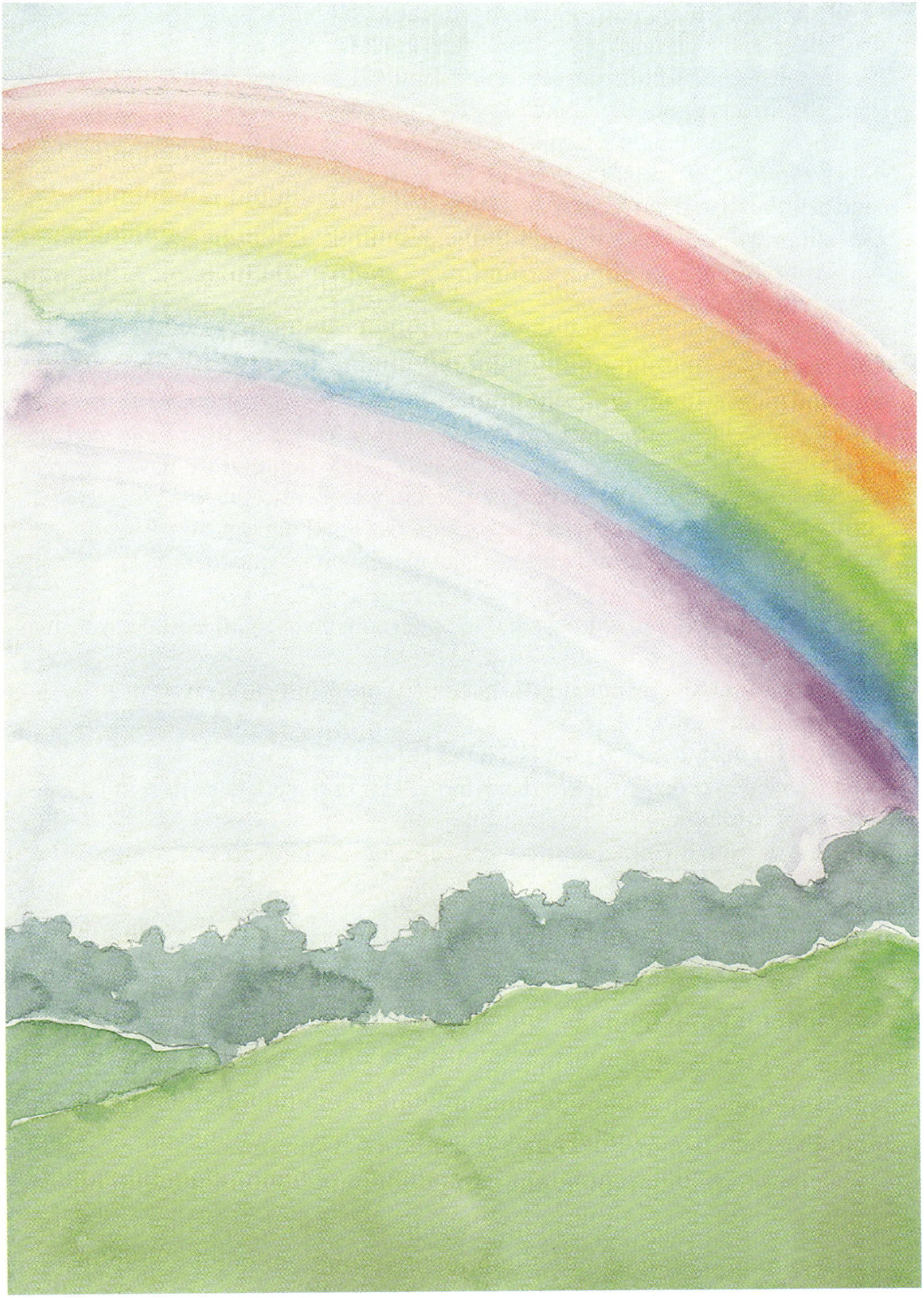

„Hm!", hat das Kind gesagt und nachgedacht.
„Das hat er selbst gesagt!", hat seine Mutti ihm klar gemacht.
Das Kind hat seine Mutti angesehen und schließlich gesagt: „Dann sieht er vielleicht wie du aus… oder wie Vati?"
„Vielleicht so ähnlich!", hat seine Mutter gesagt. „So wie ein Vater oder eine Mutter. Gott sieht so aus wie jemand, der dich sehr, sehr liebhat. Wenn dich jemand sehr liebhat, dann sieht man es ihm an."
„Das stimmt!", sagt das Kind und denkt an Frau Sälzer, wenn sie ihr Baby auf dem Arm hält und stolz allen Leuten zeigt. Oder an Herrn Tumulu, der ganz schwarz ist und so fröhlich lacht, wenn man Tommy zum Spielen abholt.
„Komisch!", sagt das Kind dann. „Wenn Gott Mutter oder Vater ein bisschen ähnlich sieht, dann sieht er fast so aus wie Tommy, nicht so schwarz wie sein Vater und nicht so weiß wie seine Mutter!"
Mutti muss so lachen, dass sie kaum noch antworten kann. Aber dann sagt sie: „Es kommt nicht darauf an, wie Gott aussieht. Viel wichtiger ist, dass er immer da ist und dass ihn jeder deutlich spüren kann, wenn er neben einem steht."
„Hast du das schon einmal gespürt?", hat da das Kind gefragt.
„Schon oft!", hat Mutti geantwortet. „Und einmal ganz besonders."
„Und wann war das?"
„Damals, als du geboren wurdest und ich dich zum ersten Mal in meinen Armen gehalten habe."
„Hast du da mit Gott gesprochen?", hat darauf das Kind gefragt.
Seine Mutti hat genickt.
„Was hast du denn gesagt?", hat das Kind gefragt.
Da hat seine Mutti den Arm um das Kind gelegt und ganz leise in sein Ohr gesagt: „Danke, guter Gott!"
Da hat das Kind auf einmal gespürt, dass es sehr glücklich ist.

Die Geschichte von Gott und dem Kind

„Alles hat Gott geschaffen", sagte die Mutter
„Mich aber nicht", meinte das Kind. „Du hast mich doch geboren."
„Aber Gott hat dich in meinem Bauch wachsen lassen", antwortete seine Mutter. „Als du geboren warst, konntest du schon atmen und trinken, du konntest schreien und strampeln, und du hast in die Windeln gemacht. Ja, du hast wirklich gelebt."

Das Kind hörte gut zu. Es hatte es gern, wenn seine Mutter davon erzählte. „Und was war dann?", fragte es.
„Dann haben wir gebetet und Gott gedankt, dass wir dich so lebendig und gesund bei uns hatten."
„Habt ihr laut gebetet?", fragte das Kind. „Und die Oma auch?"
„Ich habe leise gebetet. So leise, dass es sonst niemand gehört hat", sagte seine Mutter.
„Nur Gott", flüsterte das Kind und nickte.
„Haben die anderen auch leise gebetet?", fragte das Kind. „Waren sie auch so froh?"
„Sicher", sagte seine Mutter. „Wir waren so glücklich, dass Gott dich uns geschenkt hat."
„Dann hat Gott mich auch geschaffen", sagte das Kind nachdenklich.
„Du hast mich so geboren, wie Gott mich geschaffen hat."
„Richtig!" Seine Mutter nickte und lächelte ihm zu.
„Seid ihr immer noch so glücklich?", fragte das Kind.
„Immer noch", sagte seine Mutter leise und nahm das Kind ganz fest in den Arm.

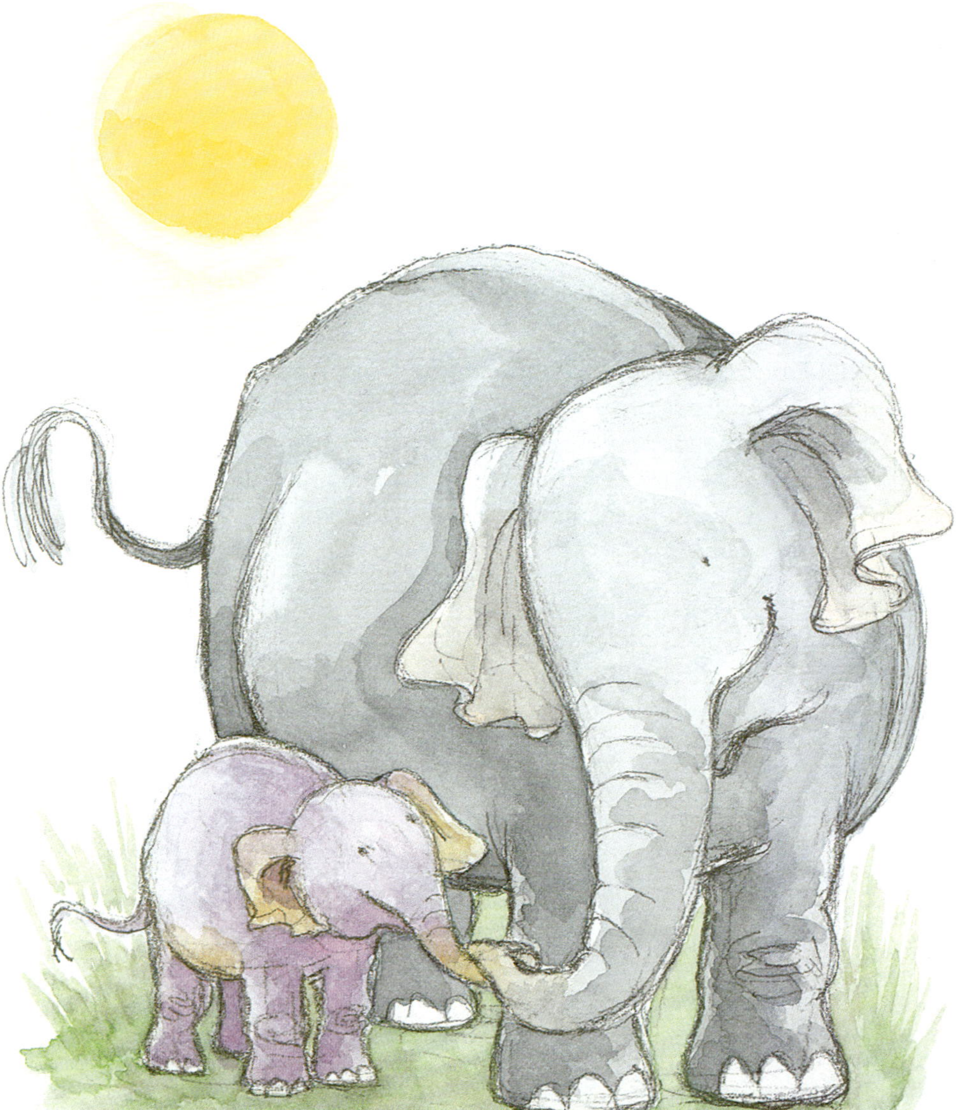

Vom Staunen

Einmal ist ein Marienkäfer auf den Finger von einem Kind geflogen. Ganz still hat er dagesessen. Und das Kind hat seine Hand auch ganz still gehalten und ihn immer nur angesehen.
„Mutti!", hat das Kind ganz leise gerufen, damit der Marienkäfer ja nicht erschrickt und davonfliegt.
„Ein Marienkäfer!", hat die Mutter gesagt und sich mit dem Kind gefreut.
„Wo wohnt er?", hat das Kind gefragt.
„Draußen im Garten!", hat die Mutter gesagt.
„Er kann richtig fliegen", hat das Kind gemeint und den Marienkäfer angesehen.
„Warum kann er das?"

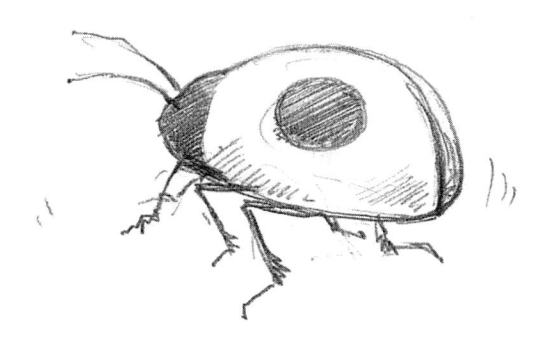

„Weil Gott ihn so geschaffen hat", hat die Mutter gesagt. „Gott will, dass er fliegen kann."
„Und krabbeln", hat das Kind gesagt und dem Marienkäfer zugesehen. Er ist auf seinem Zeigefinger herumgekrabbelt.
„Was hat Gott noch geschaffen?", hat dann das Kind gefragt.
„Alles!", hat die Mutter geantwortet. „Den Himmel und die Erde, die Sonne, den Mond und die Sterne, die großen Flüsse und die kleinen Bäche und das Meer, die Pflanzen und die Tiere…"
„Und den Marienkäfer!", hat das Kind gesagt.
Da hat die Mutter genickt. „Er ist ja auch ein Tier."
„Und die Elefanten", hat das Kind gesagt. Elefanten mag es nämlich besonders gern. „Und die Frösche und die Bären und die Hunde und die Katzen…" Das Kind hat so viele Tiere gewusst, dass die Mutter immer nur noch nicken konnte.
„Und die Dinosaurier!", hat das Kind gesagt. „Aber die sind leider schon alle gestorben."

„Alle müssen einmal sterben", hat die Mutter gesagt. „Dann holt Gott sie zu sich."
„Aber noch nicht gleich", hat das Kind gesagt und dem kleinen Marienkäfer zugesehen. Er hat jetzt wieder ganz oben auf seiner Fingerspitze gesessen. „Du kannst wieder fliegen!"
Da ist der Marienkäfer ganz schnell davongeflogen. Das Kind und die Mutter haben ihm lange nachgesehen.
„Dich hat Gott auch geschaffen", hat die Mutter dann gesagt und das Kind ganz fest gedrückt. „Gelt, da staunst du!"
„Dich auch!", hat das Kind gesagt und sich ganz fest an die Mutter gedrückt. „Da staunst du aber auch!"

Vom Danken

Einmal hat sich ein Kind Spaghetti zum Mittagessen gewünscht. Das war an einem Sonntag, und dem Kind hat es so gut geschmeckt, dass es zwei Teller Spaghetti leergegessen hat.
„Puh!", hat es dann gesagt. „Jetzt kann ich nicht mehr!"
Sein Vater hat noch mehr Spaghetti gegessen als das Kind. Als er satt war, hat er der Mutter einen Kuss gegeben. „Danke!", hat er zu der Mutter gesagt und ihr beim Tischabräumen geholfen. „Du hast wunderbar gekocht!" Da ist das Kind ganz schnell hinter seiner Mutter hergelaufen und hat auch „Danke" gesagt. Und es hat seine Mutter ganz fest gedrückt.
„Du hast ja einen ganz dicken Bauch!", hat die Mutter gesagt und gelacht.
„So gut hat es geschmeckt!", hat das Kind geantwortet.
„Und ich bin vielleicht müde!", hat der Vater gesagt und ein bisschen gegähnt.
„Ich glaube, ich habe heute etwas zuviel gegessen!"
Die Mutter hat geschmunzelt, weil der Vater das jeden Sonntag sagt.
„Ich halte nur ein winzigkleines Mittagsschläfchen", hat dann der Vater gesagt und sich auf die Couch im Wohnzimmer gelegt.
„Schlaf nur, mein müder Kater!", hat die Mutter gesagt.
Da hat der Vater die Augen zugemacht und einmal zufrieden geseufzt. Dann hat er ganz leise vor sich hingeschnarcht.
„Ich bin vielleicht auch so müde!", hat das Kind gesagt und sich neben den Vater auf die Couch gekuschelt.
Der Vater hat mit einem Auge geblinzelt und zu dem Kind gesagt: „Komm, mein Mäuschen, ruhe dich bei mir aus!" Er ist ein bisschen zur Seite gerückt, so dass das Kind genug Platz hatte. Dann hat er gleich weitergeschlafen.
„Danke!", hat das Kind gesagt und es sich neben seinem Vater gemütlich gemacht.

„Schläfst du schon?", hat das Kind nach einer Weile gefragt.
„Nein!", hat sein Vater leise geantwortet und mit einem Auge geblinzelt. Dann hat er weitergeschnarcht.
„Das ist gut!", hat das Kind gesagt. „Dann habe ich dich auch nicht gestört."
„Hmhm!", hat sein Vater gesagt und wieder ein bisschen geschnarcht.
„Danke!", hat das Kind gesagt und seinem Vater einen Kuss gegeben.
„Was ist jetzt los?", hat der Vater müde gefragt.
„Ich habe danke gesagt!", hat das Kind geantwortet.
„Warum?", hat der Vater gefragt und beide Augen aufgemacht.
„Weil du da bist!", hat das Kind erklärt. „Weil du so lieb bist und weil es dich gibt!"
Da hat sein Vater gelächelt. „Wenn du noch für etwas danken willst, kannst du es gleich tun!", hat er dann gemeint.
„Warum?", hat das Kind gefragt.
„Dann können wir danach schlafen!", hat der Vater gesagt.
Da hat das Kind gleich gewusst, wofür es alles danken will: für die Sonne und den schönen Tag, für das gute Essen, für die schönen Blumen auf der Fensterbank, für den Saft, für das Mobile mit dem Mond und den Sternen …
Dabei ist das Kind so müde geworden, dass es fast nichts mehr sagen konnte.
„Und für dich!", hat es schließlich noch gesagt, dann ist es eingeschlafen.
Als später seine Mutter ins Zimmer kam, musste sie lachen. Lange hat sie dagestanden und zugesehen, wie die beiden zusammen schliefen.
„Danke!", hat sie dann gesagt – aber so leise, dass es keiner hören konnte.
„Danke für den faulen Kater und für unser Mäuschen!"

Die Geschichte vom Kind und vom Beten

Einmal ist ein Kind so krank gewesen, dass es Fieber hatte und im Bett bleiben musste. Da hat die Mutter fast den ganzen Tag bei ihm am Bett gesessen und mit ihm gespielt oder ihm erzählt oder vorgelesen. Und wenn später sein Vater nach Hause gekommen ist, da hat er sich zu dem Kind ans Bett gesetzt und mit ihm gespielt oder ihm vorgelesen oder erzählt.
„Das ist ja anstrengender als meine Arbeit in der Fabrik", hat er einmal gesagt und dabei gelacht. Da hat das Kind auch ein bisschen lachen müssen. Aber nicht zuviel, denn es war ja krank.
„Muss ich jetzt sterben?", hat das Kind einmal seine Mutter gefragt, als es ihm ganz schlecht ging.

Seine Mutter hat den Kopf geschüttelt. „Ganz bestimmt nicht!", hat sie gesagt. „Wenn du deine Medizin nimmst und noch ein paar Tage im Bett bleibst, dann kannst du vielleicht am Samstag schon wieder aufstehen."
„Hat das der Doktor gesagt?", hat das Kind gefragt, und die Mutter hat genickt.
„Ich bete auch immer", hat das Kind dann gesagt. „Abends mit dir. Und ganz oft, wenn ich allein hier bin. Laut und leise. Immer und immer! Man kann nicht oft genug beten."
„Warum?", hat die Mutter das Kind gefragt.
„Weil man dann ganz schnell wieder gesund wird", hat das Kind gemeint. „Da muss Gott mich doch ganz schnell wieder gesund werden lassen."
„Du kannst Gott bitten", hat die Mutter gesagt. „Du kannst ihm aber nicht befehlen, was er tun soll."
„Wenn es aber doch besonders wichtig ist?", hat das Kind daraufhin gemeint.
„Für Gott ist alles wichtig", hat die Mutter leise geantwortet. „Und manchmal ist es für ihn wichtig, etwas nicht zu erfüllen, worum du ihn bittest. Vielleicht ist es auch für dich wichtiger."
„Aber die Oma brauchte er nicht sterben lassen", hat das Kind dann gesagt. „Wir haben alle für die Oma gebetet. Dann war die Oma nicht wichtig für Gott."
Seine Mutter hat lange Zeit gar nichts gesagt. Sie hat sogar ein bisschen weinen müssen. Sie muss manchmal immer noch weinen, wenn sie an die Oma denkt. Sie hat Oma sehr lieb gehabt.
„Das war anders", hat die Mutter schließlich gesagt. „Die Oma hat solche Schmerzen gehabt, dass sie es fast nicht mehr aushalten konnte. Und jeden Tag wurde es schlimmer."
„Das war der Krebs", hat das Kind gesagt.
„Und dann hat Gott sie zu sich genommen."
Die Mutter hat dem Kind ein bisschen zugelächelt. „Weißt du, damit sie keine Schmerzen mehr haben sollte."
„Dann hat sie jetzt bei Gott keine Schmerzen mehr", hat das Kind nachdenklich gemeint.
Da hat seine Mutter den Kopf geschüttelt und das Kind liebevoll gestreichelt.
Das Kind hat lange nachgedacht. – „Dann war das für Gott wichtiger", hat es gesagt.
„Und wie ist es bei mir?", hat das Kind ein bisschen ängstlich gefragt.
„Für Gott ist es viel wichtiger, dass du wieder gesund wirst", hat seine Mutter gesagt. „Ganz bestimmt!"
Dann ist sie aufgestanden, weil sie nach den Kartoffeln sehen musste, die sie in der Küche auf dem Herd stehen hatte.
„Es geht dir ja schon viel besser", hat sie gesagt. „Es ist sicher richtig, wenn du dich dafür bei Gott bedankst."

Was soll ich nur beichten?

„Wir haben es gut", hat Tini gestern Nachmittag noch gesagt, als sie zusammen aus dem Kino gekommen waren. „Evangelische gehen nicht zur Beichte. Sie sprechen direkt mit Gott."
Mit Grausen dachte Conny an den dunkelbraunen riesigen Beichtstuhl, den sie damals im Urlaub in dem großen Dom gesehen hatten. Nein, niemals würde sie in einen solchen Beichtstuhl steigen. „So schlimm ist es auch nicht", hatte sie Tini geantwortet und sich selbst Mut gemacht. „Unser Pfarrer hat gesagt, wir brauchen keine Angst davor zu haben."
„Aber man muss doch ganz ehrlich sein", hatte Tini gemeint, und Conny hatte genickt.
Als sie sich dann am Montagmorgen zusammen auf den Schulweg machten, war Tini sehr gespannt. „Ich habe gestern immer wieder an dich denken müssen", sagte sie und sah Conny fragend an.
„Warst du zur Beichte?"
Conny nickte.
„Und?"
„Nichts und!"
„Hattet ihr so etwas wie einen Beichtstuhl?"
Conny schüttelte lachend den Kopf.
„Es war ganz anders, als ich gedacht hatte", sagte sie. „Und schön war es, richtig schön!"
Und dann erzählte sie Tini ganz genau, wie es gewesen war.
„Wir haben rund um den großen Tisch im Gemeindehaus gesessen. Wir haben gesungen und gespielt. Und dann hat der Pfarrer davon erzählt, dass wir Gott alles sagen dürfen. Aber das wussten wir alle schon, denn das hat er schon oft gesagt. Dann hat er uns vorgeschlagen, einmal aufzuschreiben, was uns besonders wichtig war. Vielleicht auch etwas, was nicht so schön war, was uns Sorge machte. Ich saß da und überlegte. Was sollte ich nur beichten?"
„So Sachen, wo man sich schämt?" Tini nickte verständnisvoll.
„Und was hast du aufgeschrieben?"
„Beichtgeheimnis!", lachte Conny. „Jeder hat seinen Zettel so gefaltet, dass kein anderer ihn lesen konnte. Und dann ging der Pfarrer mit einer Schachtel herum. Da hat jeder seinen Zettel in die Schachtel geworfen."
„Aber unterschreiben musstet ihr doch noch", meinte Tini. „Sonst weiß der Pfarrer ja nicht, von wem der Zettel ist…"
„Das hat uns keiner gesagt." Conny nickte ganz bestimmt. „Es hat auch keiner danach gefragt."

„Und wie ging es weiter?"
„Das war ganz einfach", erinnerte sich Conny. „Der Pfarrer stellte den Kasten mit den Zetteln vor sich und sagte: ‚Gott hat uns lieb, dass er alle unsere Schuld vergibt. Wenn wir etwas Böses gedacht oder getan haben, vergibt es uns Gott.'
„Hattest du denn etwas Böses getan?", fragte Tini neugierig.
Conny schüttelte den Kopf. „Mir fiel nichts ein", sagte sie. „Gott hätte mir sowieso alles vergeben."
„Dann hat Gott auch dem Kai vergeben, dass er mich letzte Woche in die Pfütze gestoßen hat und alles nass und schmutzig war", meinte Tini nachdenklich. „Oder der Kai hat es gar nicht aufgeschrieben."
„Ich weiß nicht, was die anderen geschrieben haben", sagte Conny. „Ich weiß nur, dass der Pfarrer alle Zettel aus dem Kasten herausgenommen und kaputtgerissen hat. Winzige Schnipsel waren am Ende nur noch übrig. Und die haben wir verbrannt."
„Und die Beichte?" Tini sah ihre Freundin mit großen Augen an.
„Das war alles", sagte Conny. „Gott weiß ja, was wir aufgeschrieben haben. Und er hat uns alles vergeben."
„Ja, das war wirklich alles", sagte Conny noch einmal.
Dann beeilten sie sich, in die Schule zu kommen. Sie waren heute spät dran.

Vom Glauben

Einmal ist ein Kind mit seinen Großeltern zum Gottesdienst in die Kirche mitgegangen.
„Hat es dir in der Kirche gefallen?", haben die Großeltern gefragt, als sie zusammen nach Hause gingen.
Da hat das Kind den Kopf geschüttelt. „Es war langweilig", hat es gesagt. „Am liebsten wäre ich davongelaufen."
„Es war also nicht schön?", hat sein Opa noch einmal gefragt.
„Der Jesus am Kreuz hat geweint", hat das Kind gesagt. „Er hat mir Angst gemacht."
„Hm!", hat sein Opa nachdenklich geantwortet. „Er hat aber doch am Kreuz gehangen."
„Und dann ist er zu Gott gegangen", hat das Kind gesagt. „Ich möchte auch kein Bild in meinem Zimmer, auf dem ich immer nur weine."
Seine Oma nickte. „Lieber ein fröhliches Bild", meinte sie.
„Deshalb haben die Leute alle so böse geguckt", hat das Kind gesagt.
„Sie haben ernst geguckt", hat der Opa das Kind verbessert. „Nicht böse!"

„Dann hat ihnen vielleicht auch die laute Musik nicht gefallen", hat das Kind gesagt.
„Das war die Orgel", hat die Oma gemeint. „Sie ist ein sehr teures Musikinstrument. Sie haben sehr viel Geld ausgegeben, um die Orgel zu kaufen."
„Aber die Musik war so laut und langweilig", hat das Kind nur geantwortet.
„Und dann haben alle etwas zu essen bekommen, nur ich nicht."
„So ist das eben im Gottesdienst", hat der Opa gesagt.
„Da will ich auch nie mehr hin", hat das Kind geantwortet.
Da hat seine Oma das Kind ganz nachdenklich angesehen. „Du gehst doch immer mit deinen Eltern in die Kirche", hat sie gesagt.
Das Kind hat laut lachen müssen. „Da ist auch alles ganz anders", hat es schließlich gesagt. Und dann hat es den Großeltern vom letzten Sonntag erzählt. Da war es mit seinen Eltern in der Kirche im Gottesdienst.
Da war kein Kreuz aufgestellt, an dem Jesus hing und weinte. Dafür hing an der Wand ein großes Bild. Das Kind liebte dieses Bild sehr, dann da war Jesus zusammen mit vielen Kindern und Erwachsenen zu sehen. Und Jesus stand in der Mitte und lachte. So sehr freute er sich, dass sie heute wieder alle zu ihm gekommen waren. So hatte es auch der Pfarrer am Sonntag gesagt.
Die Orgel hatten sie gar nicht gebraucht. Greta und Martin hatten nämlich ihre Gitarren mitgebracht. Sie hatten auch alle Stühle im Kreis um den Altar aufgestellt, damit es den Leuten in der Kirche richtig gut gefallen sollte. Dann hatten sie alle zusammen ein Lied gesungen. Kein so langweiliges Lied wie heute im Gottesdienst. Nein, ein fröhliches Lied. Sie waren zu dem Lied in der Kirche herumgegangen, die Kinder und die Erwachsenen. Und dann hatten sie gesungen und gespielt. Der Pfarrer hatte ihnen eine Geschichte erzählt, und sie hatten daraus ein Spiel gemacht. Richtig schön und spannend war es gewesen.

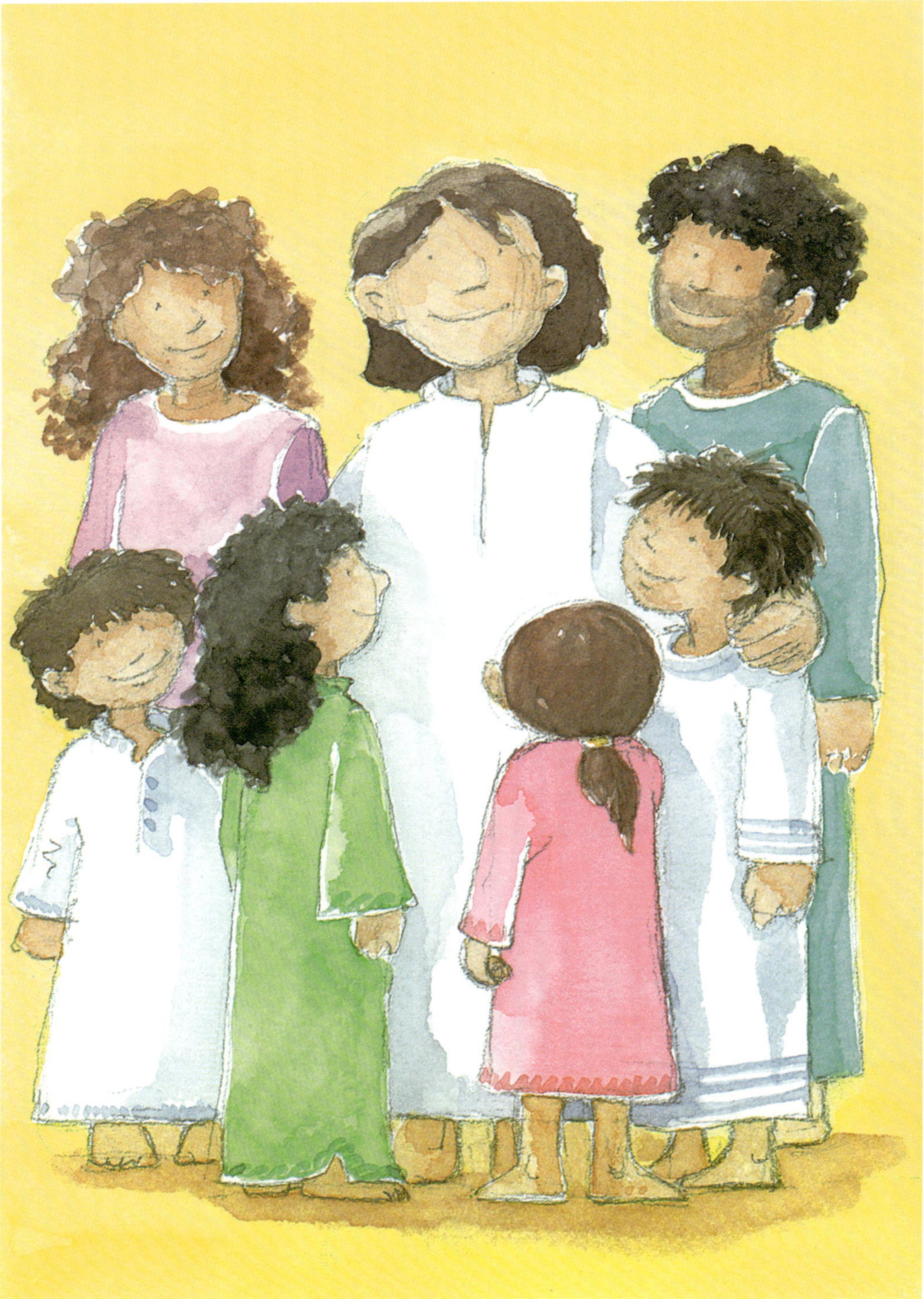

Und später hatte der Pfarrer sie alle eingeladen, zu ihm zu kommen. Er hatte alle zur Kommunion eingeladen. Die Erwachsenen und die Kinder. Das Kind konnte gar nicht aufhören zu erzählen. So gut hatte es ihm letzten Sonntag wieder gefallen.
„Du darfst doch noch gar nicht zu Kommunion", hat die Oma gerufen. „Du musst doch zuerst deine Erstkommunion haben."
„Habt ihr denn einen anderen Glauben?", hat der Opa gefragt und immer wieder seinen Kopf geschüttelt.
„Ich weiß nicht", hat das Kind gesagt, weil es nicht verstanden hat, was der Opa gemeint hat.
„Aber bei uns ist es in der Kirche immer schön. Es sind auch viel mehr Leute da als bei euch in der Kirche. Und alle sind gut gelaunt und froh."
Und weil die Großeltern ganz still geworden sind, sagt das Kind nach einer Weile noch: „Bei uns feiern wir immer ein Fest in der Kirche. Deshalb ist es so schön. Und Gott ist immer da!"
„Und den großen Leuten macht das auch so viel Freude?", fragte Oma schließlich.
„Klar!", sagte das Kind.
„Ob wir nächsten Sonntag mal mitgehen?", hat der Opa endlich gefragt und die Oma nachdenklich angesehen.
Da hat sich das Kind so gefreut, dass es auf einem Bein bis fast nach Hause gehüpft ist. Jedenfalls bis zur nächsten Straßenecke.

Die Geschichte von Gott und den Menschen

Als Gott die Menschen geschaffen hat, da vertraute er ihnen seine ganze Schöpfung an. Sie sollten die Tiere hegen und pflegen, aber auf keinen Fall quälen, einsperren oder gar ausrotten.
So wie Gott verschiedene Tiere geschaffen hat, so schuf er auch unterschiedliche Menschen: die weißen Menschen hier bei uns, die schwarzen in Afrika, Aborigines in Australien, Indianer in Amerika, Japaner und Chinesen und viele, viele andere.
Alle sollten auf der Erde gleichberechtigt sein. Kein Mensch sollte einen anderen unterdrücken. Die Männer nicht die Frauen, die weißen Menschen nicht die schwarzen, die reichen nicht die ärmeren, die klügeren nicht die, die nicht ganz so klug waren.

Doch die Menschen richteten sich nicht nach dem, was Gott wollte. Da schickte Gott endlich Jesus zu uns, um es allen noch einmal ganz deutlich zu sagen.
Und Jesus erklärte es den Menschen so gut wie kein anderer: „Wenn ihr wirklich Gott lieben wollt", sagte er, „dann geht gut miteinander um! Schafft die Kriege ab und schafft Frieden! Teilt miteinander, damit keiner hungern muss! Von eurem Besitz gebt dem ab, der nichts hat, damit er etwas zum Anziehen, ein Bett und ein Zimmer hat.
Einer soll den anderen so lieben, wie Gott uns alle liebhat. Wir müssen lernen, zu vergeben und zu verzeihen, müssen uns bemühen, uns wirklich zu lieben. Einer muss es vom anderen lernen.
Alle, die das schaffen, können sich freuen. Sie werden mit Gott leben. Mit Gott in einer neuen Welt – auch dann, wenn es diese Welt längst nicht mehr gibt."
Seit Gott Jesus, seinen Sohn, zu uns geschickt hat, kann keiner mehr sagen, er wüsste nichts davon. Solche Ausreden gelten nicht mehr.

Wir feiern heut ein Fest
– Geschichten durch das Jahr –

Vom Feiern

Einmal hat ein Kind Geburtstag gehabt. Das Kind hat sich so gefreut, dass es alle Kinder aus der Straße zu sich einladen wollte.
„Das sind zu viele! Die passen nicht in unser Wohnzimmer", hat die Mutter gesagt. „Wir haben nur elf Stühle. Vier Stühle im Wohnzimmer, vier Stühle in der Küche, zwei Stühle im Schlafzimmer und den Stuhl aus dem Kinderzimmer."
Sie hat das Kind angeschaut und gesagt: „Ja, da sind wir drei: Papa, du und ich. Und dann können wir noch acht Leute einladen. Mehr nicht!"
Das hat das Kind eingesehen. „Sind acht viele Leute?", hat es dann seine Mutter gefragt.
„Ziemlich viele", hat die Mutter gemeint. „Wen möchtest du gern einladen?"
Da hat das Kind an die Petra gedacht und an den Jonathan. Sie wohnen über ihnen und sind seine besten Freunde.
„Und die Oma und den Opa?", hat die Mutter gefragt. „Die andere Oma und den anderen Opa auch!", hat das Kind gesagt.
„Gut!", hat die Mutter gesagt. „Dann sind noch zwei Stühle übrig."
„Natürlich die Tante Tini und den Onkel Ulli", hat das Kind gesagt und gelacht. Die Tante Tini ist nämlich seine Lieblingstante. Und seine Patentante noch dazu.
„Gut!", hat die Mutter gesagt. „An die habe ich auch gedacht." Und dann hat die Mutter mit dem Kind zuerst die eine Oma und den einen Opa und dann die andere Oma und den anderen Opa angerufen und sie für heute Nachmittag eingeladen.

Aber die wussten schon, dass das Kind Geburtstag hat, und hatten sich vorgenommen, heute Nachmittag zu kommen. Und Tante Tini und Onkel Ulli hatte das Kind letzten Sonntag bereits eingeladen. Das Kind hatte es nur vergessen. Da brauchte das Kind nur noch nach oben zu Müllers zu gehen und zu klingeln. Aber Petra und Jonathan wussten auch längst, dass das Kind heute Geburtstag hatte. Es hatte sich ja bereits die ganze Woche darauf gefreut und nur noch von seinem Geburtstag erzählt.
Am Nachmittag sind alle zu dem Kind gekommen. Jeder hat ein Päckchen mitgebracht. Wie hat sich das Kind da gefreut! Jonathan hat nur ein ganz kleines Päckchen für das Kind gehabt. Dafür hat er ihm aber einen dicken Kuss gegeben. Und in dem ganz kleinen Päckchen war ein Foto von Jonathan. Darüber hat sich das Kind sehr gefreut.
Es gab Kuchen und Torte. Dann haben sie alle zusammen gespielt. Und die Großen haben auch mitgemacht. So ein schönes Fest hatte es vorher noch nie gegeben. Und sie haben gefeiert, bis es dunkel wurde.
Als schließlich das Kind ins Bett musste, hat es gesagt: „Nächstes Jahr wünsche ich mir aber, dass mein Geburtstag nicht wieder so schnell herum ist."
„Lass dir doch einfach noch einen zweiten Geburtstag schenken", hat Onkel Ulli gesagt. Aber Onkel Ulli macht immer nur Witze.

Die Geschichte von der Geburtstagstorte

Einmal hat die Mutter eine Geburtstagstorte gebacken. Es war eine Erdbeertorte mit ganz viel Pudding. Die mochte das Kind am liebsten und es hat sie sich extra für seinen Geburtstag gewünscht. Sie wollten sie alle zusammen am Nachmittag aufessen: die Mutter, der Vater, das Kind und zwei Freunde, die auch eingeladen waren.
Als sie alle um den Geburtstagstisch herumgesessen waren und gerade mit dem Tortenessen anfangen wollten, da klingelte es, und Oma und Opa kamen. Sie wollten doch dem Kind zum Geburtstag gratulieren.
„Setzt euch!", sagte die Mutter und stellte noch zwei Tassen und zwei Tellerchen auf den Tisch. Und der Vater holte zwei Stühle.
„Eigentlich wolltet ihr doch gar nicht kommen", hat die Mutter noch hinzugefügt. Da hat das Kind gemerkt, dass sie sich Sorgen machte, ob die Torte für alle reichte. Das Kind machte sich nämlich große Sorgen.

„Zum Geburtstag müssen Opas und Omas einfach kommen!", hat die Oma erwidert und dem Kind ein großes Paket gegeben.
Da hat das Kind sein Geschenk ausgepackt. Es war ein neues Spiel, das sich das Kind schon lange gewünscht hatte.
Als sie dann mit dem Tortenessen anfangen wollten, da klingelte es wieder, und die andere Oma und der andere Opa kamen zum Gratulieren.
„Setzt euch!", sagte die Mutter und stellte noch zwei Tassen und zwei Tellerchen auf den Tisch. Alle mussten ein bisschen zusammenrücken, nachdem der Vater noch zwei weitere Stühle an den Tisch gestellt hatte.
„Eigentlich wolltet ihr doch gar nicht kommen!", hat die Mutter gesagt.
Und das Kind hat die Torte angeblickt.
„Deine Eltern sind doch auch da", hat die andere Oma entgegnet. Und dann haben sich alle die Hände gegeben. Das Kind hat die beiden Bilderbücher ausgepackt, die ihm der andere Opa geschenkt hat. Und es hat sich gefreut.
„Die Torte muss reichen", hat ihm die Mutter zugeflüstert.
Als sie dann alle wieder um den Geburtstagstisch herumgesessen waren und mit dem Tortenessen anfangen wollten, klingelte es noch einmal.
Jetzt kamen auch noch Tante Kristina und Onkel Martin, der Patenonkel des Kindes.
„Setzt euch!", hat die Mutter gesagt und noch zwei Tassen und zwei Tellerchen auf den Tisch gestellt.
„An einem runden Tisch haben immer noch ein paar Leute Platz", hat der Onkel Martin gelacht und dem Vater geholfen, noch zwei Stühle aus der Küche zu holen.
„Eigentlich wolltet ihr doch gar nicht kommen", hat das Kind gesagt und mit großen Augen den dicken Teddy bestaunt, den sie ihm mitgebracht haben. Es hat ihn ganz fest an sich gedrückt. So sehr hat sich das Kind über den Teddy gefreut.
„Wir haben es doch noch möglich gemacht", hat die Tante Kristina gesagt und dem Kind einen Kuss gegeben.
Und die Mutter hat dem Kind ganz leise ins Ohr geflüstert: „Mach dir keine Sorgen! Wenn die Torte nicht reicht, holt der Papa noch eine vom Konditor."
„Hat es denn gereicht?", hat am nächsten Morgen Frau Waldau das Kind im Kindergarten gefragt.
Das Kind hat genickt und gelacht.
„Nur…", hat es dann noch gesagt, „mussten ein paar die Torte mit den Kaffeelöffeln essen. So viele Kuchengabeln haben wir nämlich nicht zu Hause."

Rebekka feiert Neujahr

Rebekka erinnert sich daran, wie es im letzten Jahr war. Da hat sie doch wahrhaftig geweint, weil ihr großer Bruder behauptet hat, sie dürfe sich in diesem Jahr nicht mehr baden oder duschen. Das war am Silvesterabend gewesen, und Rebekka war erst nach und nach dahintergekommen, dass dies alles erst wieder im neuen Jahr geschehen würde. Aber dieses Jahr lässt sich Rebekka nicht mehr hereinlegen. Da können die anderen versuchen, was sie wollen.
Diesmal wird Rebekka wieder lange aufbleiben dürfen. So lange, bis das neue Jahr begonnen hat. Und Rebekka ist überhaupt nicht müde. Schließlich ist nur einmal im Jahr Silvester.
Zuerst sieht Rebekka ein bisschen beim Fernsehen zu. Das ist schon etwas Besonderes, denn wann darf Rebekka sonst abends einmal Fernsehen gucken? Aber so richtig genießen kann sie es nicht. Schließlich wartet sie ja auf Neujahr.
Später spielt sie mit ihrem Bruder und den Eltern „Mensch ärgere dich nicht!" und dann noch Mogeln. Vater hat das Radio angestellt. Der Radiosprecher sagt zwischen den einzelnen Schlagern an, wie lange es noch dauert, bis das alte Jahr zu Ende ist.
Im letzten Jahr war Rebekka kurz vor Neujahr eingeschlafen. Sie ist erst wach geworden, als plötzlich ein lautes Donnern losging. Da war sie so erschrocken, dass ihr Vater sie nicht einmal auf dem Arm zum Fenster tragen konnte. Nein, damals wollte sie das bunte Feuerwerk nicht sehen, das die Leute zur Begrüßung des neuen Jahres veranstalteten. So hat sie eigentlich gar nicht richtig gemerkt, wie das neue Jahr gekommen ist und was sich mit ihm alles verändert hat.
Aber dieses Jahr wird sie ganz genau aufpassen. Sie ist ja so gespannt. „Was wird das neue Jahr mir alles bringen?", fragt sie immer wieder. „Nächstes Jahr wirst du sechs Jahre alt!", lacht die Mutter. „Es wird dir etwas ganz Besonderes bringen. Du wirst nämlich in die Schule kommen."
Ja, darauf freut sich Rebekka sehr. „Und was noch?", fragt sie.
„Nächstes Jahr ist wieder Weihnachten", meint der Bruder.
Aber davon hält Rebekka im Augenblick nicht viel, denn Weihnachten ist ja gerade erst vorbei. „Was noch?", fragt sie.
„Du wirst wieder ein bisschen wachsen, ein bisschen größer und reifer werden", sagt der Vater.
„Vielleicht wirst du auch deine Zähne verlieren!", ruft ihr Bruder.
Aber Rebekka lässt sich heute nicht ärgern. Schließlich weiß sie, dass jeder einmal seine Milchzähne verliert, dass aber dann die richtigen Zähne nachwachsen.
„Und was noch?", fragt sie weiter.

„Na, dir wird es vielleicht ein bisschen leichterfallen, auch einmal beim Spielen zu verlieren", neckt sie ihr Vater.

Aber dann hören alle wieder dem Radiosprecher zu. „Nur noch eine Stunde bis zum neuen Jahr", sagt er.

Der Vater holt nun eine Schüssel mit Wasser und ein geheimnisvolles Päckchen. „Wir wollen zusammen Blei gießen!", sagt er.

Rebekkas Bruder weiß schon, wie man das macht. Er stellt die dicke rote Kerze mitten auf den Tisch. Dann packt der Vater kleine Bleiformen aus dem Kästchen aus, dazu einen festen Löffel. Jeder bekommt eine kleine Figur. Die Mutter hat einen kleinen Becher, der Vater einen Anker, Manfred hat ein kleines Schwein und Rebekka ein winziges Kleeblatt aus Blei, ein vierblättriges Kleeblatt.

Jetzt kann einer nach dem anderen seine Figur auf den Löffel legen und über die Kerze halten. So lange, bis das Blei geschmolzen ist. Der Vater beginnt.

Als das Blei ganz flüssig geworden ist, gießt er es mit einem kleinen Schwung ganz schnell in die Wasserschüssel hinein. Es zischt richtig. Als er den Bleiklumpen dann herausholt, ist nichts mehr von dem kleinen Anker übriggeblieben. Dafür hält er jetzt einen dicken Klumpen auf seiner Hand. „Das sieht aus wie ein Goldklumpen", lacht er. „Ich werde im nächsten Jahr viel Geld gewinnen."

„Das sieht mehr nach einem Bären aus", meint Mutter und nimmt ihm den dicken Klumpen aus der Hand. Sie stellt ihn so auf den Tisch, dass er wirklich einem kleinen zottigen Bären ähnlich sieht.

„Und was bedeutet das?", fragen Vater, Rebekka und Manfred fast gleichzeitig.

„Du wirst im nächsten Jahr wieder so einen Bärenhunger haben wie in diesem!", lacht die Mutter.

Dann gießt sie selbst das Blei. Als sie die Figur aus dem Wasser holt, erkennt Rebekka sofort, dass es ein kleines Herz ist. „Du wirst uns auch nächstes Jahr noch so liebhaben wie bisher!", sagt der Vater und gibt der Mutter einen Kuss.
Manfred gießt einen Hut. Da meint der Vater, er müsse im nächsten Jahr auf der Hut sein, besonders in der Schule. Manfred aber hofft, dass er durch ein großes Wunder im nächsten Jahr nach Amerika kommen und dort die ganzen Ferien über bei den Cowboys leben kann. „Das ist ein Cowboyhut!", schreit er laut. „Im nächsten Jahr werde ich Cowboy sein!"
Rebekka ist zunächst ein bisschen ängstlich, aber dann schafft sie es doch ganz allein, ihr Kleeblatt auf dem Löffel über die Kerze zu halten und das flüssige Blei in die Wasserschüssel zu kippen. Wieder zischt es laut.
Als der Vater aber dann das seltsame Gebilde, das sie gegossen hat, aus dem Wasser holt, ist sie sehr enttäuscht. Das Glückskleeblatt war viel, viel schöner.
„Ein Eiszapfen!", meint die Mutter. „Du wirst deine neuen Schlittschuhe endlich ausprobieren können!"
Jetzt ist Rebekka erleichtert. Bisher hat sie die Schlittschuhe, die unter dem Weihnachtsbaum lagen, nur immer wieder betrachten und streicheln können, denn eine richtige Schlittschuhbahn hatte es in diesem Jahr noch nicht gegeben. „Dann wird es morgen so frieren, dass ich damit fahren kann!", jubelt sie.
Die Mutter dämpft ihre Begeisterung. „Das ist doch nur ein Spiel", sagt sie. „Das sind Wünsche, die man in die kleinen Figuren, die man aus Blei gegossen hat, hineinsteckt."
„Das wird nicht wirklich so?", fragt Rebekka und sperrt ihren Mund vor Erstaunen weit auf. „Ihr habt doch gesagt, dass Vater im nächsten Jahr viel Geld gewinnen wird und dass Manfred Cowboy wird!"
Rebekka braucht lange, bis sie ihre Enttäuschung überwunden hat.
„Manche Leute glauben wirklich an so etwas", sagt ihr Vater. „Sie hoffen und bangen, weil sie meinen, dass sie selbst ihre Zukunft beeinflussen können. Aber glaube mir, das kann niemand. Es ist wirklich nur ein Spiel!"
„Es macht Spaß", meint Manfred. „Und es vertreibt die Zeit."
„Und ein bisschen spannend ist es auch!", fügt die Mutter hinzu.
Aber dann bleibt keine Zeit mehr, über das Bleigießen zu sprechen. Die Glocken beginnen zu läuten. Feuerwerkskörper steigen in die Luft und zerplatzen am Himmel. Dabei bilden sie bunte Sterne, die für einen Augenblick hell in vielen Farben erstrahlen und gleich darauf wieder verlöschen. Mit staunenden Augen steht Rebekka neben ihrem Bruder am Fenster und kann sich nicht sattsehen.
„Da, ein Stern! Da, wieder einer!"
Manfred hätte auch gern ein paar Raketen in den Himmel geschossen. Aber dafür rückt sein Vater kein Geld heraus. Keinen Pfennig! Und sein Taschengeld ist Manfred auch zu schade dafür. Aber zuschauen kann man!

Als sich dann alle ein gutes neues Jahr gewünscht und sich gedrückt haben, gibt es wirklich mitten in der Nacht noch einmal etwas zu essen. Und mit Sekt darf Rebekka auch anstoßen. Mit einem winzigen Schluck Sekt. Ja, Rebekka fühlt sich richtig groß und erwachsen. Als aber später die Mutter sagt, dass es jetzt Zeit für das Bett ist, da wird Rebekka recht ärgerlich.
„Ich meinte, im neuen Jahr ist alles anders", jammert sie und zieht einen Flunsch. „Nein, jetzt will ich noch ein bisschen aufbleiben!" Aber da hilft kein Jammern und kein Bitten. Die Mutter bleibt dabei, dass es Zeit für Rebekka ist.
Als sie dem Vater den Gute-Nacht-Kuss gibt, meint Rebekka: „Was hat sich denn nun geändert?"
„Viel!", lacht der Vater und nimmt sein kleines Mädchen hoch, um es ins Bett zu tragen. „Wir haben einen neuen Kalender mit einer neuen Jahreszahl. Morgen sind wir alle wieder einen Tag älter."
„Und was noch?", fragt Rebekka und kann ihr Gähnen kaum noch unterdrücken.
„Sonst nichts", sagt er und drückt Rebekka an sich. „Gott sei Dank, sonst nichts!" Und dann ist Rebekka doch froh, dass sie in ihrem warmen Bett liegt und spürt, wie schön es ist, immer müder zu werden.
„Pst! Sie schläft schon!", flüstert die Mutter und schließt leise die Tür von Rebekkas Zimmer.

Die kleinen heiligen Dreikönige

Den Marc, den Tommy und den Jonathan hat es sehr geärgert, dass im letzten Jahr die großen Jungen aus der Schule die heiligen Dreikönige gespielt haben. Wer noch in den Kindergarten ging, dem blieb nichts anderes übrig, als hinter ihnen herzulaufen. Ohne Krone! Ohne feinen Mantel! Ohne Kreide! Und geschenkt wurde einem natürlich auch nichts.
Nein, das würde in diesem Jahr ganz anders werden. Jedenfalls hatten sich das die drei kleinen Jungen ganz fest vorgenommen.
Tommys Mutter war auch gern bereit, mit ihnen die Kronen zu basteln. Und sie schneiderte aus altem Stoff wunderschöne, mächtige Mäntel, in denen sich die kleinen Dreikönige fast verstecken konnten.
„Wollt ihr im Kindergarten ein Dreikönigsspiel spielen?", fragte sie. Die drei nickten ernst mit ihren Kronen auf dem Kopf. „Wir spielen es überall", sagten sie und sangen Tommys Mutter das Lied vor, das sie gestern im Kindergarten gelernt hatten:
„Wer steht vor deiner Tür?
Wer steht vor deiner Tür?

Drei Könige mit ihrem Stern,
die stehen vor der Tür.
Drei Könige mit ihrem Stern,
die stehn vor deiner Tür
und wollen heut zu dir."*

„Schön!", sagte Tommys Mutter und nickte ihnen freundlich zu.

„Wie spät ist es?", fragte Jonathan.

„Bald fünf", meinte Tommys Mutter. „Es wird schon dunkel."

„Wir gehen noch mal zu Jonathan", sagten die Dreikönige. Jonathan wohnte ganz am anderen Ende der Straße. Es war ein ziemlich weiter Weg zu Jonathan, aber sie waren ihn schon oft zusammen gegangen.

Tommys Mutter nickte nur. „Um sieben Uhr essen wir zu Abend", sagte sie noch, und Tommy nickte. Das wusste er doch sowieso. Sie aßen immer um sieben Uhr zu Abend, weil dann Papa aus der Stadt zurückkam, wo er sein Geschäft hatte.

Und dann gingen drei einsame kleine Könige durch die Stadt. Sie gingen hintereinander her, und ihre goldenen Kronen aus Goldfolie glänzten im Mondenschein.

Sie gingen ein paar Häuser weiter und schellten dann beim fünften Haus. Als die Tür geöffnet wurde, sangen sie mit feinen Stimmen das Dreikönigslied und blickten den alten Mann und die alte Frau in der Haustür ernst und feierlich an.

„Ihr seid aber früh", sagte der alte Mann.

„Wir müssen um sieben wieder zu Hause sein", gaben die kleinen Könige zur Antwort.

Da fragte der Mann nicht weiter, griff nach seinem Portmonee und übergab ihnen einen zusammengefalteten Schein.

„Danke!", sagte die alte Frau. „Ihr habt wirklich schön gesungen."

Dann sahen sie Jonathan zu, der mit Kreide eine große Krone auf die Haustür zeichnete.

„Das ist auch anders als sonst", meinte der alte Mann.

„Besser", antwortete Jonathan leise. „Viel besser!" Er brauchte ihnen ja nicht zu erzählen, dass er die Buchstaben, die sonst die Dreikönige über die Tür schrieben, noch nicht im Kindergarten gelernt hatte.

Sie winkten freundlich und gingen dann mit großen Schritten ernst und feierlich zum nächsten Haus.

„Ihr seid aber früh!" Wieder dieselbe Frage und Antwort: „Wir müssen um sieben wieder zu Hause sein."

„Ein schönes Lied habt ihr gesungen", sagte die Frau und gab Tommy einen Geldschein. „Anders als sonst die Jahre!"

„Ja, etwas anders", stimmte Marc zu und zeichnete eine große Krone auf die Haustür.

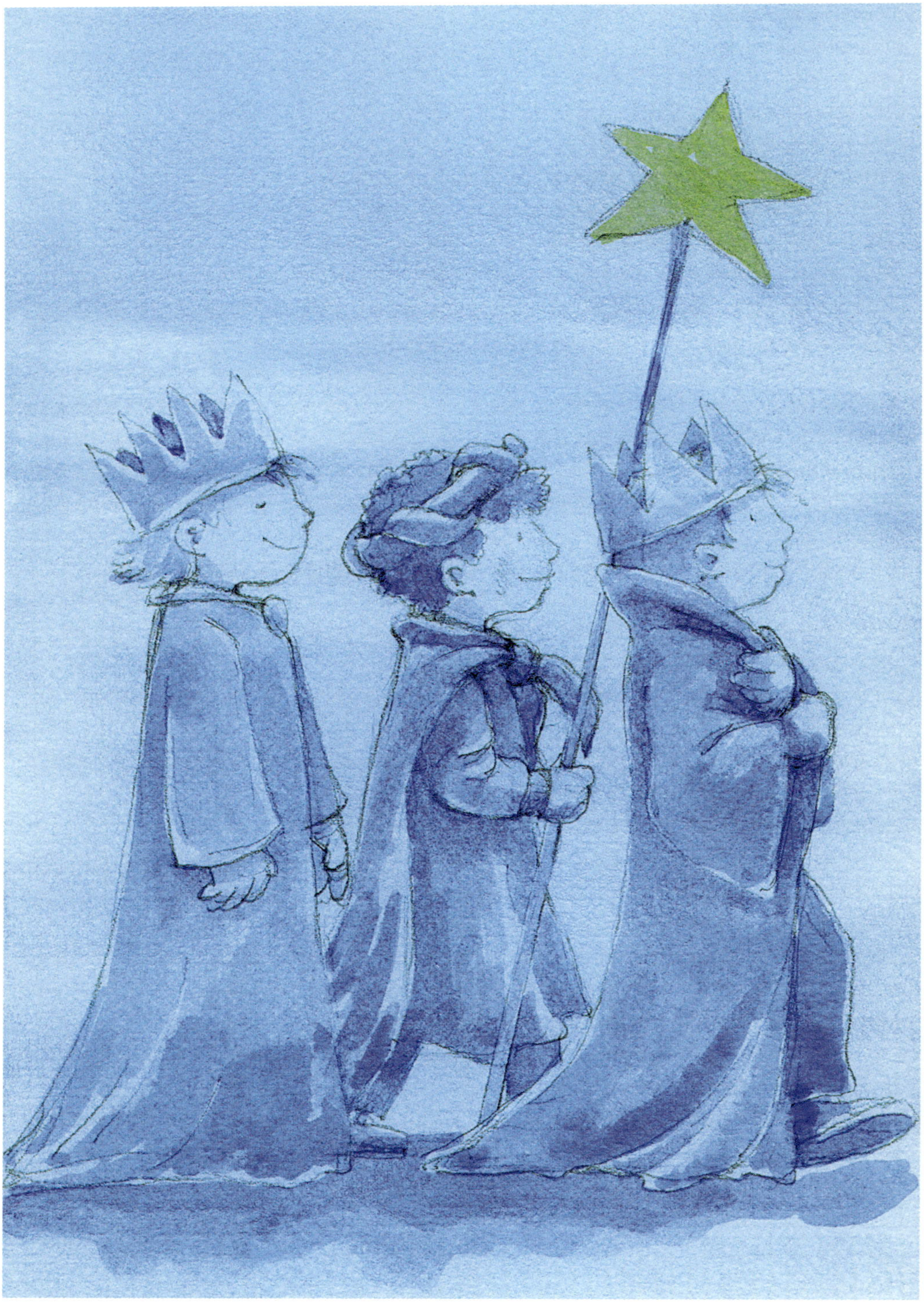

„Aber sehr schön ist das", sagte die Frau und strich Marc über den Kopf. „Es wird also doch nicht alles schlechter", sagte sie noch, bevor sie wieder hineinging.

Die drei kleinen Könige gingen feierlich weiter von einem Haus zum anderen. Manche Leute wunderten sich, dass sie schon so früh kamen, gaben sich aber mit ihrer Antwort zufrieden. Andere fragten gar nicht weiter nach, sondern spendeten gleich aus dem Portmonee. Das Lied gefiel so ziemlich allen. Nur ein paar Leute waren nicht ganz damit einverstanden, dass nur die Krone auf die Haustür gezeichnet wurde. Sie hätten so gern die Anfangsbuchstaben der Namen der Könige und die Jahreszahl über der Tür stehen gehabt. Doch die drei Jungen verwiesen beharrlich darauf, dass in diesem Jahr Kronen an der Haustür dran waren. Da gaben sich die Leute dann doch zufrieden.

Nur ziemlich am Ende der Straße gab es Ärger. Dort wohnte nämlich der große Jupp, und der Jupp war ganz und gar nicht mit den kleinen Dreikönigen einverstanden. Der große Jupp sollte in diesem Jahr einer der drei Könige sein, und zwar der schwarze Melchior. Jetzt merkte er, dass ihm die drei kleinen Könige zuvorgekommen waren.

„Dreikönig ist erst übermorgen", schrie er sie wütend an. „Und dann dürft ihr nicht die Könige sein!"

„Wollen wir auch nicht", sagte Tommy tapfer. „Deshalb sind wir ja heute gegangen."

„Am 4. Januar kann kein Mensch als Dreikönige gehen", brüllte Jupp.
„Doch!", sagten die drei kleinen Könige tapfer.
„Und was machen wir am 6. Januar?", fragte Jupp und wurde immer leiser.
„Ihr könnt doch noch einmal gehen", schlug Marc vor.
Jupp stand da wie ein begossener Pudel. „Geht endlich!", sagte er schließlich und schlich mit hängenden Schultern ins Haus zurück. Jonathan malte noch eine große Krone auf die Haustür. Dann beschlossen sie, dass sie nun lange genug die Dreikönige gewesen waren.
Jetzt wollten sie aber noch schnell das Geld beim Pfarrer vorbeibringen. Dass das Sternsingergeld für eine Kinderklinik in Südamerika bestimmt war, das hatten sie bereits im Kindergarten erfahren.
Beim Pfarrer warteten schon drei grollende Jungen, die übermorgen die Dreikönige sein wollten und nun von Jupp alles erfahren hatten.
Doch es gelang dem Pfarrer, die großen und kleinen Jungen miteinander zu versöhnen. Und am Sonntag erzählte er im Gottesdienst von den kleinen heiligen Dreikönigen, die gestern unterwegs waren und fleißig gesammelt hatten. Da ging ein Schmunzeln über die Gesichter der Leute. Ein Mann stand sogar auf und sagte laut, dass das neue Lied der kleinen Sternsinger ganz besonders schön gewesen wäre.
„Unsere richtigen Sternsinger werden es auch noch lernen", sagte der Pfarrer. Dann bat er die Gemeinde, die richtigen Sternsinger gebührend zu empfangen und nicht kleinlich beim Spenden zu sein.
Und am 6. Januar, als die großen Dreikönige durch die Straßen zogen, mussten die kleinen drei Könige mit. Sie gingen im Zug gleich hinter den drei richtigen Königen her und sangen mit feierlicher Stimme ihr Lied, das sie im Kindergarten gelernt hatten. Als das Lied zu Ende war, klatschten die Leute laut Beifall. Die drei großen Jungen klatschten auch und lachten ihnen zu.
Da wussten die kleinen Könige, dass ihnen die großen Könige wieder gut waren.

Dieses Lied findet man mit Noten in „Drum feiern wir ein Fest", dem Kinderbuch zum Kirchenjahr, Echter Verlag Würzburg, S. 59.

Fastnacht ist nur einmal im Jahr

Immer wenn Irmchen Mamas Hut aufhat und singend im Kreis herumtanzt, dann muss jeder sehen, dass er sich ganz schnell verdrückt, weil er sonst unbedingt mitmachen muss.
Papa war nicht schnell genug. Schon hat Irmchen ihn an beiden Händen gepackt und vom Stuhl gezerrt.

„Rundherum, rundherum, wer nicht aufpasst, der fällt um!", singt sie ganz laut und schwenkt Papa im Wohnzimmer herum. So bleibt ihm nichts anderes übrig, als mitzumachen.
„Was ist das denn für ein Krach?", ruft Mama, als sie zur Tür hereinkommt. Schon hat Irmchen sie gepackt, und nun wirbeln alle drei herum. „Rundherum, rundherum, wer nicht aufpasst, der fällt um!"
Jetzt singt Papa bereits mit, fast so laut wie Irmchen.
Und Pluto, Irmchens Dackel, springt ihnen begeistert um die Beine herum. Singen kann er nicht. Dafür kläfft er immer lauter.
Es ist so laut, dass Opa aus seinem Mittagsschlaf aufwacht. Noch ganz verschlafen kommt er herein. Da hat Irmchen ihn schon gepackt.
„Ist heut Fastnacht?", kann der Opa nur noch fragen, da wirbelt er bereits mit im Kreis herum.
„Rundherum, rundherum, wer nicht aufpasst, der fällt um!", singen sie alle, und Opa geht dabei fast die Puste aus.
„Gleich wird Frau Kunkel kommen und sich über den Krach beschweren!", sagt Mama, als sie sich endlich erschöpft auf einen Stuhl fallen läßt.
Frau Kunkel wohnt in der Wohnung unter ihnen, und ihr ist es oft zu laut.
Aber Frau Kunkel kommt heute nicht. Vielleicht ist sie spazierengegangen oder fortgefahren.
Dafür klingelt ein Cowboy an der Tür. Es ist Jonas, der Irmchen zur Fastnachtsfeier abholen will.
„Du bist ja noch gar nicht verkleidet!", sagt er vorwurfsvoll.
Da fällt Irmchen plötzlich wieder ein, warum sie eigentlich Mamas Hut aufgesetzt hat. Blitzschnell zieht sie noch den langen schwarzen Rock und die lila Bluse an, auf die Mama viele gelbe Sternchen genäht hat.
„Ich bin eine Zaubererin", sagt sie.
„Aber das ist doch kein Zaubererhut!", meint Jonas zweifelnd.
„Ich bin ja auch kein Zauberer, sondern eine Zaubererin", sagt Irmchen. „Und einen anderen Hut haben wir nicht."
Dann nimmt sie Jonas an beiden Händen und wirbelt ihn in der Küche herum.
„Rundherum, rundherum, wer nicht aufpasst, der fällt um!", singt sie laut dazu und sieht sich nach Papa und Mama, nach Opa und nach Pluto um.
Aber die haben sich alle ganz schnell aus dem Staub gemacht.
Nur Mama streckt noch einmal den Kopf durch den Türspalt.
„Wenn ihr pünktlich sein wollt", meint sie, „dann solltet ihr jetzt losgehen!"
Da wirbeln die beiden zur Tür hinaus.
Man hört sie noch im Treppenhaus singen und schreien.
Unten steht Frau Kunkel vor ihrer Wohnungstür. Sie wollte gerade heraufkommen.

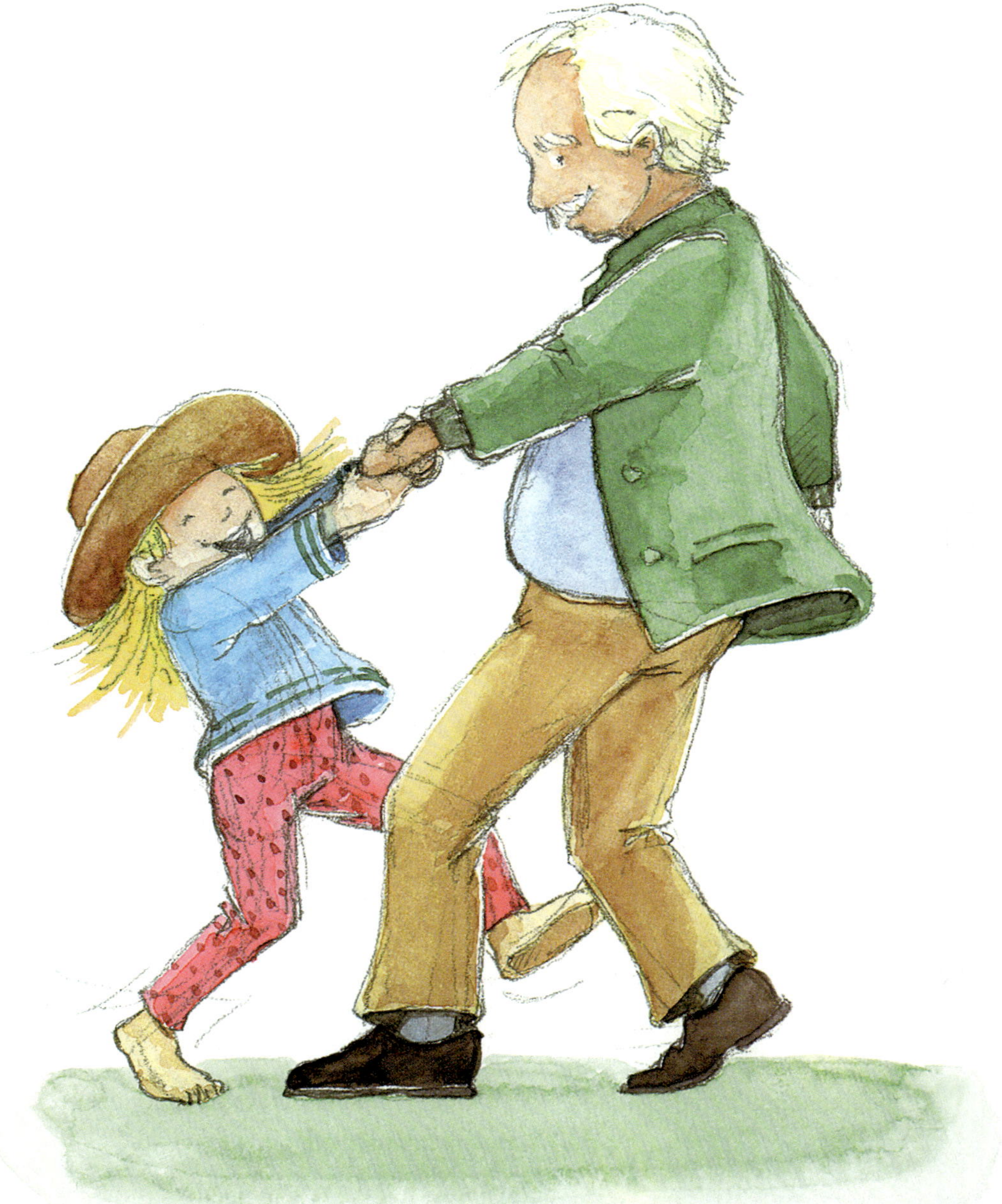

„Fastnacht ist nur einmal im Jahr!", ruft Mama ihr zu.
„Ja, ja, so, so!", sagt Frau Kunkel und geht kopfschüttelnd wieder in ihre Wohnung zurück.

Warum der Fastnachtsprinz an Fastnacht weinen musste

Niko ist so böse auf seine Mutter, dass er mit den Tränen kämpft.
„Warum darf ich nicht als Sheriff zur Fastnachtsfeier gehen?"
„Kein Mensch hat etwas dagegen", meint die Mutter.
„Du nimmst deinen Sheriffhut und deinen Stern."
„Aber ohne Pistolen gehe ich nicht!"
„Nein! Pistolen und Gewehre gibt es nicht. Auch nicht an Fastnacht!" Die Mutter ist unerbittlich.
„Es sind doch nur Wasserspritzpistolen", bettelt Niko. „Und ich habe sie von meinem eigenen Taschengeld gekauft. Da kannst du sie mir nicht verbieten!"
Die Mutter schweigt.
„Wenn du Angst hast…", versuchte es Niko noch einmal, „fülle ich sie auch nicht mit Wasser. Ehrenwort! Ich spritze keinen!"
Niko hält der Mutter seine ausgestreckte Hand hin.
Aber seine Mutter schlägt nicht ein.
„Krieg ist das Allerschlimmste, was es auf der Welt gibt", sagt sie leise. „Und Pistolen gehören genauso dazu. Mit Pistolen werden Menschen getötet. Kinder, Erwachsene, alte Menschen, Jungen und Mädchen…"
„Aber doch nicht mit Spritzpistolen", jammert Niko.
„Nein, auch Spritzpistolen gehören dazu", sagt die Mutter bestimmt.
„Sie sind wie Spielzeugpanzer. Sie sind Kriegsspielzeug. Du richtest sie auf andere Menschen und spielst Krieg."
Niko kann es nicht fassen, dass seine Mutter so hart bleibt. Sonst ist sie immer umzustimmen.
„Wir haben dir noch nie solches Kriegsspielzeug gekauft. Deshalb will ich auch nicht, dass du die Pistolen nimmst", erklärt die Mutter.
„Und Vati?"
„Vati will es auch nicht! Geh doch als Zauberer oder als Zwerg!"
Niko spürt, wie die Wut in ihm hochsteigt. Er ist doch schließlich kein kleines Kind mehr.
„Dann gehe ich eben als Bankräuber!", sagt er trotzig.

„Aber auch ohne Pistolen!", sagt die Mutter und muss ein bisschen lachen. Das ärgert Niko noch mehr.
„Und was wird Gerd sagen?", fragt er lauernd. „Wir wollten beide als Sheriff gehen. Und seine Eltern erlauben es ihm. Die sind nicht so rückständig wie…"
Er verkneift sich den Rest.
„Geh doch als Fastnachtsprinz!", meint die Mutter.
„Ich suche dir schöne Sachen aus dem Schrank heraus. Ein Fastnachtsprinz ist etwas ganz Besonderes."
Weil Niko ihr nicht antwortet, geht sie schließlich aus dem Zimmer. „Du kannst es dir ja noch überlegen!", sagt sie beim Hinausgehen. „Ich lege dir jedenfalls die Sachen auf dein Bett. Wir haben sogar eine richtige Krone. Die habe ich früher einmal als Prinzessin getragen."
Sie sieht nicht, dass Niko beide Arme auf den Tisch stützt und immer mehr mit seinen Tränen kämpft. Er schluckt und schluchzt, und dann muss er so weinen, weil nun all das, was er sich gewünscht hat, nicht in Erfüllung geht. Er versteht es nicht, dass seine Mutter ihm diesen Spaß nicht gönnt.
Und ein Sheriff ohne Pistolen ist kein Sheriff. Das weiß schließlich jeder. Nur zu dumm, dass Niko bei seinem Freund heute Morgen so angegeben hat. Gerd war auch dabei, als er sich die Pistolen im Spielzeugladen kaufte. Und jetzt?
Wie soll er ihm erklären, dass seine Mutter ihm den ganzen Spaß verdorben hat? Natürlich will Niko auch keinen Krieg. Aber mit Spritzpistolen kann man nicht in den Krieg ziehen.
Niko versteht die Welt nicht mehr. Er ist so enttäuscht. Da will er lieber überhaupt nicht zur Fastnachtsfeier.
Als es an der Haustür schellt, geht er gar nicht hin. Soll Mutter doch Gerd sagen, dass er nicht mitkommt. Aber da stürmt Gerd schon die Treppen hoch.
Niko traut seinen Augen nicht, als er den Wichtelmann da vor sich stehen sieht. Mit roter Zipfelmütze und mit einem Wattebart sieht er wirklich nicht nach einem Sheriff aus.
„Du wolltest doch als Sheriff gehen?", fragt er und lässt seinen Mund noch lange offenstehen.
Gerd winkt ab. „Weißt du, ich habe so rückständige Eltern", sagt er schlicht. „Die geben mir nicht die Pistolen!"
Er seufzt. Dann fügt er hinzu: „Aber ich lasse mir doch von denen nicht den Spaß verderben. Und als Wichtelmann kommt bestimmt sonst niemand."
Er drängt Niko, der noch immer vor ihm steht und ihn anstarrt.
„Nun los! Zieh du wenigstens dein Sheriffkostüm an!"
„Wenn du keine Pistolen kriegst, gehe ich auch nicht als Sheriff", sagt Niko.
„Ich gehe als Fastnachtsprinz. Das ist schließlich auch etwas!"

Er läuft in sein Zimmer.
Und Gerd ist so richtig froh und dankbar, dass er einen so guten Freund hat, der aus lauter Freundschaft zu ihm auch nicht als Sheriff geht. Und er hat sich doch extra heute Morgen noch zwei Pistolen gekauft.

Der April macht, was er will

„Endlich scheint die Sonne wieder hell und warm!", sagte die kleine Frau und öffnete weit das Fenster. Sie lehnte sich hinaus, so dass ihr die Sonne mitten ins Gesicht scheinen konnte. „Jetzt kann ich endlich meinen Einkaufs-Spaziergang machen!", lachte sie.
Schnell stieg sie in die Stiefel, die sie letzten Herbst gekauft hatte. Dann zog sie sich ihre Strickjacke und darüber noch den Mantel an. Sie band sich das Tuch um den Hals und setzte sich den grünen Hut auf den Kopf.
„Fertig!", sagte sie und musterte sich im Spiegel.
Dann griff sie nach dem rotweißen Schirm und nahm ihn auch noch mit. „Man

kann nie wissen!", sagte sie und lachte. „Schließlich ist April. Und der April macht, was er will!"
Sie nahm ihre große Einkaufstasche, ging hinaus und schloss die Tür sorgfältig hinter sich ab.

„Hui!", sagte die kleine Frau, als sie ein Stück gegangen war. „Die Sonne meint es wirklich gut. Es ist viel wärmer, als ich gedacht habe! Den Mantel lasse ich besser doch zu Hause!"
Da lief die kleine Frau zurück, schloss die Haustür auf und zog den Mantel schnell aus und hängte ihn an die Garderobe.
Dann nahm sie ihre große Einkaufstasche, ging hinaus und schloss die Tür sorgfältig hinter sich.
„Hui!", sagte die kleine Frau, als sie wieder ein Stück gegangen war. „Es ist ja noch wärmer geworden, als ich gedacht habe. Die Stiefel sind viel zu warm!"
So lief die kleine Frau zurück, schloss die Haustür auf und zog die dicken Stiefel aus. Dafür holte sie sich die schicken Sandalen, die sie noch vom letzten Sommer hatte!
Dann nahm sie ihre große Einkaufstasche, ging hinaus und schloss die Tür sorgfältig hinter sich.
„Hui!", sagte die kleine Frau nach einer Weile, als sie wieder ein Stück gegangen war. „Ich komme ja richtig ins Schwitzen! Wozu brauche ich nur den Hut?"
So lief die kleine Frau noch einmal zurück, schloss die Haustür auf und legte den Hut oben auf die Garderobe. „Das Tuch brauche ich auch nicht!", meinte sie und legte das Tuch dazu.

Dann nahm sie ihre große Einkaufstasche, ging hinaus und schloss die Tür sorgfältig hinter sich.

„Hui!", sagte die kleine Frau nach einer Weile, als sie wieder ein Stück gegangen war. „Es ist ja so warm wie letzten Sommer!" Sie putzte sich den Schweiß von der Stirn.

„Aber jetzt laufe ich nicht mehr zurück!", sagte sie. „Ich nehme die Strickjacke einfach über den Arm!"

Als sie aber die Strickjacke über den Arm gehängt hatte, da gefiel es ihr doch nicht so recht. Die Strickjacke konnte sie gut über dem Arm tragen. Aber da war ja noch die große Einkaufstasche und der riesige rotweiße Schirm.

„Hm!", meinte die kleine Frau und steckte die Strickjacke in die Einkaufstasche. Sie wischte sich mit dem Taschentuch den Schweiß von der Stirn.

„Die Leute lachen mich ja aus, wenn sie mich mit dem Schirm sehen!", sagte die Frau. „Und so weit ist es ja nicht bis nach Hause!"

Also ging die kleine Frau noch einmal mit schnellen Schritten zurück. Sie schloss die Haustür auf und stellte den Schirm in die Garderobe. Dann packte sie auch gleich noch die Strickjacke aus.

„Puh!", sagte sie dann und rieb sich die Beine. „Bevor ich jetzt wieder gehe, werde ich mir zuerst doch lieber einen Kaffee kochen und mich ein bisschen ausruhen. Aber dann gehe ich endlich los und nichts kann mich mehr daran hindern!"

So kochte sich die kleine Frau einen guten Kaffee und schüttete sich eine Tasse ein. Als sie den ersten Schluck probiert hatte, fiel ihr ein, dass sie noch etwas von dem guten Sonntagskuchen in der Speisekammer hatte. So holte sie den Kuchen, schnitt sich ein Stück ab, legte es auf den Teller und machte es sich so richtig bequem am Tisch.

Da gab es plötzlich einen lauten Schlag. Und als sich die kleine Frau erschrocken umdrehte, sah sie, dass das Fenster von selbst aufgesprungen war.

„War das ein Windstoß?", fragte sich die kleine Frau und lief schnell zum Fenster, um es wieder zu schließen.

Wie erschrak sie aber, als sie hinausblickte. Die helle Frühlingssonne war verschwunden. Dicke, schwarze Wolken waren aufgezogen, und es regnete und platschte so sehr, dass die kleine Frau ganz schnell das Fenster schließen musste. Ihr Gesicht, ihr Haar, die Hände und die Bluse, alles war nass geworden. Und unter dem Fenster war eine richtige Wasserpfütze.

„Schade!", sagte die kleine Frau leise und holte den Putzlappen. „Ich hatte mich so auf den Einkaufsspaziergang gefreut. Vielleicht hätte ich ein paar Leute getroffen. Vielleicht wären wir zusammen in ein Café gegangen…"

„Ja, der April macht, was er will!", seufzte sie dann und freute sich, als ihr der Kaffeeduft aus ihrer Tasse wieder in die Nase stieg.

„Nanu!", sagte sie dann, als es plötzlich an der Haustür schellte. „Wer kommt denn bei diesem schlechten Wetter zu Besuch?"
Sie lief zu Haustür, öffnete sie und wunderte sich noch mehr.
Da stand Elvira, die allerbeste Freundin vor ihr.
Aber wie sah die arme Elvira aus!
Sie trug nur das dünne Kleid vom letzten Sommer und hatte Sandalen an ihren Füßen. Nicht einmal Strümpfe hatte sie an.
Sie war patschnass von oben bis unten und fror erbärmlich.
„Es war doch so warm!", jammerte sie. „Da wollte ich einen kleinen Spaziergang machen und dich besuchen und habe alle warmen Kleider zu Hause gelassen. Nicht einmal einen Schirm habe ich dabei!"
„Komm schnell herein!", sagte die kleine Frau. „Geh ins Bad! Ich bringe dir warme Sachen!"
Sie holte noch eine Kaffeetasse aus dem Schrank und schnitt noch ein paar Stück Kuchen ab. Dann stellte sie die Heizung ein wenig höher, damit es richtig schön warm wurde.
Und dann saßen sie zusammen, und der Kuchen schmeckte wunderbar und der Kaffee noch besser.
„Gut, dass du wenigstens zu Hause und nicht spazieren gegangen bist!", sagte ihre Freundin später. „Das hätte schlimm für mich ausgehen können, wenn du gar nicht da gewesen wärst! Bestimmt hätte ich mir eine Erkältung geholt!"
„Ja, ja!", meinte die kleine Frau und musste lächeln.
„Warum lachst du?", fragte ihre Freundin.
„Der April macht, was er will!", sagte die kleine Frau und schaute zum Fenster.
Da schien doch wirklich wieder die Frühlingssonne hell und warm durch die Scheiben hinein.
Und als die kleine Frau das Fenster öffnete, hatten sich die Wolken am Himmel auch schon längst wieder verzogen.
„Viel zu schön, um hier drin sitzen zu bleiben!", meinte ihre Freundin.
Da trugen sie den Tisch mit dem Kuchen und dem Kaffee nach draußen. Die kleine Frau kochte noch eine zweite Kanne Kaffee.
Und so saßen sie im Sonnenschein vor der Haustür und freuten sich über den ersten warmen Frühlingstag.
Und wenn es wieder regnen sollte, dann würden sie ganz schnell wieder im Haus sein.
Doch die Sonne schien hell und warm, bis es dunkel wurde.

Palmsonntag

Als Florian mit seinen Eltern am Palmsonntag zur Messe will, wundert er sich. Vor der Kirchentür stehen alle im Halbkreis um einen kleinen Tisch herum und warten. Auf dem Tisch steht zwischen zwei brennenden Kerzen ein großer Korb mit grünen Zweigen. Zwei Messdiener in langen Kleidern stehen daneben und schauen den Pfarrer, der heute ein rotes Gewand trägt, erwartungsvoll an.
Die Leute machen Florian ein wenig Platz, so dass er gleich in die vorderste Reihe kommen und alles sehen kann.
Jetzt winkt der Pfarrer den Messdienern zu, und sie beginnen, die Zweige aus dem Korb an alle Leute zu verteilen. Florian erhält einen großen grünen Zweig, den er ganz vorsichtig in seiner Hand hält. Als alle Leute die Zweige erhalten haben, geht der Pfarrer herum und bespritzt die Zweige mit geweihtem Wasser. Florian bekommt sogar einen Spritzer mitten ins Gesicht, so dass er lachen muss.
Jetzt spricht der Pfarrer. „Als Jesus in Jerusalem einzog, haben ihm die Leute zugejubelt", sagt er. „Sie hatten grüne Palmzweige in ihren Händen und winkten ihm zu. Sie begrüßten ihn so, wie man einen König begrüßt. Wir haben auch grüne Zweige in unseren Händen, weil wir unseren König grüßen wollen. Und unser König heißt Jesus Christus!"
Darauf stimmt der Pfarrer ein Lied an, und alle Leute singen laut mit. Die beiden Messdiener nehmen die Kerzen und öffnen die Kirchentür, und gemeinsam ziehen alle mit den grünen Zweigen und mit Gesang in die Kirche ein.
Der Vater fasst Florian an der Hand, so dass er sich neben ihn in die Kirchenbank setzen kann. Dann beginnt die Messe.
Um den Altar herum sitzen einige ältere Kinder. Jedes Kind hat einen Zettel in der Hand. Als der Pfarrer ihnen zunickt, lesen sie nacheinander vor, was auf ihren Zetteln aufgeschrieben ist. Es ist ein Kapitel aus der Bibel, die Geschichte vom Einzug Jesu in Jerusalem. Aber sie lesen auch vor, dass Jesus verraten und gefangengenommen wurde, dass er verspottet und geschlagen und schließlich an das Kreuz geschlagen wurde. Sie lesen vor, dass Jesus an diesem Kreuz gestorben ist und dass seine Freunde alle sehr traurig waren.
Florian schaut sich in der Kirche um. Die Menschen haben ihre Köpfe gesenkt. Sie hören zu und denken an Jesus, der so viel hat erleiden müssen. Es ist ganz still in der Kirche, als die Kinder ihr Vorlesen beendet haben.
Dann spricht der Pfarrer. Er sagt: „Jesus ist am Kreuz gestorben. Aber wir dürfen froh sein, weil Jesus stärker ist als der Tod. Sie haben ihn vom Kreuz heruntergenommen und in ein Grab gelegt. Das war vor Ostern. Aber dann ist er vom Tod auferstanden. Er hat den Tod besiegt!"
Florian blickt auf den grünen Zweig, den er in seiner Hand hält. Draußen ist es

noch kalt. Aber der Zweig macht deutlich, dass alles wieder zu leben beginnt. Er streichelt ganz vorsichtig die zarten Blätter und fühlt, dass er nicht mehr traurig ist. Ja, Jesus hat den Tod besiegt, und am nächsten Sonntag ist Ostern.
Von Ostern und von der Auferstehung erzählt auch das Lied, das jetzt alle zusammen singen. Florian hat es schon einmal gehört. Er blickt zu seinen Eltern auf, die laut mitsingen, und freut sich.
Als sie später nach Hause gehen, trägt Florian auch die grünen Zweige seiner Eltern. „Wir haben doch die schöne Glasvase", sagt er. „Ich fülle sie mit Wasser und stelle dann die grünen Zweige hinein."

Die Geschichte von dem Kind und den Ostereiern

Einmal ist ein Kind am Sonntag mit seinen Eltern im Krabbelgottesdienst gewesen. Da hat der Pfarrer gefragt: „Wisst ihr, warum wir jedes Jahr Ostern feiern?"
Da haben viele Kinder laut gelacht, weil der Pfarrer das nicht gewusst hat.
„Weil der Osterhase kommt!", haben sie geantwortet.
Da hat der Pfarrer den Kopf geschüttelt und gemeint: „Doch nicht nur wegen dem Osterhasen!"
Daraufhin hat ein Kind ganz laut gerufen: „Ostern gibt es Ostereier!"
Natürlich! Da haben alle Kinder laut geklatscht. Die Ostereier sind noch wichtiger als der Osterhase.
Aber der Pfarrer hat wieder den Kopf geschüttelt. „Fast richtig", hat er gesagt. „Aber immer noch nicht ganz richtig!"
Da hat es ihm die Nele endlich gesagt, weil sie schon zwei Jahre in den Kindergarten geht und sehr gut Bescheid weiß: „Weil es da Osterferien gibt!"
„Und warum gibt es Ferien?", hat der Pfarrer wieder gefragt.
Mensch, haben da die Kinder lachen müssen!
„Weil doch Ostern ist!", haben sie ganz laut gerufen.
„Ihr habt ja alle ein bisschen recht", hat dann der Pfarrer gesagt. „Aber das Allerwichtigste, das habt ihr vergessen."
Und dann hat er die große neue Osterkerze geholt und sie den Kindern gezeigt. „Die zünden wir zu Ostern an", hat er gesagt.
Da hat sich plötzlich der kleine Fabian an letztes Jahr erinnert. Ganz aufgeregt ist er geworden, und dann hat er laut gesagt: „Da war Jesus nicht mehr tot."
Der Pfarrer hat gestaunt. Er hat den Fabian nach vorn zum Altar geholt. Dann hat er ihm die Osterkerze vom letzten Jahr gezeigt. Sie war fast heruntergebrannt.

Aber ein bisschen Kerze war noch da. Und das bisschen Kerze durfte der Fabian anzünden, und der Pfarrer hat ihm dabei geholfen.
Dann hat der Pfarrer allen noch einmal die neue große Osterkerze gezeigt.
„Die zünden wir zu Ostern an", hat er gesagt. „Und der Fabian darf mir wieder dabei helfen."
Da hat der Fabian ganz rote Ohren bekommen. So stolz machte ihn das.
„Ostern tragen wir keine Trauerkleider mehr", hat dann der Pfarrer gesagt. „Da ziehen wir uns bunt an, weil wir uns so freuen. Ja, Gott hat Jesus an Ostern auferstehen lassen. Deshalb feiern wir Ostern. Und deshalb schenken wir uns bunte Ostereier, Ostereier in vielen Farben, weil wir uns so freuen, dass wir wieder Ostern feiern können."
„Und deshalb gibt es auch Osterferien", hat die Nele gerufen, und der Pfarrer hat genickt.
Dann haben sie alle noch einen fröhlichen Ostertanz getanzt.
Und der Pfarrer hat ein großes buntes Bild aufgestellt, auf dem Jesus zusammen mit vielen Kindern zu sehen war. Er hat gelacht. Und es war richtig schön.
„So fröhlich dürfen wir immer sein", hat der Pfarrer gesagt.
Und dann haben sie alle ein Lied gesungen und dazu in die Hände geklatscht. Ein fröhliches Osterlied.
Als das Kind dann später mit seinen Eltern nach Hause ging, hat es gesagt: „Nächstes Jahr sage ich ihm gleich, warum wir Ostern feiern."
„Und wenn du es bis dahin wieder vergessen hast?", hat sein Vater gefragt.
Das Kind hat den Kopf geschüttelt.
„Nächstes Jahr will ich die Osterkerze anzünden", hat es gesagt. „Und nicht der Fabian."
Und nach einer Weile hat es noch gesagt: „Aber die Ostereier sind auch ganz schön wichtig. Oder nicht?"
Wie hat es sich gefreut, als seine Mutter und sein Vater dazu genickt haben!
Dann wird es also bestimmt auch in diesem Jahr wieder Ostereier geben.

Die Sache mit dem Osterhasen

Voriges Jahr hat Tobias noch ganz fest an den Osterhasen geglaubt. Voriges Jahr ging er auch noch in den Kindergarten. Aber seit er im letzten Jahr vor Weihnachten hinter das Geheimnis des Nikolaus gekommen ist, hat er auch mit dem Osterhasen so seine Schwierigkeiten und Zweifel.
„War das vielleicht auch nur so ein Heiliger oder ein Bischof?", fragt er am Samstag vor Ostern und schaut seinen Vater von der Seite an.

Stefan, sein älterer Bruder, prustet laut los. „Der Osterhase und ein Heiliger!", lacht er. Und Mutti schüttelt energisch den Kopf.
„Nein, ein Bischof war der Osterhase bestimmt nicht", sagt Vater.
Tobias denkt nach und meint dann: „Aber ich habe noch nie gehört, dass Hasen Eier legen. Das machen doch nur Hühner!"
„Und Gänse und Enten", fügt Mutti hinzu.
„Alle Vögel legen Eier", ergänzt Vati. „Du erinnerst dich doch noch an das Vogelnest in unserem Apfelbaum. Da habe ich dir die kleinen braunen Vogeleier gezeigt."
Tobias nickt. „Nur Vögel legen Eier", stellt er befriedigt fest.
„Krokodile auch!", ruft Stefan. „Und Schildkröten!"
Wieder kommen Tobias Zweifel. „Ehrlich?", fragt er und wendet sich erneut seinem Vater zu. Und Vater grinst und nickt.
„Ameisen legen auch Eier", sagt Vati jetzt. „Die hast du doch auch schon in dem Ameisenhaufen gesehen."
Ja, Tobias erinnert sich.
„Aber Osterhaseneier habe ich noch nie gesehen", sagt er schließlich, nachdem er lange nachgedacht hat.
„Und was war das, was du voriges Ostern bei uns im Garten gefunden hast?", fragt Stefan und hält sich die Hand vor den Mund.
Tobias schweigt. Man merkt richtig, wie es in ihm denkt.
„Du hast sie ja alle aufgegessen", meint Stefan jetzt. „Wenn der Osterhase sie ausgebrütet hätte, dann hätten wir jetzt schon eine richtige Osterhasenzucht."
„Der Osterhase war schon fortgelaufen", antwortete Tobias ärgerlich. „Ich habe ihn überhaupt nicht mehr gesehen. Voriges Jahr nicht. Und davor auch noch nie."
„Du hättest die Ostereier eben selbst ausbrüten müssen", meint Vati und hat genau das freche Grinsen um seinen Mund wie Stefan.
„Aber aus Eiern schlüpfen doch kleine Küken!" Tobias erinnert sich ganz genau an die Bilder, die Frau Möhler in der Schule gezeigt hat.
„Aus bunten Ostereiern?", fragt Stefan. „Wirklich aus bunten Ostereiern?"
An Muttis ärgerlicher Handbewegung zu Stefan und Vati hin merkt Tobias, dass sie zu ihm hält. So oft hat Stefan ihn schon angeschmiert! Und Vati macht natürlich mit. Genau wie damals, als es um den Nikolaus ging. Da hatte Stefan am Ende sogar behauptet, dass das Christkind mit langen goldenen Haaren ebenso wie der Nikolaus durch den Schornstein geflogen kam und anschließend ganz schwarz war. So konnte es dann niemand mehr in der Nacht sehen. Und am Weihnachtsmorgen hatte er ihm sogar die schwarze Rußspur vor der Haustür im Schnee gezeigt. Aber da hatte Mutti heimlich zu Tobias gesagt, er sollte nicht alles glauben, was Stefan ihm erzählte. Sie hatte die Asche aus dem Kamin fortgetragen. Dabei war etwas davon in den Schnee gefallen.

„Ich schlage vor", sagt Mutti jetzt, „wir setzen morgen unseren Stefan einmal auf die Ostereier. Und dann warten wir ab, was dabei herauskommt: Osterhasen oder Küken."
„Und den Papa setzen wir dazu!", fügt Tobias bei, weil er jetzt ganz sicher Mutti auf seiner Seite weiß.
Als jetzt alle lachen, wird Tobias immer sicherer. „Hasen legen nämlich keine Eier", sagt er. „Und Krokodile und Schildkröten auch nicht, so dumm bin ich nicht, dass ich so etwas glaube."
„Doch!" Mutti nickte. „Mit den Krokodilen und den Schildkröten, das stimmt wirklich. Die vergraben ihre Eier im Sand. Wenn die Sonne dann heiß vom Himmel scheint, wird auch der Sand ganz warm. So werden ihre Eier ausgebrütet."
„Übrigens, die Fische legen auch Eier", sagt Stefan und feixt schon wieder. Tobias weiß wirklich nicht mehr, was er noch glauben soll. Im Grunde ist er sich ganz sicher, dass Osterhasen keine Eier legen. Außerdem hat er längst die Tütchen mit den bunten Ostereierfarben im Küchenschrank entdeckt. Und dass Hasen Hühnereier bunt anmalen, nein, an dieses Märchen glaubt er schon lange nicht mehr.
„Nicht wahr, Papa, Osterhasen legen keine Eier", sagt er endlich. Er wendet sich an ihn, weil die Mutter hinausgegangen ist.
Sein Vater wiegt bedenklich den Kopf hin und her, lässt Tobias noch ein bisschen zappeln und blinzelt dann Mutti zu, die wieder hereingekommen ist und sich hinter Stefans Stuhl zu schaffen macht. Stefan merkt nichts. Er blickt gebannt seinen Vater an und hofft, dass er das Spiel mit den Osterhasen noch weitertreibt. Schließlich gibt es nichts Schöneres, als den kleinen Bruder hereinzulegen. Und es scheint Stefan so, als würde Tobias wirklich noch an den Osterhasen glauben.
„Ja…", sagt Papa gedehnt. „Ich weiß das nicht so genau. Vielleicht kann es einmal vorkommen, dass Osterhasen wirklich Ostereier legen."
Er lächelt Mutti verschmitzt an, als sie sich wieder neben ihn setzt.
„Solche Wunder gibt es manchmal."
Dann schaut er zu Stefan hinüber. „Sogar unser Stefan könnte ein Osterei legen, wenn er nur wollte."
„Stefan?", fragt Tobias und merkt jetzt wirklich, dass sein Vater Unsinn redet.
„Warum nicht?", fragt seine Mutter.
„Jetzt reicht es mir aber!", ruft Stefan enttäuscht. „Wenn ihr ihn so faustdick anschwindelt, dann glaubt er gar nichts mehr!"
„Jedenfalls gibt es zu Ostern Ostereier", sagt Mutti jetzt. „Egal, ob sie der Osterhase gelegt hat oder nicht."
„Und das ist genauso wie bei unserem Stefan", fügt sein Vater hinzu.
„Ob er sie nun gelegt hat oder nicht."

„Quatsch!", brüllt Stefan. Doch als er aufspringen will, hält sein Vater ihn ganz fest.
„Vorsicht, Stefan!", sagt er. „Wer weiß? Wer so viel von Ostereiern spricht, legt am Ende selbst welche."
Stefan beginnt sich ein bisschen zu ärgern, weil Tobias jetzt laut loslacht. Er streift die Hand seines Vaters von der Schulter, steht auf, blickt auf seinen Stuhl – und erstarrt. Dort, wo er bisher gesessen hat, liegt ein rotes Osterei.
Stefan kann es nicht fassen. Soll er sich jetzt ärgern, weil seine Eltern und Tobias laut loslachen? Er nimmt das Ei, klopft es auf der Tischplatte an und schält es.
„Ich habe wenigstens schon ein Osterei", sagt er und beißt hinein. „Siehst du, genauso ist das mit den Osterhasen", sagt er zu Tobias.
„Bitte, Mutti!", brüllt Tobias. „Lass mich auch ein Osterei legen! Aber ein blaues!", ruft er schnell noch, als er sieht, dass seine Mutter aufsteht, um hinauszugehen. Dann legt er seinen Kopf auf die Tischplatte, schließt die Augen und wartet.

Wieder Ostern

Zehnmal bereits hatte Chris Ostern erlebt. An die ersten Jahre konnte er sich nicht erinnern. Er wusste nur einiges aus Muttis und Vatis Berichten. Richtig erinnern konnte er sich nur noch an das Osterfest in dem Jahr, in dem er auch in die Schule gekommen war. Aber immer war es schön bei ihnen zu Hause gewesen. Zehn Jahre lang. Und nun war Ostern wieder herangekommen, und alles hatte sich verändert. Es war schlimm, dass Chris heute am Gründonnerstag noch in der Klinik lag. Acht Wochen lang hatte er hier gelegen. Aber heute würde Mutti kommen und ihn nach Hause holen.
Viel schlimmer war, dass Chris Angst hatte, nach Hause zu kommen. Angst, weil alles zu Hause ganz anders sein würde, als es jemals gewesen war. Angst, weil Vati nicht mehr da war.
Als er damals in der Klinik zum erstenmal wieder aufgewacht war, hatten sie ihm nichts gesagt. Nur nach und nach war er dahintergekommen, was geschehen war. Er suchte in seiner eigenen Erinnerung und kam dem Unfasslichen immer näher, ahnte, was geschehen war, und wollte es nicht glauben.
Ja, er erinnerte sich an diesen Mittwochmorgen, als er zu Vati in das Auto gestiegen war. Es musste Mittwoch gewesen sein, denn er erinnerte sich auch daran, dass er den Sack mit den Turnschuhen und seinem Sportzeug dabeigehabt hatte. Mittwochs hatten sie immer Sport. Und Vati hatte ihn wie jeden Morgen ein Stück mitgenommen. Bis zur Jahnstraße.
Dann musste Vati weiter geradeaus über die Ampel. Hier war Chris immer ausgestiegen und war dann zu Fuß durch die Wilhelmstraße zur Schule gegangen. Fast immer war das so gewesen. Bis auf jenen Mittwoch.
Dann erinnerte sich Chris nur noch an ein Quietschen, ein durch und durch gehendes Geräusch, wie von einem riesigen Bohrer beim Zahnarzt, und an die Motorhaube eines kleinen blauen Fiat, die plötzlich so nah neben ihm war, dass es wehtat. Dann hatte der Schmerz alle weiteren Erinnerungen ausgelöscht.
Nach und nach war es ihm dann später immer bewusster geworden, dass es ein Unfall gewesen war, den er, Chris, überlebt hatte. Er wagte nicht, weiterzudenken. Chris wollte auch nicht Mutti fragen, wenn sie starr und unendlich traurig neben seinem Bett saß. Er wagte nicht, auch nur mit einem Wort Vati zu erwähnen, zu fragen, warum er nicht zu ihm kam.
Sicher würde Vati auch irgendwo in der Klinik in einem Bett liegen und darauf warten, wieder gesund zu werden. Chris wünschte es sich so und glaubte doch nicht daran. Wenn Vati in der Klinik läge, dann hätte Mutti wohl längst davon gesprochen.

Aber Mutti sagte kein Wort von Vati. Kein einziges Wort. Sie saß neben ihm, streichelte ihn, sprach ihm gut zu.

„Bald kannst du wieder heimkommen", hatte sie vor einiger Zeit gesagt. Und Chris hatte gespürt, wie sehr sie sich darüber freute.

„Wann?", hatte er leise gefragt.

„Vielleicht schon Ostern!"

Da hatte sich Chris später von Schwester Barbara den Kalender bringen lassen und die Tage und Wochen bis Ostern gezählt.

„Vielleicht schon Gründonnerstag", hatte Schwester Barbara gesagt und ihn in ihre Arme genommen.

„Hat denn deine Mutti schon mit dir gesprochen?", hatte sie an diesem Tag noch gefragt.

„Natürlich!" Chris tat ganz unwissend und wusste doch sogleich, was Schwester Barbara meinte.

„Wegen Papa…", flüsterte er fast unhörbar und konnte nichts dagegen tun, dass die Tränen aus ihm herausbrachen und über seine Wangen liefen.

Jetzt war es heraus. Nun brauchte Schwester Barbara nur noch zu sagen, dass Papa auf der Männerstation liegt oder irgendwo weit weg in einer ganz besonderen Spezialklinik für allerschlimmste Fälle. Doch Chris ahnte, dass Schwester Barbara das nicht sagen würde. Niemals könnte sie es sagen, weil es nicht wahr war.

Er spürte Schwester Barbaras Arm ganz fest um seine Schultern.

„Er ist gleich an der Unfallstelle gestorben…", flüsterte sie. „Da kam jede Hilfe zu spät."

All das, was danach kam, hatte Chris nicht miterlebt. Als sein Vater beerdigt wurde, hatte er noch besinnungslos in der Klinik gelegen.

Ganz still hatte Schwester Barbara an diesem Nachmittag bei ihm gesessen. Und Chris hatte seinen Kopf in ihren Armen vergraben und geweint.

„Du musst jetzt ganz stark sein", hatte Schwester Barbara endlich gesagt, als es bereits dämmrig im Zimmer wurde. „Deine Mutti hat jetzt nur noch dich!"

Chris hatte es dann wirklich geschafft, am nächsten Tag Mutti anzusprechen.

„Dann sind wir zwei jetzt ganz allein", hatte er gesagt. Kein Wort von Vati. Aber Mutti hatte sofort verstanden, dass er alles wusste. Und dann hielten sie sich in den Armen und weinten um Vati.

Und nun war Ostern wieder herangekommen, und alles hatte sich verändert. Es war schlimm, dass Chris heute am Gründonnerstag noch in der Klinik lag. Acht Wochen lang hatte er hier gelegen. Aber heute würde Mutti kommen und ihn nach Hause holen.

Viel schlimmer war, dass Chris Angst hatte, nach Hause zu kommen. Angst, weil alles zu Hause ganz anders sein würde, als es jemals gewesen war. Angst, weil Vati nicht mehr da war.

Und doch! Mutti würde glücklich sein, dass er endlich nach Hause kam. Sie würden ganz neu beginnen müssen. Ganz allein, ohne Vati. Sie hatten sich doch so lieb. Mutti und Chris. Chris und Mutti. Vielleicht jetzt noch mehr, weil Vati nicht mehr bei ihnen war.
Als Mutti kam, um Chris abzuholen, brachte sie einen Blumenstrauß und einen Korb mit Ostereiern für Schwester Barbara mit.
„Danke für alles!", sagte sie und drückte die fremde Frau.
Schwester Barbara brachte später dann Chris und seine Mutter noch bis zum Krankenwagen, mit dem sie heimfahren würden. Denn Chris konnte noch nicht laufen.
Alles würde noch viel Zeit brauchen.
„Frohe Ostern!", sagte Mutti, als sie Schwester Barbara zum Abschied die Hand gab. Es fiel ihr schwer, jetzt einen so fröhlichen Wunsch auszusprechen. Sie hatte Angst vor diesem Osterfest, das sie zum erstenmal allein mit ihrem Jungen feiern musste. Wegen ihres Jungen wollte sie es aber feiern.
„Ich komme Ostern mal vorbei", sagte Schwester Barbara und boxte Chris leicht gegen die gesunde Schulter. „Ich kriege ja sonst Heimweh nach diesem Schlingel."
Und Chris kuschelte sich in Muttis Arm und winkte Schwester Barbara zu, solange er sie noch sehen konnte.
Ja, nun war Ostern wieder herangekommen, und alles hatte sich verändert. Doch es würde einen neuen Anfang geben.
Heute! Morgen! Ostern!

Omas Ostereier-Überraschung

Ostern darf Silke ein paar Tage bei Oma verbringen. Papa bringt sie am Donnerstag mit dem Auto. Am Ostermontag kommen dann alle zu Besuch zu Oma: Mama und Papa und natürlich Jan und Mara, die Zwillinge, die zwei Jahre jünger als Silke sind. Am Abend fahren dann alle zusammen wieder heim, denn am Dienstag muss Silke natürlich wieder in den Kindergarten gehen.
So war es auch schon letztes Jahr. Damals hat Silke Oma beim Ostereier-Anmalen helfen dürfen, und das hat viel Spaß gemacht. „Der Osterhase hat zu viel zu tun!", hat die Oma gemeint und Silke zugeblinzelt. „Da müssen wir alle mit anpacken!" Als Silke aber nun zu Oma kommt, staunt sie, wieviel Eier Oma auf dem Schrank in der Küche hat. Vier große Körbe voll.
„Wollen wir die alle färben?", fragt Silke und wundert sich.
Oma nickt. „Natürlich! In diesem Jahr geht es dem Osterhasen noch schlechter als sonst. Da wird wirklich jede Hand gebraucht!"

„Aber so viele Ostereier können wir doch gar nicht essen!", meinte Silke.
Voriges Jahr hatte es auch für jeden genug Ostereier gegeben. Aber so viele wie jetzt waren es nicht gewesen. Ganz bestimmt nicht. Da erinnert sich Silke ganz genau. „Sie sind auch nicht alle für euch!", lacht Oma. „Es sind Überraschungs-Ostereier!
Aber wir müssen sie alle vor Ostern färben, du und ich!"
Nichts ist schöner als Ostereierfärben! Da können es für Silke gar nicht genug Eier sein, die gefärbt werden sollen.
So machen sich Oma und Silke am Freitag nach dem Mittagessen ans Werk.
Als es bereits dunkel wird, sind sie endlich fertig. So schnell ist Silke die Zeit noch nie herumgegangen. Aber es sind auch wunderschöne Ostereier geworden: rote und grüne, blaue, gelbe und braune. Und dann noch die lila Eier, die Silke ganz allein gefärbt hat.
In Omas Küche riecht es nach Eierfarben und nach Essig, den sie beim Eierkochen in das Wasser geschüttet hat. Außerdem hat Oma noch Ostereier in einem Sud aus Zwiebelschalen gekocht, und die sind ganz besonders schön geworden. Ein paar Ostereier sind auch beim Kochen geplatzt. „Die können wir nicht bis Ostern aufheben!", sagt Oma und schmunzelt. „Die müssen vorher vernichtet werden!"
Und Silke weiß ganz genau, was das bedeutet.
Heute Abend gibt es Butterbrot mit frisch gefärbten Ostereiern. Silke schält sie sorgfältig und schneidet sie in dicke Scheiben, die sie dann auf ihr Brot legt. Etwas Salz darauf und einen Spritzer Maggi.
Oma und Silke lachen sich zu, als sie sich am Tisch gegenüber sitzen und sich die Ostereierbrote so richtig schmecken lassen. Sie schmecken viel besser als die gekochten Eier, die es sonst das ganze Jahr über gibt. Es sind eben richtige Ostereier.
„Und wann holt der Osterhase die Eier?", fragt Silke, als sie ihr letztes Stück Brot gegessen hat.
„Gar nicht!", sagt Oma. „Dieses Jahr müssen wir alles selbst tun!"
„Den anderen Kindern die Ostereier bringen?" Silke kann es sich nicht vorstellen, dass sie nun von Garten zu Garten mit den Eiern hüpfen soll und den Kindern die Ostereier in ihre Osternester legen soll.
Oma beruhigt sie. „So schlimm wird es nicht! Du wirst deinen Spaß dabei haben!"
Doch so viel Silke jetzt auch bittet, Oma verrät nichts. Kein Sterbenswörtchen. „Warte ab bis zum Sonntag!", sagt sie nur. „Dann ist Ostern. Und dann wirst du erleben, was geschieht."
Da bleibt Silke nichts anderes übrig, als der Oma zu helfen. Und gemeinsam schaffen sie es, die Körbe wieder auf den Schrank in der Küche zu stellen.

Silke kann es kaum erwarten, bis endlich Ostern ist. Immer wieder läuft sie in die Küche und schaut zu den Körben auf dem Schrank hinauf.
„Sagt uns der Osterhase, wo wir sie verstecken sollen?", fragt sie.
„Er hat es mir bereits gesagt!", lacht Oma und lässt sich nicht erweichen, noch mehr zu verraten.
Was bleibt Silke übrig, als weiter zu warten.
Aber dann ist endlich Ostersonntag.
Silke schielt zum Küchenschrank hinüber. Dort stehen die bis obenhin gefüllten Körbe immer noch.
„Wie sieht es denn aus?", fragt Oma sie.
„Willst du keine Ostereier suchen?"
Und als Silke sie erstaunt anblickt, fügt sie hinzu: „Ich habe da vorhin etwas im Garten gehört. Und als ich aus dem Fenster sah, sprang der Osterhase gerade über den Gartenzaun!"
Da hält es Silke nicht länger im Haus. Sie rennt in den Garten, und Oma hat Mühe, hinter ihr herzukommen.
Nein, der Osterhase hatte auch dieses Jahr wieder an Silke gedacht. Silke findet bereits nach kurzem Suchen das erste Osterei. Dann noch eins und noch eins. Sie muss schnell ins Haus laufen und das Osterkörbchen holen, das Oma vom letzten Jahr noch aufgehoben hat.
Ein ganzes Körbchen voll Ostereier hat Silke zum Schluss. Dazu einen Riesen-Schokoladen-Osterhasen und einen dicken Schokoladen-Maikäfer. Doch so schön das alles ist, so muss Silke doch immer wieder an die großen Eierkörbe auf Omas Küchenschrank denken. Die anderen Kinder sind doch sicher auch bereits wach. Wie sollen sie da nur noch all die vielen Ostereier verstecken, ohne gesehen zu werden?
„Wir verstecken sie in meinem Garten!", sagt die Oma. „Der ist groß genug!"
Dann holt sie mit Silkes Hilfe den ersten Korb vom Schrank herunter und geht damit in den Garten. Und dann beginnt sie, die Ostereier zu verstecken. Im Moos hinter der Kellertreppe, zwischen den Blumenbüschen, neben der großen Regentonne, im Efeu an der Garage. Sie findet immer neue Verstecke.
Und Silke macht es genauso wie Oma. So ist wirklich nach einer Weile der erste Korb leer. Aber Oma ist bereits dabei, den zweiten aus der Küche zu holen. Es dauert eine Weile, bis die Eier aus den vier großen Körben alle in Omas Garten versteckt sind. Am Ende weiß Silke wirklich kein einziges Versteck für die Eier mehr. Aber Oma findet immer noch etwas.
„Du bist besser als der Osterhase selbst!", sagt Silke am Ende anerkennend.
„Das will ich meinen!", antwortet Oma nur. Dann nimmt sie Silke an die Hand und geht mit ihr die Straße hinunter.
Unterwegs erzählt Oma von den vielen Leuten, die aus anderen Ländern nach

Deutschland gekommen sind. Manche von ihnen sind von weit, weit her gekommen. In dem alten Gemeindehaus, das längst abgerissen werden sollte, hat man viele von ihnen untergebracht. Über neunzig Männer, Frauen und Kinder. Asylanten und Flüchtlinge, die so sehr darauf warten, bei uns eine neue Heimat zu finden.
Silke hat davon schon oft im Rundfunk und in den Nachrichten im Fernsehen gehört. Mama und Papa sprechen auch oft darüber. Aber dass solche Leute ganz in der Nähe von Oma wohnen, das ist ihr neu. „Es ist dort viel zu eng für so viele Menschen!", sagt Oma nach einer Weile. „Und die Kinder haben kaum Platz zum Spielen!"
„Hier wohnen sie!", sagt die Oma dann und bleibt plötzlich stehen. Und darauf geht sie direkt durch das Gartentor, so dass Silke alle Mühe hat, ihr zu folgen.
Vor der Haustür steht ein kaputtes Auto, und mehr als zehn Männer sind dabei, es wieder in Gang zu bringen. Sie machen einen fürchterlichen Krach dabei und sprechen in verschiedenen Sprachen, von denen Silke nichts, aber auch gar nichts verstehen kann. Doch als ihr ein schwarzer Mann im blauen Arbeitsanzug freundlich zunickt, lacht sie dankbar zurück.
„Hallo!", sagt die Oma und nickt ihnen zu.
„Hallo!", sagen die Männer.
„Frohe Ostern!", ruft Oma und gibt jedem die Hand. Die Männer blicken sie erstaunt an und lachen ihr zu.
„Wo sind die Frauen?", fragt Oma. „Die Kinder?"
„Oh!" Einer der Männer lacht, geht zur Tür und ruft etwas mit lauter Stimme in den Hausflur hinein, was weder Oma noch Silke verstehen können.
„Warten bitte!", sagt der Mann. „Kommen gleich!"
Dann wird es in dem Haus lebendig. Es ist so laut wie in Silkes Kindergarten. Vielleicht noch lauter.
Viele, viele Menschen strömen aus der Tür und scharen sich um Oma und Silke.
„Kommen Sie mit!", sagt Oma fröhlich und winkt den fremden Leuten zu.
„Ist nicht weit!", fügt sie noch zu, als sie bemerkt, dass kaum einer sie versteht. Doch der schwarze Mann, der vorhin bereits so freundlich war, kommt direkt auf sie zu. Und als er zu sprechen beginnt, da staunt Silke nur, weil sie alles verstehen kann. Sie staunt auch, dass der fremde Mann genauso gut spricht wie sie selbst.
Wenn man die Augen zumacht, spricht er so wie Onkel Eberhard. Und kein bisschen anders.
„Jetzt kommen Sie bitte!", sagt Oma noch einmal und nimmt kurzerhand zwei Kinder an ihre Hand. Und dann stapft sie schnurstracks auf das Gartentürchen zu. Zögernd folgt eine lange Reihe von Menschen. Alte Leute, junge Männer und Frauen, Schulkinder und eben auch Kinder, die so alt sind wie Silke selbst.

Oma versucht dem freundlichen Schwarzen zu erklären, dass Ostern ist. Er nickt immer wieder und sagt es anderen weiter. Aber da gibt es andere Leute, die auch ihn nicht verstehen können.

„Leute aus vierzehn Ländern haben sie hier untergebracht", sagt Oma zu Silke. "Und es ist vielleicht eng da drin im Haus! Aber die Menschen sind froh, dass sie in der Freiheit leben dürfen. Deshalb sind sie alle zu uns gekommen!"

Ein langer Zug Menschen geht die Straße entlang bis zu Omas Haus. Silke bemerkt, dass Leute am Fenster hinter den Scheiben stehen, als sie an den Häusern des kleinen Dorfes vorbeikommen. Doch Oma tut so, als würde sie nichts sehen. Sie hat als erste das Gartentürchen erreicht. Sie lacht den Menschen freundlich zu und öffnet es. Mit einer ebenso freundlichen Handbewegung bittet sie alle, doch zu ihr hereinzukommen.

„Ihr müsst suchen!", sagt die Oma zu den Kindern.

„Suchen!", sagt sie zu den Müttern.

„Ostereier suchen! Alles ist gut! Suchen wie deutsche Kinder!"

Da weiß Silke, was sie tun kann. Sie geht suchend im Garten herum und klatscht laut in die Hände, als sie ein Osterei gefunden hat. Sie schwingt sich mit einem Satz auf den Zweig eines kleinen Baumes, der schon im letzten Jahr ihr Kletterbaum war.

„Sucht Ostereier!", ruft sie immer wieder und schwenkt ihr Ei in der Hand.

Da fangen auch bereits andere Kinder an, nach Ostereiern zu suchen. Und die erwachsenen Leute haben anscheinend auch ihren Spaß daran.

Die Augen der Kinder strahlen, denn so etwas haben sie in ihrem Leben nie erlebt. Bald schon hat jedes ein Osterei in der Hand. Doch das Suchen geht noch immer weiter, und alle machen mit. So viele Leute auf einmal waren noch nie in Omas Garten.

Als Oma sicher ist, dass jetzt alle Ostereier gefunden sein müssen, sieht sie nur lachende Gesichter um sich herum. All die fremden Menschen kommen mit ihren Ostereiern auf Silke und Oma zu, geben ihnen die Hand und bedanken sich in ihrer Sprache. Und Oma steht da, lacht und nickt ihnen immer wieder zu.

„Frohe Ostern!", sagt sie.

Die vielen fremden Leute, die Ostereier, das Lachen…Silke spürt, dass sie ein so schönes Osterfest nie vorher erlebt hat.

Als dann die fremden Menschen wieder gehen, stehen Oma und Silke am Gartentor und winken ihnen nach. Sie stehen dort nicht allein. Aus den Häusern ringsherum sind viele Nachbarn gekommen. Sie haben sogar noch Ostereier für die Leute mitgebracht und ihnen geschenkt.

„Viele wissen ja noch nicht einmal, was Ostern ist!", sagt ein Mann nachdenklich.

„Jetzt haben sie zuerst einmal Ostereier kennengelernt!", antwortet Oma froh und zufrieden. „Und das ist schon einmal ein Anfang!"

„Alle Achtung!", sagt der alte Herr Bremer aus der Villa vorn in der Straße und sieht Oma anerkennend an. „Wie Sie das gemacht haben! Das macht Ihnen so schnell keiner nach!"

„Ja, man muss nur einmal draufkommen!", meint Frau Künzel, die immer besonders nett zu Silke ist.

Und Oma wird rot wie ein kleines Mädchen. So freut sie sich.

Da klopft der alte Herr Bremer Silke auf die Schulter und sagt leise zu ihr: „Auf solch eine Oma kannst du stolz sein!"

Und Silke bleibt nichts anderes übrig, als zu nicken, weil ihr plötzlich vor Freude die Tränen in die Augen steigen.

Wichtige Feste

Sandra und Thomas streiten sich über die wichtigsten Feste im Jahr. „Am allerwichtigsten ist Weihnachten", sagt Sandra. „Schon wegen der Weihnachtsgeschenke."

„Geburtstag ist genauso wichtig", ruft Thomas und denkt dabei daran, dass er nächste Woche Geburtstag hat. Der große Wunschzettel liegt bereits auf Papas Schreibtisch.

„Gut, Weihnachten und Geburtstag sind gleich wichtig", stimmt Sandra zu.

„Und dann kommt Ostern", sagt Thomas.

„Ja, Ostern ist auch ganz schön wichtig", meint Sandra, denn die bunten Ostereier isst sie ganz besonders gern.

Danach einigen sich die Kinder noch darauf, dass der Nikolaustag und das Martinsfest auch wichtige Feste sind. Besonders deshalb, weil sie mitten im Winter gefeiert werden und weil sie etwas Geheimnisvolles haben. Thomas erinnert sich auch an die schöne Laterne, die er für den Martinszug gebastelt hat.

„Erntedankfest!", schlägt Sandra noch vor.

„Ja, das ist auch ganz schön wichtig", meint Thomas. „Aber nicht so wichtig wie Geburtstag, Weihnachten und Ostern."
„Und wie ist es mit Pfingsten?", fragt die Mutter, die ihren Kindern aufmerksam zugehört hat.
„Ja, Pfingsten ist eigentlich nicht so wichtig", stellt Thomas fest, nachdem er eine Weile nachgedacht hat.
„Nein, Pfingsten ist nicht so wichtig", fügt Sandra hinzu. „Da gibt es noch nicht einmal lange Ferien."
„Das stimmt", sagt Thomas, der bereits zur Schule geht. „Die Osterferien und Weihnachtsferien sind viel länger."
Die Mutter lacht. Dann sagt sie: „Ohne Pfingsten gäbe es bei uns kein Weihnachten und kein Ostern. Wir würden keines eurer allerwichtigsten Feste feiern. Wir würden nicht einmal wissen, dass es diese Feste gibt."
Keine Weihnachtsgeschenke! Keine Ostereier!
Was soll das mit Pfingsten zu tun haben? Sandra und Thomas wundern sich nur.
„Pfingsten trafen sich die Freunde Jesu. Da schickte Gott sie in alle Welt, um allen Menschen von Jesus zu erzählen. Die Freunde nannten sich Christen nach ihrem Herrn Jesus Christus. Sie erzählten überall von Jesus. Sie erzählten, dass er in einem Stall geboren wurde und später am Kreuz sterben musste und dass er der König der Welt ist."
„Deshalb gibt es Weihnachten und Ostern bei uns?", fragt Thomas mit großen Augen.
„Ja!", lacht die Mutter. „Seitdem gibt es viele Menschen auf der Welt, die Christen heißen – bei uns, in Italien, in Schweden, in Amerika, in Afrika, in Australien, in Asien ... überall auf der Welt."
Jetzt fragt Sandra: „Woran erkennt man denn, dass sie Christen sind?"
„Sie sind getauft", sagt die Mutter. „Sie gehen zur Kirche, sie feiern all die christlichen Feste, die an Jesus Christus erinnern, zum Beispiel Weihnachten und Ostern."
„Und ohne Pfingsten gäbe es bei uns kein Weihnachten und kein Ostern?", fragt Sandra noch einmal.
Als die Mutter nickt, meint sie: „Dann ist Pfingsten doch ein ganz schön wichtiges Fest!"
„Ja, Pfingsten hat alles einmal angefangen", sagt die Mutter. „Die Freunde Jesu zogen in die Welt hinaus und erzählten von ihrem Herrn."

Nicht nur Muttertag!

„Sonntag ist Muttertag!", sagt Frau Wagner und sieht die Kinder ihrer Gruppe erwartungsvoll an. Da schreit bereits Cornelia: „Letztes Jahr haben wir für unsere Mutti extra einen Kuchen gebacken. Mein Vati und ich. Aber dann musste Mutti uns doch helfen, weil es nicht richtig geklappt hat."
„Mein Papa kauft für Mutti immer Blumen", sagt Beate. „Und für die Oma auch!"
„Am Muttertag muss man ganz besonders lieb zu seiner Mutter sein!", meint Lilo.
„Sonst nicht?", fragt Frau Wagner.
Da müssen alle lachen. Die Kinder rufen durcheinander: „Natürlich! Sonst auch immer!"
„Aber man braucht ihr sonst nicht immer etwas zu schenken!", meint Tobias nachdenklich. „Nur zu Weihnachten, zum Geburtstag und zum Muttertag!"
„Warum wollen wir denn zum Muttertag etwas schenken?", fragt Frau Wagner.
„Weil sie immer für uns kocht!" „Weil sie für uns putzt und wäscht!" „Weil sie für uns einkauft!" „Weil sie immer für uns da ist!"
Den Kindern fällt immer noch etwas ein.
„Ich male ihr ein Bild!", sagt Nico.
„Oder ein großes Herz!", schlägt Achim vor.
„So ein Herz zum Aufklappen mit einem Bild drin!" Lotti erinnert sich, dass sie so etwas schon einmal gesehen hat.
„Aber eigentlich müssten es Blumen sein!", sagt Beate nachdrücklich.
„Blumen gehören dazu!"
„Wir könnten ja Blumen aus bunten Karton und Papier basteln!" Frau Wagner weiß genau, wie man das macht.
„Vielleicht auch bunt anmalen!", ruft Helen und will sich sogleich ihre neuen Farbstifte holen, die sie letzten Montag zum Geburtstag bekommen hat.
„Langsam! Langsam!", sagt Frau Wagner. Und dann zeigt sie den Kindern, wie man aus Papier und Pappe wunderschöne Blumen ausschneiden und zusammenkleben kann. Als sie dann Papier und Pappe ausgeteilt hat, sind alle eifrig beschäftigt.
Nur Jan sitzt unschlüssig vor den Sachen und starrt vor sich hin.
„Das kannst du doch!", sagt Frau Wagner leise und holt sich einen Stuhl herbei. „Oder soll ich es dir noch einmal zeigen?"
Jan blickt Frau Wagner von der Seite an. „Das ist nicht gerecht", meint er dann und schiebt das Papier vor sich auf dem Tisch hin und her. Und als Frau Wagner ihn erstaunt und fragend anblickt, sagt er noch: „Mein Vati macht das genauso wie meine Mutti! Warum kriegt er nichts?"
„Weil Muttertag ist!", antwortet Frau Wagner und erinnert sich plötzlich daran,

dass Jan vor ein paar Wochen erzählt hat, dass sein Vater arbeitslos geworden ist. Vorher haben seine Eltern beide gearbeitet, jetzt geht nur noch seine Mutter. Sie ist Verkäuferin in einem großen Kaufhaus.
„Mein Vati kauft ein und kocht!", erzählt Jan. „Er putzt und wäscht. Und dann hat er auch noch viel Arbeit mit meiner kleinen Schwester!"
Frau Wagner nickt. „Dann schenkst du eben deinem Vati am Sonntag die Papierblumen!", sagt sie dann.
„Das ist auch nicht gerecht!", meint Jan nach einer Weile. „Wenn meine Mutti heimkommt, dann hilft sie Vati doch!"
„Hm!", sagt Frau Wagner.
„Das haben sie schon immer so gemacht!", erklärt ihr Jan dann. „Auch als Vati noch Arbeit hatte!"
„Ja, da hast du Recht!", sagt Frau Wagner schließlich und steht auf. „Das ist wirklich nicht gerecht!"
„Hört alle mal zu!", sagt sie darauf ganz laut. Und dann erzählt sie den Kindern all das, was Jan eben gesagt hat.
„Mein Vater hilft auch immer!", ruft Lilo.
„Ohne Vati und sein Auto kann meine Mutter gar nicht alles einkaufen, was wir brauchen!"
Jörg gibt Lilo sogleich Recht. „So viel kann meine Mutter gar nicht schleppen!"
Und dann schreien sie wieder alle durcheinander. Denn jeder will ja nun unbedingt den anderen sagen, dass es bei ihnen zu Hause ganz ähnlich ist. Das können sie einfach nicht auf Vati sitzen lassen!

„Wenn mein Vati Zeit hat, wickelt er sogar mein Brüderchen!", ruft Lotti stolz.
„Und mein Vati kocht jeden Samstag und jeden Sonntag!", ruft Beate noch lauter.
„Mein Vater erst!" Eva springt auf. „Meine Mutti wohnt doch gar nicht mehr bei uns!"
O weh! Frau Wagner ärgert sich über sich selbst, dass sie daran nicht gedacht hat. Sie hält beide Hände hoch und muss plötzlich daran denken, dass gestern, als sie nach Hause kam, ihr Mann bereits da war und das Frühstücksgeschirr schon gespült hatte, das vom Morgen noch auf dem Tisch stand. Sie hatte es sehr eilig gehabt. Als die Kinder endlich still sind, sagt sie: „Ich sehe ja, dass ihr auch alle Blumen für euren Vater basteln wollt! Wir haben ja auch genug Papier und Pappe!"
„Dann feiern wir am Sonntag alle Elterntag", schreit Beate übermütig und freut sich, als die anderen alle zustimmend laut lachen.
Und als Frau Wagner sich neben Jan setzt, beginnt sie auch, eine Blume zu basteln.
„Für meinen Mann!", sagt sie, als Jan sie fragend anblickt. „Einfach so, weil ich ihn lieb habe!"
Jan nickt und arbeitet schweigend weiter. Ja, er kann Frau Wagner gut verstehen.

Kann einer noch den Sommer wecken?

Im Winter und im Frühling hatten sich alle den heißen Sommer herbeigewünscht. Nun brütete aber seit vielen, vielen Wochen die Hitze über dem Land, so dass eigentlich keiner mehr Lust hatte, draußen herumzulaufen oder sich sogar noch in die Sonne zu legen. Die Sonne hatte das Gras auf der Wiese verbrannt. Im Schwimmbad tummelten sich viele Kinder und Erwachsene, um sich hier wenigstens ein bisschen abzukühlen.
Es war heiß! Bereits viele Wochen lang viel zu heiß.
Hoppelheinz, der junge Feldhase, der erst in diesem Jahr geboren war, hockte neben Hoppelhugo, dem alten und klugen Hasenopa, im Gebüsch am Waldrand und wartete darauf, dass es endlich Abend und ein wenig kühler würde.
„Einen so heißen Sommer hatten wir schon lange nicht mehr!", mümmelte der Hasenopa vor sich hin. „Das Gras ist verbrannt, und der Klee hat keinen Saft mehr."
Hoppelheinz nickte betrübt.
„Regnen müsste es endlich einmal!", seufzte Hoppelhugo und blickte sehnsüchtig zum blauen Himmel hinauf. Doch dort war keine einzige Wolke zu sehen.

149

Nur die Sonne brannte heiß und unbarmherzig auf die Erde herab, so dass das Gebüsch den beiden Hasen kaum richtigen Schatten bieten konnte.

„Ist es im Sommer immer so heiß?", fragte Hoppelheinz.

Der Hasenopa schüttelte den Kopf. „Nur dann, wenn der Sommer vor Hitze selbst eingeschlafen ist!", sagte er nach einer Weile.

„Wenn dann nicht einer losgeht und den Sommer aufweckt, dann kann es schlimm werden! Dann verbrennt schließlich alles hier. Das letzte Kleeblatt und der letzte Grashalm!"

„Und wer kann den Sommer wecken?", fragte Hoppelheinz ganz aufgeregt. „Ist schon einer unterwegs?"

„Wer weiß?", mümmelte der Alte vor sich hin. „Wer weiß?" Dann legte er seinen Kopf auf die Pfoten und war bald darauf bereits eingeschlafen.

Hoppelheinz aber konnte nicht schlafen. Er saß hoch aufgereckt neben seinem Großvater und dachte darüber nach, was dieser gesagt hatte. „Einer muss den Sommer aufwecken!", flüsterte er vor sich hin. „Sonst kann es schlimm werden!"

Aber wer konnte das sein? Hoppelheinz war ja noch so jung. Wie sollte er das wissen? Sein Großvater wusste es sicher auch nicht. Sonst hätte er es ihm bestimmt gesagt.

Da hielt es Hoppelheinz nicht mehr länger im Gebüsch aus.

„Ich muss ihm doch Bescheid sagen, wenn ich ihn finde!", flüsterte er seinem Großvater noch zu und sprang dann in weiten Sätzen davon.

Unter den hohen Buchen im Wald wartete die Rehmutter mit Renate, ihrem Rehkitz, auf die Kühle des Abends.

„Einer muss den Sommer wecken!", rief ihnen Hoppelheinz zu, als er sich für einen Augenblick bei ihnen ausruhte. „Kommt ihr mit?"

„Es ist viel zu heiß!", meinte die Rehmutter, doch das Rehkitz war sogleich bereit. „Wer soll den Sommer wecken?", fragte es.

„Weiß ich auch nicht!", antwortete der Hase und machte sich bereits wieder auf den Weg. „Aber ich muss ihn finden!"

„Warte doch!", rief da das Rehkitz und eilte in weiten Sprüngen hinter ihm her. Als sie am Getreidefeld vorbei rannten, hockte Emma, die kleine Feldmaus, traurig vor ihrem Nest.

„Wenn es weiter so heiß bleibt", rief sie ihnen zu, „wird eines Tages noch das ganze Getreidefeld brennen!"

„Ja!", stimmen ihr die beiden gleich zu. „Wenn einer nicht losläuft und den Sommer weckt, dann kann es schlimm werden. Dann verbrennt das letzte Kleeblatt und der letzte Halm!"

„Komm mit!", riefen die beiden. „Wir wollen ihm Bescheid sagen, bevor es zu spät ist."

„Wartet auf mich!", piepste Emma und rannte ihnen nach, so schnell sie nur konnte.
Als sie dann plötzlich auf Ferdy, den jungen Fuchs, trafen, wären sie am liebsten sogleich nach allen Seiten auseinandergelaufen und davongerannt. Doch dafür war es bereits zu spät.
„Warum rennt ihr so?", fragte Ferdy. „Es ist doch viel zu heiß dazu!"
„Es wird noch viel schlimmer werden!", rief Hoppelheinz. „Wenn nicht einer losgeht und den Sommer weckt!"
„Wer soll den Sommer wecken?", fragte Ferdy, der junge Fuchs.
„Wissen wir auch nicht!", antworteten der Hase, das Rehkitz und Emma, die kleine Feldmaus. „Aber wir müssen ihn finden!"
„Dann werde ich es sicher sein!", schnaubte der junge Fuchs.
„Ich bin am schnellsten von euch allen!" Er stellte seinen roten Fuchsschwanz steil in die Höhe und rief: „Auf, folgt mir! Wir werden ihn bald finden!"
Und schon rannte er los. So schnell, dass ihm die anderen kaum folgen konnten.
Sie liefen über sieben Äcker und sieben Wiesen, über sieben Dämme und sieben Brücken, durch sieben Zäune und sieben Wälder, und als sie endlich hinter dem siebten Wald an einen breiten Bach gelangten, über den keine Brücke führte, da waren sie zum Umfallen müde geworden. So ließen sie sich einfach fallen, um ein wenig auszuruhen.
Hoppelheinz spitzte als erster seine Ohren. „Hört ihr das?", fragte er staunend.
Der Bach gluckerte leise vor sich hin. Aber da war noch ein anderes Geräusch, und es kam drüben von den Silberpappeln. Aufmerksam lauschten die Tiere.
„Die Blätter der Silberpappeln bewegen sich!", flüsterte Ferdy, der junge Fuchs, der auch die schärfsten Augen hatte.
Jetzt sahen es auch die anderen.
Und dann strich ihnen ein winziger Windhauch über den Kopf.
Aufgeregt schnupperte Emma, die kleine Feldmaus. „Ein Wind!", rief sie dann glücklich. „Endlich ein frischer Wind!"
Der Wind tat gut, unendlich gut! Sie rekelten sich im Wind und freuten sich, wenn er über ihren Körper strich.
Doch dann rauschten die Blätter der Silberpappeln immer lauter, und der Wind blies stärker und stärker.
Und dann entdeckte das Rehkitz hoch über ihnen die ersten Wolken.
Ja, mit großer Kraft trieb der Wind die Wolken vor sich her.
„Jetzt wird der Sommer geweckt!", rief Hoppelheinz glücklich. Da stand plötzlich Adebar, der alte Storch, neben ihnen. Sie hatten gar nicht bemerkt, dass er herangeflogen war. Er blickte misstrauisch zu den Wolken am Himmel hinauf.
„Der Sommer muss gehen!", sagte er, und seine Stimme klang ein bisschen traurig. „In diesem Jahr wird ihn keiner mehr wecken und halten können!"

„Dafür ist jetzt der Herbst gekommen. Seht nur, schon bringt er mit den Wolken den ersten Regen. Vielleicht noch viel Wind und Sturm dazu!"

Als sie sich umblickten, sahen sie, dass sich die Silberpappeln bereits bogen.

„Ja, so ist das!", nickte der Storch und klapperte ein paarmal mit seinem Schnabel.

„Bald werden die Menschen das Korn auf den Feldern mähen und dreschen. Sie werden die Kartoffeln aus den Äckern graben und die Äpfel und Pflaumen im Garten pflücken. Das wird noch eine schöne Zeit werden. Aber dann…"

„Was dann?", fragten ihn die jungen Tiere aufgeregt. Sie waren ja erst in diesem Jahr geboren worden und wussten noch so wenig.

„Dann wird irgendwann der Winter hier einziehen mit Eis und Schnee. Dann wird es schwierig für euch werden, etwas zum Fressen zu finden. Nur die Maus hat es gut! Sie wird ein paar Vorräte sammeln und dann in der Erde so lange schlafen, bis es draußen wieder warm wird."

„Und du?", fragten ihn die jungen Tiere.

„Ich werde verreisen!", antwortete der Storch und klapperte ein paarmal kräftig mit dem Schnabel. „In den Süden, wo es warm ist. Aber wenn hier der Frühling wieder einzieht, komme ich zurück. Ganz bestimmt!"

Er nickte den Tieren noch einmal zu, dann breitete er seien Flügel weit aus und flog über den Bach davon.

„Du hast den Falschen geweckt!", sagte da Hoppelheinz ärgerlich zu Ferdy, dem jungen Fuchs.

„Jetzt ist es mit dem Sommer aus, und der Herbst ist da!"

„Warte nur, dich kriege ich!", rief da der Fuchs böse und rannte auf Hoppelheinz zu. Doch der junge Hase war schneller, ebenso Emma, die Maus, und das Rehkitz. Nach allen Seiten rannten sie davon und der Fuchs kriegte keines zu fassen.

Als später dann Hoppelheinz neben seinem Großvater im Gebüsch hockte, das ihnen Schutz vor dem Regen bot, freute sich der Alte. „Der Regen tut dem Klee gut!", sagte er zufrieden. „Endlich wird uns unser Futter wieder schmecken."

„Aber der Fuchs hat den Falschen geweckt!", meinte Hoppelheinz traurig.

Der alte Hase schüttelte den Kopf. „Nein!", sagte er dann. „Der Herbst ist jetzt dran. Es ist Jahr für Jahr dasselbe. Ein ewiges Kommen und Gehen!"

Aber das verstand Hoppelheinz nicht mehr. Schließlich war er ja erst in diesem Jahr geboren worden und würde alles selbst noch erleben.

Heidelbeeren pflücken

Heiko geht mit Hanni Heidelbeeren pflücken. Oma hat ihnen einen großen Eimer und zwei Becher mitgegeben. Einen Becher für Heiko und einen für Hanni. Zuerst werden die Becher vollgepflückt und dann in den großen Eimer ausgeleert. Im Wald hinter Omas Haus wachsen jetzt die besten Heidelbeeren.
„Oma backt Heidelbeerkuchen!", sagt Heiko. „Heidelbeerkuchen mag ich gern!"
„Ja", sagt Hanni, „nun pflück mal tüchtig, damit Oma genug Heidelbeeren für den Kuchen hat!"
Heiko setzt sich zwischen die Heidelbeerbüsche und stellt seinen Becher vor sich auf die Erde.
„Oma backt auch Heidelbeertorte!", sagt Heiko nach einer Weile. „Heidelbeertorte mag ich gern!"
„Pflück mal tüchtig!", sagt Hanni. „Damit Oma auch genug Heidelbeeren dafür hat."
Heiko seufzt und stöhnt beim Pflücken. Hanni ist schnell. Sie leert bald ihren ersten vollen Becher in den großen Eimer aus.
„Heidelbeeren mit Zucker mag ich auch gern!", sagt Heiko nach einer Weile. „Magst du auch Heidelbeeren mit Zucker?"
„Ja, mag ich gern!", sagt Hanni. „Aber nun pflück mal tüchtig, damit Oma genug Heidelbeeren hat!"
„Und Heidelbeeren mit Zucker und Milch mag ich gern!", sagt Heiko.
„Du auch, Hanni?"

„Mag ich auch!", sagt Hanni. „Wie viele Heidelbeeren hast du denn schon? Ist dein Becher bald voll?"

„Ich kann immer noch den Boden sehen!", sagt Heiko leise.

„Dann pflück mal tüchtig", sagt Hanni, „damit Oma genug Heidelbeeren hat!" Sie leert bereits den zweiten Becher in den großen Eimer aus.

„Heidelbeermarmelade mag ich auch gern!", sagt Heiko nach einer Weile. „Magst du Heidelbeermarmelade auch gern?"

„Ja, mag ich gern!", sagt Hanni.

„Und Heidelbeergelee?", fragt Heiko.

„Kenn' ich nicht", sagt Hanni, „schmeckt aber sicher auch gut! Oma braucht viele Heidelbeeren dazu. Hast du denn jetzt deinen Becher voll?"

„Bald!", sagt Heiko. „Ich kann nur noch ein bisschen vom Boden sehen!"

„Pfannkuchen mit Heidelbeeren mag ich gern!", sagt Heiko nach einer Weile. „Magst du auch Pfannkuchen mit Heidelbeeren?"

Hanni gibt ihm keine Antwort mehr.

„Hanni?"

Hanni schweigt ärgerlich.

„Hanni, magst du auch Pfannkuchen mit Heidelbeeren?", wiederholt Heiko.

„Jetzt pflück endlich!", sagt Hanni böse. „Ich habe jetzt schon den vierten Becher in den Eimer ausgeleert!"

„Fein!", sagt Heiko. „Heidelbeerpudding mag ich auch gern!"

Und weil Hanni wieder nicht antwortet, begibt er sich erneut seufzend an das Pflücken.

„Mein Becher ist bald voll!", sagt Heiko nach langer Zeit glücklich. „Jetzt kann ich den Boden nicht mehr sehen!"

„Komm her!", sagt Hanni. „Schütte ihn in den Eimer. Der Eimer ist voll, und Oma wird sich freuen!"

Da schüttet Heiko die Heidelbeeren aus seinem kleinen Becher in den großen Eimer und wundert sich, dass man nicht erkennen kann, wie viele jetzt aus seinem Becher auf einmal noch dazugekommen sind.

Der Eimer ist schwer. Er ist bis zum Rand voll Heidelbeeren.

„Ich trage den schweren Eimer!", sagt Heiko stolz und nimmt ihn Hanni aus der Hand.

„Kannst du das wirklich?", fragt Hanni ein bisschen ängstlich.

„Ich bin doch schon groß!", sagt Heiko und stapft mit großen Schritten durch den Wald. Hanni kommt hinter ihm her.

„Heidelbeereis mag ich auch gern!", sagt Heiko und vergisst, vor sich auf die Erde zu sehen. So sieht er natürlich auch die große Baumwurzel direkt vor seinen Füßen nicht. Und weil Heiko mit dem Eimer stolpert und fällt und weil all die vielen schönen Heidelbeeren nun überall verstreut herumliegen, gibt es heute

keinen Heidelbeerkuchen,
keine Heidelbeertorte,
keine Heidelbeeren mit Zucker,
keine Heidelbeeren mit Zucker und Milch,
keine Heidelbeermarmelade,
keinen Heidelbeergelee,
keinen Heidelbeerpudding
und kein Heidelbeereis.
Es gibt heute nur Pfannkuchen mit frischen Heidelbeeren.
Dafür haben die Heidelbeeren noch gereicht, die Hanni mühsam wieder vom Waldboden in den Eimer aufgesammelt hat.
Aber das macht nichts.
„Pfannkuchen mit Heidelbeeren mag ich gern!", verkündet Heiko laut. „Eigentlich mag ich Pfannkuchen mit Heidelbeeren am allerliebsten!"

Torsten und der Nikolaus

Alle haben den Nikolaus schon einmal gesehen. Oma und Opa, Tante Monika und Onkel Rainer. Und Mama und Papa natürlich auch. Nur Torsten hat ihn noch nie gesehen.
Letztes Jahr hat der Nikolaus Torsten einen Teller mit Plätzchen und ein wunderschönes Auto zum Spielen gebracht.
Torsten konnte ihn aber leider nicht sehen.
Still und heimlich hat er alles im Wohnzimmer auf den Tisch gestellt.
„Wo wohnt der Nikolaus?", fragt Torsten und möchte ihn gern besuchen.
„Im Weihnachtswald", sagt die Oma und schmunzelt.
„Wo ist der Weihnachtswald?"
Das weiß Oma auch nicht.
Wie soll Torsten dann aber zum Weihnachtswald kommen?
„Vor langer Zeit hat der Nikolaus in der Türkei gelebt", sagt der Opa. „Er war ein herzensguter Bischof und hat vielen armen Menschen geholfen."
Papa nickt. „Ja, ja, er war Bischof von Myra", sagt er. „Das ist eine Stadt in der Türkei."
„Und jetzt", fragt Torsten, „wo wohnt er jetzt?"
„Vielleicht in Russland", sagt Onkel Rainer.
„Jetzt wohnt er so weit weg, dass er nur einmal im Jahr zu uns kommen kann", meint Mama. „Und dann hat er es immer sehr eilig, weil er so viele Kinder besuchen will."

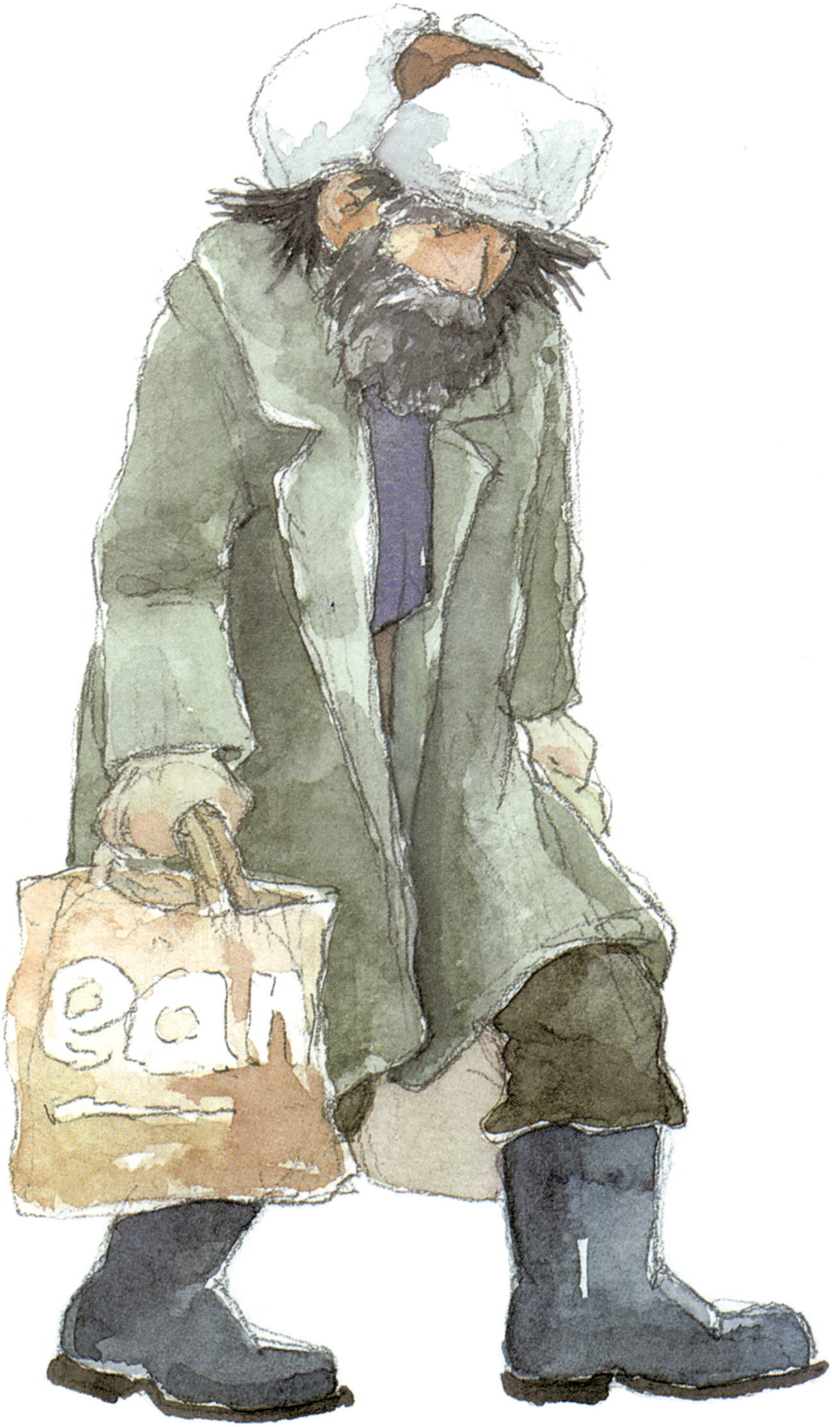
ear

„Deshalb hast du ihn auch noch nicht gesehen." Opa streicht Torsten über den Kopf. „Mach dir nichts daraus!"
„Und er muss so viel tun, da hat er nur wenig Zeit", meint Tante Monika.
„Für mich hat er bestimmt Zeit", sagt Torsten tapfer. „Ich muss ihn nur finden!"
Beim Abendessen erzählen Mama und Papa von den Leuten, die kürzlich in das Haus am Ende der Straße eingezogen sind. Es sind Aussiedler aus Russland, deutsche Familien, deren Großeltern und Urgroßeltern bereits in Russland gelebt haben. Jetzt wollen sie wieder hier in Deutschland wohnen.
Sie sprechen etwas anders als wir. Wir müssen uns oft richtig Mühe geben, um sie zu verstehen.
Die Eltern erzählen sich oft von Dingen, die Torsten nicht versteht. Und meistens hört er auch gar nicht zu. Als aber von Russland gesprochen wird, da spitzt Torsten doch die Ohren. Er muss sofort daran denken, was Onkel Rainer heute Nachmittag gesagt hat.
„Aus Russland?", fragt er.
Papa nickt.
„Ist der Nikolaus auch dabei?", fragt Torsten.
Da lachen Mama und Papa, und Mama schüttelt den Kopf. „Ganz bestimmt nicht, Torsten", sagt sie.
Vielleicht wissen es Mama und Papa nur nicht, denkt Torsten. Und er nimmt sich vor, einmal genau aufzupassen, wer alles in dem Haus wohnt. Vielleicht weiß ja nur Onkel Rainer, dass der Nikolaus aus Russland kommt.
Torsten darf morgens schon ganz allein zu dem Laden an der Ecke gehen. Er muss nicht über die Straße und kann immer auf dem Bürgersteig bleiben. Manchmal holt Torsten Brötchen oder Milch, manchmal auch Butter oder Käse. In dem Laden gibt es alles, was Mama ihm auf den Zettel schreibt. Torsten ist stolz, dass er bereits allein einkaufen kann. Und Mama ist stolz auf Torsten.
Heute aber läuft Torsten an dem Laden vorbei bis zu dem Haus am Ende der Straße. Er wartet eine Weile vor dem Haus. Aber er sieht niemanden, der dort wohnt.
Auch am nächsten Tag trifft er nur Frau Schnell und die alte Oma Bröckelmann, die dort jeden Morgen zwei Stück Kuchen kauft.
Aber als Torsten am dritten Tag gerade aus dem Laden kommt, da sieht er den Nikolaus ein paar Häuser weiter. Er geht langsam und gebückt, er hat einen dicken Mantel an und eine altmodische Mütze auf dem Kopf.
Das muss der Nikolaus sein, denkt Torsten, wenn er sich auch ein bisschen über die Plastiktüte wundert, die der Nikolaus mit sich schleppt. Auf den Bildern in seinem Bilderbuch trägt der Nikolaus immer einen Sack.
Mit den Brötchen, der Butter und der Teewurst in seinem kleinen Einkaufskorb rennt Torsten sogleich hinter dem Nikolaus her.

Das Wechselgeld in seinem Korb klingelt dabei leise, weil es hin und her geschleudert wird.
„Nikolaus!", ruft Torsten und versucht, den alten Mann einzuholen. Als er ihn erreicht hat, packt er ihn hinten am Mantel fest.
„Hallo, Nikolaus!", sagt er noch einmal.
Da bleibt der Mann stehen und dreht sich zu Torsten um.
„Hm?", fragt der Mann. Er spricht etwas in einer Sprache, die Torsten nicht versteht. Und besonders freundlich sieht der Nikolaus auch nicht aus.
„Kommst du aus der Türkei?", fragt Torsten mutig. „Oder aus Russland?"
Er blickt dem alten Mann ins Gesicht. Eigentlich hat er sich den Bart ganz anders vorgestellt. Nicht so schwarz und zottelig, sondern lang und weiß mit vielen zarten Locken.
„Rrrrrusslaand!", sagt der Mann und rollt das Wort dabei so, wie es Torsten noch nie im Leben gehört hat.
Also doch aus Russland! denkt Torsten. Das muss der Nikolaus sein!
Aber was kann man dem Nikolaus jetzt noch sagen?
Torsten überlegt krampfhaft und ist richtig froh, dass ihm plötzlich das Lied wieder einfällt, das er erst kürzlich im Kindergarten gelernt hat. Er hat es zu Hause vorgesungen. Papa und Mama hat es gefallen. und Oma und Opa auch. Vielleicht gefällt es auch dem Nikolaus.
Und so stellt Torsten seinen Korb an den Gartenzaun.
Er nimmt den Nikolaus an beiden Händen und beginnt mit unsicherer Stimme zu singen: „Lasst uns froh und munter sein und uns recht von Herzen freun!"
Zuerst blickt ihn der alte Mann verwundert an. Dann huscht ein Lächeln über sein Gesicht. Jetzt nickt er dem kleinen Jungen freundlich zu und stampft mit seinen Füßen den Takt zu dem Lied.
Torsten kennt nur eine Strophe des Liedes. Die anderen müssen sie erst noch im Kindergarten lernen. Deshalb singt er die eine Strophe gleich zweimal, weil er so glücklich ist, dass er endlich den Nikolaus gefunden hat.
Nachdem Torsten aufgehört hat zu singen, streicht ihm der alte Mann über das Haar. Und da sieht Torsten, dass er Tränen in den Augen hat. Genauso wie Oma, als Torsten ihr letzten Monat ein Lied zum Geburtstag vorgesungen hat. Er hatte es mit Mama extra für Omas Geburtstag gelernt. „Gutt! Gutt!", sagt der Nikolaus schließlich und greift mit seiner Hand in die Plastiktasche. Er holt einen dicken Apfel heraus und schenkt ihn Torsten.
„Danke, Nikolaus!", sagt Torsten und strahlt.
Torsten steht lange da mit dem Apfel in der Hand und blickt dem alten Mann nach, der mit langsamen Schritten und mit der Plastiktüte in der Hand auf das letzte Haus in der Straße zugeht.
Dann nimmt Torsten seinen Korb und rennt so schnell er kann nach Hause.

„Ich hab den Nikolaus getroffen!", ruft er glücklich.
Und als Mama ihn ganz komisch anblickt und anscheinend nichts, aber auch gar nichts versteht, greift Torsten in seinen Korb und hält ihr den Apfel unter die Nase. „Den hat er mir geschenkt", schreit er. „Der Nikolaus!"
„So", sagt Mama nur immer wieder und wiegt den Apfel in ihrer Hand.
Am Abend aber schellt es. Als Torsten die Tür öffnet, steht tatsächlich der Nikolaus vor ihm. Und er sieht genauso aus, wie Torsten ihn aus seinem Bilderbuch kennt.
Es ist schön, wunderschön, dass der Nikolaus endlich auch zu Torsten gekommen ist. Und so wagt Torsten es nicht, ihn nach heute Morgen zu fragen.
Später, als der Nikolaus längst wieder gegangen ist, erzählt Mama die Geschichte mit dem Apfel.
„Und es war wirklich unser Nikolaus?", fragt Papa.
„Er hat ganz anders ausgesehen", sagt Torsten nur.
„Und er kam aus Russland!"
Da nimmt Papa den kleine Torsten in den Arm und nickt ihm zu.
„Ja, ja", sagt er schließlich. „Der Nikolaus hat viele Helfer. Allein würde er es niemals schaffen, so vielen Kindern eine Freude zu machen."
„Genauso ist es", sagt Mama und nickt.

Wenn Bulu etwas zu essen hätte

Wieder hatte die Sonne den ganzen Tag über heiß gebrannt. Wieder hatten sie alle um Regen gebetet: Bulu, seine beiden Schwestern und seine drei Brüder. So hatten sie bereits seit vielen Wochen gebetet. Aber Tag für Tag hatte die Sonne weiter auf die Erde gebrannt. So war das Getreide auf den Feldern verdorrt. Und die Kühe fanden auch kein Futter mehr.
Zwei Kühe hatten Bulus Eltern einmal besessen. Das war lange her. Beide Kühe waren nacheinander elend eingegangen, weil niemand mehr Futter für sie hatte.

Schlimmer noch: Das Wasser war den Menschen so knapp geworden, dass es ganz sorgfältig aufgeteilt werden musste. Wenn es nicht bald regnete, dann würde der kleine Brunnen am Ende ganz versiegen. Am Brunnen stand immer ein Mann, der genau aufpasste, dass jede Familie nur einen ganz geringen Teil von dem Wasser erhielt. Die Eimer, die aus dem Brunnen heraufgezogen wurden, waren längst nicht mehr bis zum Rand gefüllt.
Und wer wusste schon, ob es morgen regnen würde. Morgen? Oder übermorgen ... oder erst in einem Monat.
Gestern hatte Bulus Mutter noch etwas Brei für alle gehabt, bevor sie sich zum Schlafen hinlegten. Aber Bulu hatte wohl bemerkt, dass sie selbst nichts davon gegessen hatte. Und heute hatte es nichts zu essen gegeben. Nicht am Morgen, nicht zu Mittag und auch nicht jetzt vor dem Schlafengehen.
Die Mutter hatte geweint, als ihre Kinder immer wieder um Essen gebettelt hatten.
Heute hatten sie den kleinen Lobo aus seiner Hütte herausgetragen. Er war noch nicht einmal vier Jahre alt. Und er hatte sieben ältere Geschwister. Lobo hatte vor Hunger sterben müssen. Seine Mutter war vor ihm gestorben. Bereits in der vorigen Woche. Jetzt weinten die Kinder dort drüben in der Hütte laut.
Wenn es morgen regnen würde, dachte Bulu, wird der Brunnen wieder Wasser haben. Dann werden die Wiesen wieder grün werden, dann wird das Getreide wieder auf den Feldern wachsen können. Dann werden wir alle wieder satt werden.
Aber es würde lange dauern, bis sich das Land von der großen Trockenheit erholt hätte. Morgen würde Bulu auch noch nichts zu essen haben. Er nicht, seine Geschwister nicht. Keiner hier im Dorf.
Aber heute hatten sie davon erzählt, dass vielleicht morgen ein Lastwagen kommen würde. Ein Lastwagen, voll beladen mit Mehl und Trockenmilch, mit Wasser und vielen Lebensmitteln. So viele Lebensmittel, dass es für alle reichen würde.
Menschen in einem anderen Land hätten die Lebensmittel zu ihnen nach Afrika geschickt.
Die Erwachsenen erzählen davon. Sie hofften so sehr darauf und fürchteten, dass morgen doch kein Lastwagen kommen würde.
Schon in der letzten Woche hatten sie auf ihn gewartet. Und bereits viele Wochen vorher. Aber wenn jetzt keine Hilfe käme, dann wäre es zu spät. Dann würden noch mehr Menschen sterben. Kinder und Erwachsene. Noch einmal faltete Bulu seine Hände.
„Gott!", sagte er leise und schluchzte vor Hunger. „Gott, lass sie uns nicht vergessen. Hilf uns doch! Schicke doch morgen den Lastwagen mit den Lebensmitteln zu uns! Wir müssen sonst alle vor Hunger sterben."

Martin und sein Pferd

In der Schule wurde wieder einmal die Geschichte von Sankt Martin und dem Bettler erzählt.
Weil Frau Kremke es besonders schön machen will, soll alles auch noch einmal gespielt werden.
Eva und Niko bilden mit ausgestreckten Händen ein Dach, und Ulrike stellt sich in dieses Haus hinein. So werden noch viele Häuser gebaut. Gernot würde aber lieber eine größere Rolle als ausgerechnet ein Haus spielen. Aber Frau Kremke hat bereits Michael dazu bestimmt, den Bettler zu spielen, der nun von Haus zu Haus geht und überall abgewiesen wird. Am Ende sinkt er hungrig und verzweifelt in den Schnee.
„Du bist jetzt der Martin!", ruft Frau Kremke und nimmt Harald am Arm. „Ihr habt doch alle Anoraks draußen hängen", sagt sie dann. „Holt mal zwei herein, die sich ganz ähnlich sind!"
„Ich habe denselben wie Lilo", schreit Anne und macht sich bereits auf den Weg zur Tür.
„Den gleichen", verbessert Frau Kremke.
„Sag ich doch." Anne lacht und kommt gleich darauf mit beiden Anoraks zurück.
Frau Kremke hängt beide Harald um die Schulter.
„Wenn du zu dem Bettler kommst", sagt sie, „musst du so tun, als würdest du den Mantel mit dem Schwert teilen. Dann gibst du den einen Anorak dem Bettler und hängst dir den anderen wieder um."

Harald nickt. „Ich brauche noch ein Pferd", erklärt er. „Natürlich", sagt Frau Kremke und hat das Pferd bereits von seinem Stuhl gezogen. „Bück dich", sagt sie, „damit der heilige Martin aufsteigen kann!"

Doch das Pferd ist störrisch. Es bückt sich nicht. Kerzengerade bleibt es stehen, auch als Frau Kremke es hinunterdrücken will.

„Was hast du denn?" Frau Kremke sieht den Jungen erstaunt an. „Alle machen mit, und du spielst auf einmal den Spielverderber!"

„Ich spiele überhaupt nicht mehr mit!", schreit der Junge und würde sich am liebsten auf die Erde werfen.

„Ist gut", sagt Frau Kremke ganz ruhig. „Jeder hat mal einen schlechten Tag." Sie lässt ihn los und sucht sich darauf den dicken Camillo als Pferd aus.

„Du bist doch hoffentlich stark genug?", fragt sie.

Camillo ist gern bereit, den Heiligen auf seinen Rücken zu nehmen.

Der Spielverderber hat sich wieder auf seinen Platz gesetzt.

Sein Nachbar stößt ihn an. „Was hast du denn?"

Lange hört er keine Antwort. Dann endlich flüstert es neben ihm: „Das kann sie doch mit mir nicht machen!"

„Was?"

„Er heißt Harald und spielt den Martin."

„Was hast du denn dagegen?"

„Ich heiße Martin und soll das Pferd spielen!"

„Na und?"

„Ich bin doch kein Esel!"

Frau Kremke dreht sich zu den beiden Jungen um. „Wenn du schon nicht mitspielen willst, kannst du wenigstens still sein und zusehen, Martin Thamer", sagt Frau Kremke.

„Er ist doch kein Esel", sagt sein Nachbar. Und Martin tritt ihm dankbar gegen das Bein.

Rabeas Laterne

„Aber bis Sankt Martin bin ich doch wieder gesund!", sagt Rabea, als Doktor Fabian gegangen ist. Er hat Rabea gründlich untersucht und Saft und Tabletten aufgeschrieben, die Mama nachher noch in der Apotheke besorgen muss.

Mama zuckt mit den Schultern. „Vielleicht!", sagt sie. „Vielleicht auch nicht! Aber bis dahin hast du ja noch Zeit, um wieder ganz gesund zu werden."

Am Abend hat Rabea so hohes Fieber, dass sie gar nicht mehr an Sankt Martin denkt. Sie mag nichts essen und schläft immer wieder ein.

„Schlaf ist am besten!", meint Papa, als er am Abend kommt und nach Rabea sieht. Er sitzt lange an Rabeas Bett, und Rabea merkt es noch nicht einmal. „Schlaf dich gesund!", sagt Papa endlich leise und geht auf Zehenspitzen aus dem Zimmer.
Am nächsten Tag geht es Rabea genauso schlecht, und auch Doktor Fabian kommt wieder, um nach ihr zu sehen.
„Geben Sie ihr regelmäßig die Medizin!", sagt er zu Mama, als er geht. „Ich komme übermorgen wieder vorbei."
Es dauert fast eine Woche lang, bis Rabea wenigstens für kurze Zeit einmal aufstehen darf. Und nun darf sie zum Essen auch wieder mit Mama und Papa am Tisch sitzen und muss nicht allein im Bett essen, wo die Krümel pieken und es überhaupt nicht mehr schön ist.
Aber in den Kindergarten darf Rabea noch lange nicht. Noch nicht einmal Mama beim Einkaufen begleiten! Das ist ganz schön langweilig.
Und übermorgen ist Sankt Martin.
Immer wieder muss Rabea an ihre schöne Laterne denken, die sie extra für den Laternenzug am Martinstag gebastelt hat. Frau Riegner hat ihr dabei geholfen und gesagt, dass es fast die schönste Laterne von allen geworden ist.
Und jetzt steht die schöne Laterne allein und verlassen im Kindergarten und wartet darauf, dass Rabea die Kerze in ihr ansteckt und mit ihr und all den anderen Kindern mit ihren Laternen beim Laternenzug mitgeht. Rabea muss sich ein paar Tränen aus den Augen wischen, wenn sie nur daran denkt.
„Nein, übermorgen darfst du noch nicht nach draußen!", sagt Mama. „Das ist noch viel zu früh. Stell dir vor, du kriegst dann einen Rückfall! Dann wird alles noch schlimmer, als es schon war!"
Natürlich hat Mama recht! Rabea versucht auch tapfer, ihren Schmerz zu verdrängen. Aber Mama weiß genau, was sie fühlt. Sie legt den Arm und Rabea und tröstet sie.
„Nächstes Jahr bist du bestimmt wieder dabei!"
„Nächstes Jahr bin ich schon in der Schule!", sagt Rabea leise und traurig. „Wer weiß, ob wir dann beim Laternenzug noch mitmachen!"
Mama denkt nach und erinnert sich plötzlich. „Du, der Zug geht doch durch unsere Straße", sagt sie. „Dann kannst du ihn doch von unserem Fenster aus sehen. Sie gehen ja dann alle gerade unter dir! Da siehst du noch viel mehr von dem Zug und den Laternen, als wenn du mittendrin wärst!"
Doch Rabea möchte viel lieber mittendrin sein als nur hier vom Fenster herunter auf den Zug schauen.
Mama ist genauso traurig wie Rabea, aber sie kann ihr auch nicht helfen.
„Dann machen wir es uns übermorgen ganz besonders gemütlich!", sagt sie und verspricht Rabea, morgen mit ihr wirklich Weihnachtsplätzchen zu backen.

Weihnachtsplätzchen, obwohl es noch lange, lange nicht Weihnachten ist.
Und bald wird Rabea auch wieder gesund sein.
Am späten Nachmittag des Martinstages, als es draußen schon dunkel wird, hocken Rabea und Mama am Fenster. Mama hat die große Kiste vor das Fenster geschoben. So können beide ganz bequem darauf knien und aus dem Fenster sehen.
Sie warten lange.
Aber dann hört es Rabea zuerst: ein Singen und Klingen aus der Ferne, ein Laternenlied von weit, weit her.
Aber dann kommen sie näher, und nun kann Rabea bereits den Sankt Martin auf seinem Pferd sehen. Er kommt um die Ecke geritten, und viele Kinder mit ihren hell leuchtenden Laternen folgen ihm.
„Einen Spaltbreit können wir das Fenster aufmachen!", sagt Mama, und dann macht sie es doch so weit auf, dass Rabea richtig hinunter auf die Straße gucken kann.
Rabea hört die Kinder singen. Es ist ein langer Laternenzug, der hinter Sankt Martin herzieht.
Jetzt sieht Rabea plötzlich Stefanie und Andreas unter sich auf der Straße, und Tim und Simone sind auch dabei. Und dort drüben geht auch Frau Riegner. Rabea wundert sich nur.
Frau Riegner trägt eine Laterne, die Rabea nur zu gut kennt: Rabeas Laterne.
Dann hält der Zug an, und alle Kinder schauen nach oben zu Rabeas Fenster hinauf. Sie winken ihr zu und schwenken ganz vorsichtig ihre Laternen hin und her.
„Jetzt singen wir ein Lied für dich!", ruft Frau Riegner hinauf, als sie Rabea am erleuchteten Fenster entdeckt.
„Ja, ein Lied für Rabea!", rufen die Kinder durcheinander.
Und dann singen sie: „Ich geh mit meiner Laterne…"
Das ist schön! Rabea freut sich so sehr, dass sie gar nicht hört, als es an der Wohnungstür läutet.
Doch Mama hat es gehört und geht zur Tür. Als sie zurückkommt, bringt sie Frau Riegner mit. Und Frau Riegner ist extra zu ihnen heraufgekommen, um Rabea ihre Laterne zu bringen.
Rabea freut sich so sehr, dass sie Frau Riegner einmal ganz fest drücken muss.
Frau Riegner hat nur wenig Zeit. Sie muss schnell wieder hinunter zu den anderen Kindern.
„Du bist ja bald wieder gesund!", sagt sie, als sie geht. „Und dann sehen wir uns wieder jeden Tag im Kindergarten."
„Einen Augenblick noch!", ruft ihr da Mama nach und holt aus der Küche ein ganzes Körbchen voll frisch gebackener Plätzchen.
„Nehmen Sie das für die Kinder mit!"

Und dann sieht Rabea oben aus ihrem Fenster zu, wie Frau Riegner die Plätzchen verteilt, die Rabea gestern mit Mama gebacken hat.
Die Kinder winken ihr zu, und Rabea winkt zurück. Sie ist so richtig glücklich.
Jetzt setzt sich der Zug wieder in Bewegung, und Rabea schaut den Kindern mit ihren Laternen so lange nach, wie sie sie noch sehen kann.
Dann schließt Mama das Fenster.
„Nächste Woche kannst du sicher wieder in den Kindergarten gehen!", sagt sie, und Rabea streicht ganz behutsam über ihre Laterne und freut sich.

Barbarazweige

„Kommst du mit in den Garten?", fragt Vati und zieht seine dicke Winterjacke an.
„Jetzt?" Jule wundert sich. „Mitten im Winter?"
Vati stellt die große Vase, in der im Frühling die Tulpen stehen, auf den Tisch im Wohnzimmer.
„Es gibt doch jetzt keine Blumen in Garten!", sagt Jule und schüttelt den Kopf.
„Komm doch einfach mal mit!", lacht Vati und hält Jule ihre Jacke so hin, dass sie ganz bequem hineinschlüpfen kann.
Sie müssen durch den Keller gehen, weil Vati unbedingt noch die Rosenschere braucht, die dort im Regal liegt.
„Im Winter gibt es doch keine Rosen!" Jule lacht laut.

Doch Vati nimmt die Rosenschere, öffnet die Kellertür und geht schnurstracks in den Garten hinein. „Komm!", sagt er drängend, als er sieht, dass Jule unschlüssig in der Kellertür stehenbleibt. „Du kannst mir helfen!"

Als es warm war und die Rosen im Garten blühten, da durfte Jule keine Rose abschneiden. Nicht eine einzige. Und die Rosenschere durfte sie nicht einmal in die Hand nehmen.

Aber jetzt steht Vati unter dem Apfelbaum und hält Jule doch wirklich die Rosenschere hin. Kein einziges Blatt ist mehr am Baum. Trostlos steht er da mit seinen nackten Ästen und Zweigen.

Vati greift nach einem Zweig, der über den Zaun zum Nachbarn hin gewachsen ist, und hält ihn ganz behutsam vor Jule hin. „Du musst ganz fest drücken!", sagt er und zeigt Jule, wo sie den Zweig mit der Rosenschere abschneiden soll.

Jule gibt sich große Mühe. Sie muss fest drücken, und das ist gar nicht so leicht. Aber sie schafft es.

„Den auch noch!", meint Vati und hält noch einen Zweig so hin, dass Jule wieder mit der Rosenschere schneiden kann. Der Zweig ist etwas dünner. Da geht es gleich viel leichter.

„Noch einen?", fragt Jule und schaut hoch in den kahlen Apfelbaum hinein. Doch Vati schüttelt den Kopf. „Zwei reichen!"

Er nimmt Jule die Rosenschere aus der Hand und hebt die beiden Zweige auf. Jule darf sie ins Haus tragen.

„Es sind aber keine Rosen", sagt sie, „nicht einmal richtige Blumen."

„Es sind Barbarazweige!", lacht Papa. „Und Weihnachten werden sie blühen."

Noch nie im Leben hatte Jule so etwas gehört. Aber sie hilft doch, die Vase auf dem Tisch mit Wasser zu füllen, und dann darf sie die beiden Zweige hineinstellen. Das Wasser ist ein bisschen warm.

„Siehst du, die Sonne scheint auch im Winter in unser Zimmer hinein!", sagt Vati und stellt die Vase mit den Zweigen genau dorthin, wo sie von den Sonnenstrahlen erreicht werden kann. „Und jetzt müssen wir warten", sagt er dann.

„Wie lange?", fragt Jule.

„Bis Weihnachten!", antwortet Vati. „Dann werden sie blühen."

Seltsam ist das schon mit diesen Barbarazweigen. Jule wartet von einem Tag zum anderen. Jeden Morgen schaut sie nach. Doch da tut sich nichts. „Wir müssen noch warten!", sagt Vati nur.

Aber dann sind plötzlich kleine Knospen da, die Jule vorher noch nicht bemerkt hat. Und winzige Blätter kommen heraus, frisch und grün. Die Knospen werden größer und größer. Und dann, als Vati den Zweigen frisches Wasser gibt, freut er sich so, dass er ganz laut nach Jule ruft.

Die Knospen sind aufgesprungen und haben sich weit geöffnet. Da kann Vati Jule die winzigen Blüten zeigen, die wie in einem Bettchen in der Knospe liegen.

„Wenn Weihnachten ist…", sagt Jule.
„Hmhm!" Vati nickt. „Pass auf, dann werden sie richtig blühen!" Blumen mitten im Winter! Blüten an den Barbarazweigen. Da hat Jule noch einen Grund mehr, sich auf Weihnachten zu freuen.

Wie war das mit dem Apfel?

„Wie war das mit dem Apfel?", fragt Papa.
Es gibt nichts Schöneres, als mit Papa Geschichten zu erfinden.
„Er hing mit vielen anderen Äpfeln am Apfelbaum!", meint Uschi. „In einem großen Garten, in dem viele Apfelbäume standen."
Papa nickt. „Und dann kamen Leute und pflückten die Äpfel!"
„Sie wollten Apfelgelee kochen!", sagt Kevin.
„Uh! Apfelgelee!", erzählt Papa. „Zu Apfelgelee wollte unser schöner Apfel nicht werden! Er war der schönste Apfel weit und breit. So schön, dass ihn glatt eine Apfelsine geheiratet hätte. Deshalb versteckte er sich hinter einem Blatt, und keiner konnte ihn finden!"
„Können Äpfel heiraten?", fragt Hanno.
Papa schüttelt den Kopf. „Aber Apfelmus kann man aus ihnen machen!"
„Uh, Apfelmus!", ruft Uschi. „Zu Apfelmus wollte unser schöner Apfel auch nicht werden!"
„Deshalb versteckte er sich hinter einem Blatt!", sagte Papa. „Und keiner konnte ihn finden!"
„Da pflückten die Leute wieder Äpfel!", erzählt Kevin. „Sie wollen Apfelkuchen backen."
„Uh! Apfelkuchen!", sagt Hanno. „Zu Apfelkuchen wollte doch der Apfel auch nicht werden!"
Papa nickt. „Und deshalb versteckte er sich wieder hinter einem Blatt, und keiner konnte ihn finden! Doch da kamen Leute, die suchten nach schönen Äpfeln. Die wollten sie auf dem Markt verkaufen!"
„Uh! Markt!", sagte Kevin. „Da ist es laut und staubig."
Papa nickt. „Deshalb versteckte sich der Apfel wieder hinter einem Blatt, und keiner konnte ihn finden."
„Apfelsaft kann man noch aus Äpfeln machen!", meint Uschi.
„Und Apfelwein!", ruft Kevin.
„Uh!" Papa schüttelt den Kopf. „Uh und nochmal uh! Natürlich wollte der Apfel weder zu Apfelsaft noch zu Apfelwein werden!"
„Aber Apfellimonade!", sagt Kevin.

Papa schüttelt den Kopf. „Nein, nein, nein! Das wollte der Apfel ganz bestimmt auch nicht! Deshalb versteckte er sich wieder hinter einem Blatt, und keiner konnte ihn finden."
„Und wenn man ihn trocknet und Apfelschnitze aus ihm macht?", schlägt Uschi vor, denn sie mag Apfelschnitze besonders gern.
„Uh! Uh! Uh!" Papa stöhnt und zeigt, wie sehr sich der Apfel ärgert und beleidigt ist.
„Apfelschnitze! Nie im Leben!", sagt er böse.
„Und dann?", fragt Hanno, denn jetzt fällt ihm nichts mehr ein, was man noch aus Äpfeln machen kann.
„Ja, was dann?", fragt Papa und blickt seine Kinder an.
„Blieb er am Baum hängen?", fragt Kevin.
Papa schüttelt den Kopf.
„Hat er doch eine Apfelsine geheiratet?", fragt Uschi.
„Geht doch nicht!", sagt Papa.
„Hängt er immer noch am Baum?", fragt Hanno.
Wieder schüttelt Papa den Kopf. Aber jetzt lächelt er ein bisschen.
„Jemand hat ihn doch gefunden und abgepflückt. Den allerschönsten Apfel!"
„Wer?", fragen die drei.
„Die schönste Frau der Welt!", sagt Papa.
„Vielleicht Mama?", fragt Kevin.
Da lacht Papa. „Und wisst ihr, wohin sie ihn gesteckt hat?"
„Wohin?", fragen die Kinder.
„Riecht ihr nichts?", fragt Papa und steht auf.
Da riechen sie es auf einmal alle: Uschi, Hanno und Kevin.
Der Duft kommt aus der Küche.
Es riecht köstlich.
„Mutti, ist der Bratapfel fertig?", rufen sie und laufen hinter Papa her.
Und in der Küche wartet der süßeste und schönste, der leckerste und dickste Bratapfel auf sie.
Und etwas Besseres konnte dem Apfel doch wirklich nicht geschehen.

Ursels Streichelbild

Timos große Schwester Ursel arbeitet mit blinden Kindern. Timo fragt oft nach allem möglichen. Er kann es sich nur sehr schwer vorstellen, wie das ist, nicht sehen zu können.
Vor Weihnachten erzählt ihm Ursel davon, dass sie jeden Morgen die Kerzen am

Adventskranz anzünden, zusammen singen und Weihnachtsplätzchen knabbern. Ja, das kann man mit vielen Sinnen erleben, denkt Timo. Man ist nicht nur auf die Augen angewiesen. Man spürt die Wärme der Kerzen und riecht den Duft des Kerzenwachses, der Tannenzweige und der Plätzchen. Und Plätzchen kann jeder genießen, mag er nun sehen können oder nicht.
Aber die vielen farbigen Dinge, die es in der Adventszeit gibt, die können blinde Kinder doch nicht sehen: die bunten Schaufenster, die helle Beleuchtung über den Straßen der Innenstadt, das Geschenkpapier, das mit vielen Bildern geschmückt ist, die das Warten auf Weihnachten immer länger machen.
„Schade!", meint Timo. „Ich mag die Weihnachtskarten und Weihnachtsbilder so gern. All das ist nichts für deine Kinder."
„Ich habe ihnen Adventskarten gebastelt", sagt Ursel und sucht in ihrer Handtasche.
„Schau nur!", lacht sie und zieht eine Postkarte heraus. Sie hat sie sorgfältig in Seidenpapier eingewickelt. „Eine Karte ist übrig, die schenke ich dir!"
Neugierig greift Timo nach der Karte und betrachtet sie.
Ursel erklärt ihm, wie sie das Bild gebastelt hat. Zuerst hat sie Strohhalme aufgeschnitten und gebügelt. Dann hat sie die Strohhalme so auf die Karte geklebt, dass ein richtiges Bild entstanden ist: drei Kerzen mit kleinen Flammen an ihrer Spitze. Einen winzigen Zweig vom Lebensbaum hat sie dann gepresst und auf die untere Hälfte des Bildes geklebt. Nun sieht es so aus, als wüchsen die drei brennenden Kerzen auf einem grünen Zweig. Einen kleinen Strohstern hat Ursel noch darüber geklebt.
„Sie tasten die Karten mit ihren Fingern ab", erklärt Ursel. „Sie fühlen jede kleine Erhebung. Und mit ihren Fingern entdecken sie die Adventskerze, den Zweig und den Stern!"
„Ja, wenn man nichts sieht, muss man sich eben so behelfen…", meint Timo nachdenklich und blickt zu den Weihnachtskarten neben dem Fernseher, die

Mutter heute gekauft hat. Sie sollen in den nächsten Tagen noch alle geschrieben werden.

„Wir nennen so ein Bild Streichelbild", sagt Ursel leise und fährt ganz zart mit einer Fingerkuppe über die Kerze. „Ich mag es mehr als die bunten kitschigen Weihnachtskarten!"

„Das ist klar!", lacht Timo. „Du hast die Streichelbilder ja auch selbst gebastelt!"
Spät am Abend, als Timo im Bett liegt und das Licht längst ausgeschaltet ist, hält er immer noch die Karte mit dem Streichelbild in seinen Händen. Wirklich, er hat entdeckt, dass er dieses kleine Bild auch im Dunkeln noch sehen kann. Ganz zart streicht er immer wieder über die aufgeklebte Kerze, den Zweig und den Stern. Und es braucht gar kein Licht zu brennen. Mit seinen Fingern allein entdeckt Timo im Dunkeln das helle Licht und den Stern, der einst über dem Stall von Betlehem gestanden hat. Jetzt versteht Timo seine große Schwester viel, viel besser. Ja, eigentlich ist das kleine Streichelbild viel schöner als die bunten Weihnachtskarten aus dem Supermarkt.

Als er schließlich müde wird, legt er das Bild neben sich auf das Kopfkissen. Sollte er mitten in der Nacht wach werden, dann möchte er es gleich wiederfinden. Dann wird er es streicheln und sich wieder ein bisschen mehr auf Weihnachten freuen.

Muttis Weihnachtsplätzchen

Am Dienstagmorgen ist Vati zur Arbeit gefahren. Heiko ist in der Schule und Mia im Kindergarten. Jetzt hat Mutti den ganzen Morgen Zeit, um Plätzchen für Weihnachten zu backen. Zuerst Spritzgebäck, danach Heidesand, dann noch Butterplätzchen und Vanilleplätzchen. Und zum Schluss noch die Salzstangen, die Vati ganz besonders liebt.

Mutti kommt richtig ins Schwitzen, so viel Arbeit macht das.

Aber als Mia nach Hause kommt, ist sie fertig. Alle Plätzchen sind gut versteckt in der großen Blechbüchse auf dem Küchenschrank.

„Hier riecht es aber gut!", sagt Mia.

„So?", meint Mutti.

„Nach Plätzchen!", ruft Mia und schnüffelt überall herum. „Mutti, hast du Plätzchen gebacken?"

Zuerst schüttelt Mutti den Kopf, aber dann muss sie lachen. Sie geht zum Schrank und holt für Mia eine Handvoll Plätzchen aus der Dose. Von jeder Sorte ein paar.

„Aber mehr gibt es nicht!", sagt sie. „Sie sind für Weihnachten! Und ich will sonst keine mehr backen!"

„Oh, Weihnachtsplätzchen!", ruft Heiko, als er heimkommt und sieht, was Mia da knabbert.
So geht Mutti zum Schrank und holt für Heiko eine Handvoll Plätzchen aus der Dose. Von jeder Sorte ein paar. „Aber mehr gibt es nicht!", sagt sie. „Sie sind für Weihnachten! Und ich will sonst keine mehr backen!"
„Hast du etwa Weihnachtsplätzchen gebacken?", fragt Vati, als er nach Hause kommt. Er gibt Mutti einen dicken Kuss.
Da geht Mutti zum Schrank und holt auch für Vati eine Handvoll Plätzchen aus der Dose. Von jeder Sorte ein paar. „Aber mehr gibt es nicht!", sagt sie. „Sie sind für Weihnachten! Und ich will sonst keine mehr backen!"
Nach dem Mittagessen kommt Bärbel, Mias allerbeste Freundin.
„Wir haben schon Weihnachtsplätzchen gebacken!", sagt Mia stolz.
Da geht Mutti zum Schrank und holt auch für Bärbel eine Handvoll Plätzchen aus der Dose. Von jeder Sorte ein paar. Mia bekommt auch noch Plätzchen. Und Heiko natürlich auch, weil er so neidisch guckt.
„Willst du etwa auch noch Plätzchen?", fragt Mutti Vati. Vati nickt und steckt sich zwei Plätzchen in den Mund, bevor er wieder zur Arbeit fahren muss.
Später kommen Christian und Frederik, um Heiko zum Fußballspielen abzuholen.
„Bei euch riecht es schon nach Weihnachten!", meinen die beiden.
Da geht Mutti zum Schrank und holt auch für Christian und Frederik eine Handvoll Plätzchen aus der Dose. Von jeder Sorte ein paar. Heiko bekommt auch noch ein Plätzchen. Und weil Mia und Bärbel sie so hungrig ansehen, bekommen sie auch noch ein paar.
Dann kommt Frau Hopf, die Nachbarin. „Hm, Sie haben schon Weihnachtsplätzchen gebacken!", sagt sie. Es hat heute Morgen bis zu uns hinüber geduftet! Da geht Mutti zum Schrank und holt für Frau Hopf eine Handvoll Plätzchen aus der Dose. Von jeder Sorte ein paar. „Ihr wolltet doch raus zum Fußballspielen!", sagt sie zu den drei Jungen, die nur darauf warten, dass sie noch Plätzchen bekommen. Und dann gibt sie Mia und Bärbel auch noch eine Handvoll.
„Ich nehme das Plätzchen für meinen Mann mit!", sagt Frau Hopf und zeigt Mutti das einzige Plätzchen, das sie noch übriggelassen hat.
„Warten Sie!", sagt Mutti. Sie geht zum Schrank und holt auch für Herrn Hopf Plätzchen aus der Dose. Von jeder Sorte ein paar. Sie legt sie in eine kleine Glasschüssel.
„Das wäre doch nicht nötig gewesen!", sagt Frau Hopf, als sie geht.
Als Bärbel heimgeht, fragt sie nach den salzigen Plätzchen. „Du meinst die Salzstangen?", fragt Mutti.
„Ja, die soll meine Mutti auch mal backen!"

Da geht Mutti zum Schrank und holt für Bärbels Mutti Plätzchen aus der großen Dose. Von jeder Sorte ein paar. Sie packt sie in eine kleine Tüte. Und Mia kriegt auch noch Plätzchen.
Am Abend steckt Mutti die Kerzen am Adventskranz an.
„Jetzt würden ein paar Plätzchen gut schmecken!", meint Vati.
„Sie müssen bis Weihnachten reichen!", sagt Mutti und schüttelt den Kopf.
„Nur ein paar noch!", betteln die Kinder.
„Nur noch ein paar Salzstangen!", sagt Vati leise.
Da geht Mutti zum Schrank und holt die Dose herunter.
Sie schüttet alle Plätzchen auf den Tisch. Jeder kriegt noch eine Handvoll. Dann sind sie alle.
Mutti seufzt und blickt alle drei kopfschüttelnd an: Mia, Heiko und Vati.
„Sie schmecken wunderbar!", rufen alle drei. „Die musst du für Weihnachten noch einmal backen!"
„Besonders die Salzstangen!", sagt Vati und gibt Mutti einen dicken Kuss.
Am Donnerstagmorgen ist Vati zur Arbeit gefahren. Heiko ist in der Schule und Mia im Kindergarten. Noch einmal nimmt Mutti sich den ganzen Morgen Zeit, um Plätzchen für Weihnachten zu backen. Zuerst Spritzgebäck, danach Heidesand, dann noch Butterplätzchen und Vanilleplätzchen. Und zum Schluss noch Salzstangen, die Vati ganz besonders liebt. Mutti kommt richtig ins Schwitzen, soviel Arbeit macht das.
Aber als Mia nach Hause kommt, ist sie fertig. Alle Plätzchen sind gut versteckt in der großen Blechbüchse. Und die steht im Keller auf dem Regal neben dem Eingeweckten.
„Hier riecht es aber gut!", sagt Mia. „Und es ist kalt! Warum steht das Fenster auf?"
„Heute gibt es Sauerkraut!", sagt Mutti und schließt das Fenster. „Das riecht so stark beim Kochen!" Sie hebt den Deckel von dem großen Topf.
„Du kannst mir schon helfen, den Tisch zu decken!", sagt sie und drückt Mia vier Teller in die Hand.
„Wann backst du wieder Plätzchen?", fragt Mia.
„Vorläufig nicht!", antwortet Mutti und lacht sie fröhlich an.

Da wird's im Häuschen hell und warm

Früher gab es draußen vor der Stadt nur das kleine alte Haus der Rebmanns. Aber dann bauten Leute aus der Stadt dort ihre großen und schönen Häuser.
Die Rebmanns wohnten noch eine Weile in ihrem Häuschen. Dann zogen sie weg. Ihr Häuschen aber stand da und wurde immer baufälliger.

Die Stadtleute rümpften die Nase über das armselige Häuschen.
„Man sollte es abreißen! Es ist eine Schande für die ganze Straße!", sagten sie.
Eines Tages aber zogen neue Mieter in das Häuschen, die Glogowskis. Es waren arme Leute, die keine teure Wohnung bezahlen konnten.
Sie hatten viele Jahre in Russland gelebt. Jetzt waren sie wieder heim nach Deutschland gekommen. Die Kinder hatten altmodische Sachen an und konnten nicht einmal richtig deutsch sprechen.
Da rümpften die Stadtleute erst recht die Nase.
Eines Morgens begann es zu schneien. Es schneite und schneite. Das ganze Land versank im Schnee. Da konnten die Leute nicht in die Stadt zur Arbeit fahren. Und die Schulbusse fuhren auch nicht.
Am Nachmittag fiel der Strom aus.
Zuerst merkte es Jessica Kleikamp. Denn als sie die Kinderstunde anstellen wollte, ging der Fernseher nicht. Herr Kleikamp probierte alle Lichter aus: nichts rührte sich.
„O weh!", sagte Frau Kleikamp. „Da kann ich nicht einmal Kaffee kochen."
„O weh!", rief auch Frau Hanstein. Sie war gerade dabei, Plätzchen zu backen. Stefan und Angela halfen eifrig. Es sollte ein richtiger Plätzchen-Back-Nachmittag werden.
Als aber gerade die ersten Plätzchen im elektrischen Backofen waren, ging das Licht in der Küche aus. Und der Backofen heizte nicht mehr.
Im Nachbarhaus sagte Patrick Schumann zu seiner Mutter: „Puh! In meinem Zimmer ist es kalt. Ich friere."
Aber im großen Wohnzimmer und in der Küche war es auch nicht wärmer.
In den neuen Häusern waren die prächtigen und modernen Heizungen ausgefallen, die nur mit Strom gehen. Die Kleikamps und Hansteins und Schumanns saßen im Kalten.
Nur aus dem Schornstein von Glogowskis stieg unverdrossen Rauch auf. Und in ihrer Wohnküche war es richtig bullig warm und gemütlich.
Frau Kleikamp, Frau Hanstein und Frau Schumann sahen sehnsüchtig zu dem Häuschen hinüber.
„Dort gibt es bestimmt heißes Wasser", sagte Frau Kleikamp. „Dann könnte ich uns wenigstens eine Wärmflasche machen."
„Vielleicht kann ich bei denen im Küchenherd unsere Plätzchen fertig backen", sagte Frau Hanstein. „Sie verderben mir ja sonst."
„Ich hätte große Lust auf einen heißen Tee", sagte Frau Schumann. „Ob ich mir drüben wohl Wasser heiß machen kann?"
So machten sich Frau Kleikamp, Frau Hanstein und Frau Schumann auf den Weg.
Vor Glogowskis Häuschen trafen sie zusammen.

Zu Hause aber warteten die Männer und Kinder und wunderten sich, dass die Frauen so lange ausblieben.
Schließlich zogen sie los, um nachzusehen.
Spät in der Nacht kehrten die Kleikamps und die Hansteins und die Schumanns vergnügt nach Hause zurück.
„Was für nette Leute!", sagte Frau Kleikamp.
„Morgen gehe ich mit Magdalena Schlitten fahren", erklärte Jessica.
Patrick Schumann zupfte seine Mutter am Ärmel und sagte: „Wenn der Strom wieder da ist, zeige ich Michail und Janko meine Eisenbahn. Ich habe sie schon eingeladen."
„Habt ihr gesehen, wie Frau Glogowski das Brot angeschnitten hat?", fragten Angela und Stefan. „Sie hat zuerst mit dem Messer ein Kreuz hineingeritzt."
„Sie hat es gesegnet", sagte Herr Hanstein nachdenklich. „Das hat meine Großmutter früher auch so gemacht."
Herr Hanstein blieb stehen und schaute zurück.
In dem kleinen Häuschen war Licht hinter allen Fenstern. Es sah aus wie ein Adventshäuschen.
Ein Häuschen – freundlich und hell und warm.

Frau Overbecks Engel

Frau Overbeck deutete mit dem ausgestreckten Zeigefinger auf den kleinen Engel, der ganz hinten auf der Bühne stand und sich jetzt hinter dem großen Vorhang mit dem leuchtenden Sternenhimmel verstecken wollte.
„Du! Komm einmal zu mir nach vorn!", rief sie dem Engel zu und winkte ihn zu sich.
Seltsam, dass ihr das Kind noch nie bei den Proben zu dem Weihnachtsspiel in den letzten Wochen aufgefallen war.
Dem Umhang, den es trug, sah man wirklich nicht an, dass er wahrscheinlich nicht mehr als ein einfaches Bettuch war. Es ging ein blaues Leuchten von ihm aus, das über ein ganz zartes Grün wanderte und die Flügel in strahlendes Gold verwandelte.
Frau Overbeck hielt wirklich etwas die Luft an, als der Engel auf sie zuging. Ging er wirklich oder schwebte er? Sie konnte es nicht erkennen. Aber weil Kinder im dritten oder vierten Schuljahr niemals schweben, entschied sie sich dafür, dass er auf sie zuging.
„Kind, du hast ja weder Strümpfe noch Schuhe an!", schimpfte sie ein wenig besorgt.

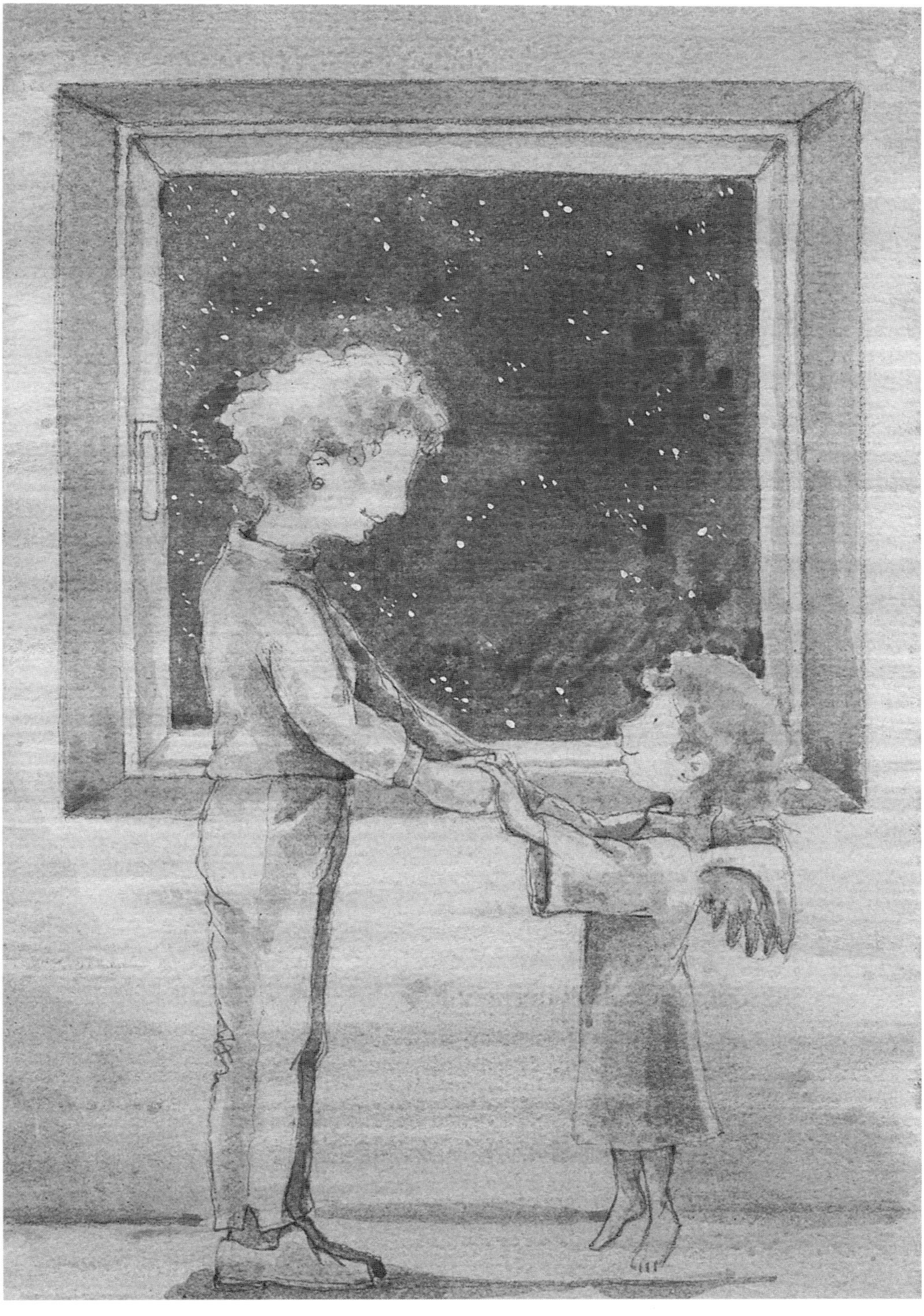

„Ich friere nicht!", sagte der kleine Engel freundlich und blickte sie mit großen Augen an. „Ich habe nur ein wenig zugeguckt!"
Frau Overbeck nickte ihm lächelnd zu.
„Sonst wärst du mir doch bestimmt schon früher aufgefallen!"
„In welcher Klasse bist du denn?", fragte sie. Doch als der kleine Engel nicht gleich antwortete, stellte sie gleich die nächste Frage.
„Sag mal, bist du ein Junge oder ein Mädchen?"
„Ein Engel!", sagte der kleine Engel und lächelte.
Weil es nun auf der Bühne doch ziemlich laut wurde – das ist immer so, wenn Lehrer einen Augenblick nicht aufpassen – wandte sie sich den Spielern wieder zu.
„Die Maria muss auf die andere Seite!", rief sie. „Und Josef, bewege dich ein bisschen vorsichtiger, damit du nicht die Krippe umwirfst! So, und nun die Hirten auf dem Feld!"
Als sich dann die Hirten mit den Schafen auf die Bühne legten, da sagte sie zu dem kleinen Engel, der die ganze Zeit über regungslos neben ihr gestanden und zugeschaut hatte: „Geh jetzt zu den anderen Engeln auf die Bühne!" Und staunend sah sie, dass sich der Engel ganz behutsam vom Boden hob und in seinem leuchtenden Kleid auf die Bühne zuschwebte. Oder flog er etwa?
Jedenfalls bewegte er ganz leicht beide Flügel. Das konnte Frau Overbeck deutlich erkennen. Sie wischte sich über die Augen. Nein, sie musste sich getäuscht haben, denn jetzt stand er genau wie die anderen Kinder, die im Spiel die Engel darstellten, vor den Hirten. Als aber dann die Engel den Kanon „Ehre sei Gott" anstimmten, da meinte Frau Overbeck, dass sie nie im Leben etwas Schöneres gehört hatte. Auch die Kinder kamen links und rechts hinter dem Vorhang hervor und hörten andächtig zu. „Warum ist das Kind nicht bei mir im Chor?", fragte sie sich immer wieder.
Nach der Probe stürmten die Kinder gleich davon. Sie wollten noch nach Hause und später zusammen mit ihren Eltern zum Spiel wiederkommen.
Der kleine Engel war als einziger übriggeblieben. Er stand ein wenig unschlüssig und verloren auf der großen Bühne.
Frau Overbeck legte ihm ganz vorsichtig den Arm um den Hals, so dass sie die Flügel nicht berührte, und blickte ihn dann mit glänzenden Augen an.
„Das war wunderschön!", sagte sie und nahm ihn an der Hand.
„Ich war noch nie in einem Krippenspiel!", antwortete der kleine Engel.
„Aber Kind, du hast ja immer noch keine Schuhe an!", rief die Lehrerin da erschrocken. „Wo hast du sie denn nur?"
„Ich brauche doch keine Schuhe!", sagte der Engel leise und lächelte ihr zu.
„Spielst du denn heute Abend wieder mit?", fragte Frau Overbeck nach einer langen Weile. Der Engel zuckte mit den Flügeln.

„Ich weiß noch nicht!", sagte er. „Vielleicht werde ich dann woanders gebraucht!"
„Warum bist du heute gekommen?", fragte die Lehrerin.
„Du hast doch gesagt, dass du dich gar nicht mehr richtig auf Weihnachten freuen kannst!", meinte der kleine Engel. „Gestern noch und heute Morgen!"
Frau Overbeck nickte schweigend.
„Aber jetzt freust du dich doch?", fragte der kleine Engel leise.
Er reichte ihr beide Hände, so dass es Frau Overbeck ganz warm wurde. So standen sie lange. Es wurde bereits dämmrig, und die ersten Sterne blinkten am Himmel.
„Öffnest du das Fenster?", fragte der kleine Engel.
„Gern!", sagte Frau Overbeck und schritt auf das Fenster zu. Der kleine Engel kam mit.
Als sie es dann geöffnet hatte, blickten beide zum Himmel mit den vielen Sternen hinauf. Sie schwiegen beide. Und als sie sich später dem kleinen Engel zuwenden wollte, war sie allein.
Sie seufzte leise und spürte plötzlich, dass sie sich auf heute Abend und auf Weihnachten richtig freuen konnte.

Weihnachtsgeschenke

Die letze Woche vor Weihnachten war angebrochen, und jeder steckte mitten in den Vorbereitungen für den Heiligen Abend. Mutter saß an der Nähmaschine und schneiderte etwas, was noch keiner erkennen konnte. Vielleicht einen Rock für Susi oder eine Bluse für Barbara, vielleicht aber auch ein Hemd für den kleinen Tommy, der seit Herbst den Kindergarten besuchte.
Barbara strickte ohne Pause, weil der Pullover für Vater unbedingt fertig werden sollte. Und Vater war recht gewichtig, so dass viele Maschen gestrickt werden mussten. Susi bemalte Spanschachteln mit bunten Mustern. Sie hatte sich an dem kleinen Ecktisch verbarrikadiert und dicke Bücher aufrecht um sich herum aufgestellt, so dass niemand Einblick in ihre Arbeit nehmen konnte. Es sollte ja für alle eine Überraschung werden.

„Jetzt ist mein Bild für Papa fertig!", sagte plötzlich der kleine Tommy mit einem tiefen Seufzer und kletterte von dem Stuhl herunter, auf dem er über eine Viertelstunde lang eifrig am Küchentisch gemalt hatte.
„Ich habe den Papa gemalt!", rief er und schwenkte ein Stück Papier triumphierend über seinem Kopf. Er rannte zu Susi, um ihr das Kunstwerk vorzuführen. Kein Wunder, dass dabei ein paar Bücher mit lautem Krach umstürzten und Susi alle Hände voll zu tun hatte, ihren Bruder von ihren geheimen Malereien fernzuhalten.
„Das soll Papa sein?", lachte sie laut, als sie die Schmierereien auf dem Blatt erblickte, das Tommy ihr entgegenstreckte.
„Das sieht ja aus wie ein Huhn!", lachte sie. „Ja, wie ein Huhn in der Mauser!"
„Das ist kein Huhn!", meinte Tommy ärgerlich und riss ihr das Blatt aus den Fingern. „Das ist Papa!"
Barbara legte ihr Strickzeug zur Seite und betrachtete sich Tommys Bild von allen Seiten. „Du hast Recht!", sagte sie schließlich. „Es ist kein Huhn! Aber Papa ist es auch nicht!" Sie überlegte und meinte dann: „Wenn nicht alles so verschmiert wäre, könnte man vielleicht dort etwas erkennen!" Sie deutete mit ihrem Finger auf den linken oberen Rand des Blattes. „Das könnte zum Beispiel eine zusammengetretene Colabüchse sein. Aber eigentlich ist alles nur Gekrakel!"
„Es ist kein Geschmiere und kein Gekrakel!", sagte Tommy leise und war ganz nahe am Weinen. „Es ist Papa!" Er zeigte mit seinem kleinen Finger auf einen riesigen blauen Fleck mitten auf seinem Bild. „Und das ist Papas neue Hose!"
Die Mutter war hereingekommen und hatte über Tommys Schulter das Bild betrachtet. „Natürlich ist das Papa!", sagte sie und lachte. „Das sind einwandfrei seine blauen Hosen. Und so chaotisch und lustig wie das übrige, was Tommy gemalt hat, genauso ist Papa!"
„Ich sehe nichts von Papa auf diesem Bild!", stellte Barbara sachlich fest. „Noch nicht einmal einen Kopf hat er ihm gemalt!", fügte Susi hinzu.
Aber Mutter nahm ihren kleinen Jungen mit dem Bild auf den Schoß und sagte: „Er ist eben ein richtiger Künstler! Wenn er Papa so haben wollte, dass ihn jeder sogleich erkennt, dann hätte er ihn knipsen müssen. Aber wir haben schon so viele Fotos!" Tommy nickte. Er war so glücklich darüber, dass seine Mutter ihn so gut verstand. „Er hat den Papa von innen gemalt!", sagte sie dann. „Er hat das gemalt, was andere nicht sehen können. Was in Papas Gedanken und in seinem Herzen vor sich geht. Zum Beispiel, dass er sich sehr über seine neue blaue Hose freut! Und dass er sehr lieb ist!"
Sie drückte ihren kleinen Jungen an sich und fragte ihn lächelnd: „Stimmt's?"
„Genau!", sagte Tommy und nickte.
Dann fragte er: „Glaubst du, dass Papa das auch gleich erkennt?"
„Bestimmt!", lachte Mutter. „Ganz bestimmt!"

Doch noch etwas von Weihnachten spüren

Den ganzen Tag über hatte sich die alte Meta tapfer gehalten. Am Morgen des 24. Dezember war sie fröstelnd in dem Heizungskeller der alten Schule aufgewacht, wo sie die Nächte mit Zustimmung des Hausmeisters verbringen durfte. Aber jetzt hatten die Kinder Ferien. Da wurde die Heizung natürlich heruntergedreht.
Die Tage waren kalt geworden und die Nächte noch kälter.
Am Tag, wenn Meta mit den anderen Obdachlosen zusammen war, spürte sie die Kälte nicht gar so sehr. Da wärmte sie der billige Fusel, der die Runde machte.
Als Meta heute Morgen in ihrem klammen Heizungskeller wach geworden war, da spürte sie noch diesen schalen Geschmack von Wermut und Zigarettenqualm im Mund, den sie eigentlich hasste, weil ihr davon gerade am Morgen oft übel wurde.
Sie wand den dicken Schal ein paarmal um den Hals und wickelte sich dann in den alten grauen Mantel ein, den sie schon seit Jahren im Sommer wie im Winter trug. Dann verstaute sie die beiden Plastiktüten mit der wenigen Unterwäsche und ihren übrigen Habseligkeiten in einer Ecke und breitete den Schlafsack, den ihr der Hausmeister einmal geschenkt hatte, darüber aus. Sie ging hinaus, und eine feuchte, kalte Luft schlug ihr entgegen. Das Kopfsteinpflaster auf dem Gehweg war glatt, so dass sie nur ganz bedächtig weiterschlittern konnte und sich immer wieder an der Hauswand festhalten musste.
Auf dem Weihnachtsmarkt fingen sie heute Morgen damit an, die Stände und Buden abzubauen. An diesem Morgen würde nicht mehr viel Kundschaft kommen, und außerdem war heute Nachmittag um zwei Uhr sowieso die ganze Betriebsamkeit zu Ende.
Meta schlenderte an dem Stand mit den frischen Backwaren vorbei. Manchmal bemerkte sie jemand und schenkte ihr ein frisches Brötchen oder irgendein köstliches Zuckerzeug. Das war dann für die alte Meta ein Sonntagsfrühstück.
Aber heute bemerkte sie keiner. Die Verkäuferinnen hatten ihre Hände und Arme tief in ihren Manteltaschen vergraben und nahmen sie nur heraus, wenn sich Kunden über die Theke beugten und sie direkt ansprachen.
Die Leute gingen eilig an ihr vorüber, bemüht, jetzt noch die allerletzten Weihnachtseinkäufe zu tätigen. Auch ihre ausgestreckte Hand wurde heute noch häufiger als sonst übersehen.
Die alte Meta hockte sich auf die kalte Bank neben dem Papierkorb.

Heute Morgen ging es ihr wirklich nicht besonders gut. Sie stützte den Kopf auf und hätte am liebsten die Beine auf die Bank gelegt.

Wenn sie doch wenigstens irgendwas zu essen hätte. Oder ein Glas Rotwein oder gar eine Flasche Wermut.

Von den anderen Obdachlosen war noch keiner da. Sicher würden sie bald auftauchen, und einige würden auch wieder Geld haben. Sie würden alles mit ihr teilen: das Essen und den Alkohol. Und dann würde es immer kälter und dunkler werden, und die alte Meta würde sich wieder in ihren Heizungskeller zurückziehen.

Doch die anderen ließen heute lange auf sich warten.

Eine alte Frau setzte sich zu ihr auf die Bank.

„Nur einen Augenblick", sagte sie. „Die Beine wollen nicht mehr so recht. Aber lange kann man bei dieser Kälte hier ja nicht sitzen!" Sie blickte Meta von der Seite an.

„Sie sind das", sagte sie dann. „Ich habe Sie im Sommer manchmal im Hofgarten gesehen. Mit Ihren Freunden. Und da hieß es immer ‚Hoch die Tassen!'…"

Meta antwortete nicht.

Die Frau sprach weiter. „Was machen Sie denn jetzt, wenn es so kalt ist?", fragte sie. „Haben Sie denn wenigstens ein warmes Zimmer?"

„Nachts zum Glück einen Heizungskeller…", antwortete Meta leise.

„Und heute? Weihnachten?"

„Auch der Heizungskeller!", sagte Meta.

„Haben Sie denn überhaupt schon etwas gegessen?"

Meta seufzte und sagte nichts.

Da kramte die alte Frau in ihrer Tasche, holte aus einer Papiertüte einen dick mit Zucker bestreuten Berliner heraus und reichte ihn der alten Meta.

„Ich habe wieder viel zu viel eingekauft", meinte sie. „Seit mein Mann gestorben ist, kaufe ich immer zuviel!"

Die alte Meta aß mit Heißhunger.

„Wie feiern Sie heute ohne Ihren Mann?", fragte sie dann. „Kommen Ihre Kinder und Ihre Enkel?"

„Ich habe keine Kinder." Die alte Frau schwieg lange. „Ich lebe ganz allein", sagte sie dann. Und nach einer Weile: „Da fällt Weihnachten aus!"

„Bei mir schon seit vielen Jahren!" Die alte Meta versuchte, die Frau zu trösten, doch das, was sie sagte, war genauso traurig.

„Hätten Sie denn Lust, mit mir nach Hause zu kommen?", fragte die fremde Frau plötzlich.

Meta zuckte zusammen. Das hatte noch nie jemand zu ihr gesagt!

„Zu Ihnen?", forschte sie nach einer Weile, ohne die Frau anzublicken.

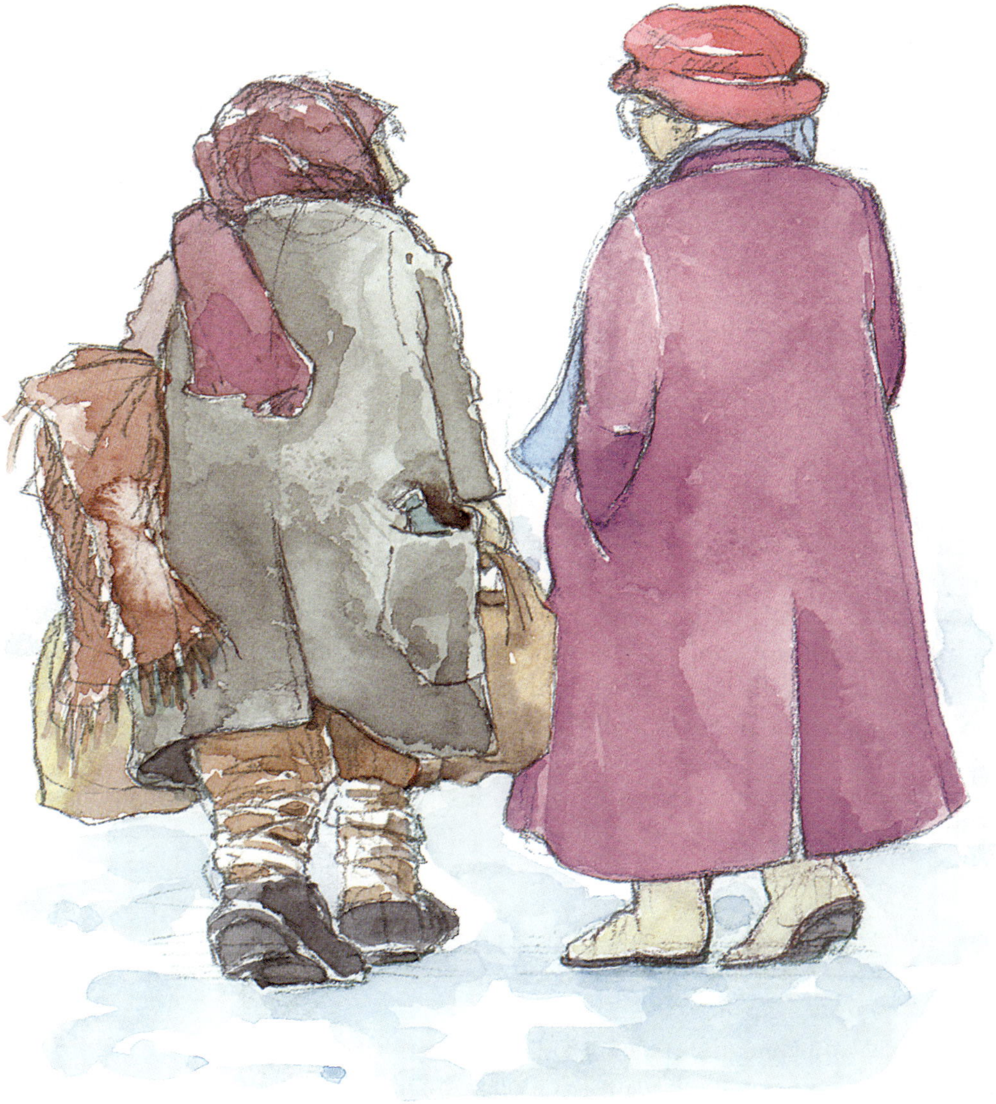

„Ich sage es so, wie ich es meine", antwortete die Frau. „Wir könnten es uns zusammen ein bisschen gemütlich machen und vielleicht doch noch etwas von Weihnachten spüren."

„Könnte ich bei Ihnen duschen?", fragte Meta.

„Ich habe sogar eine Badewanne!", sagte die Frau.

„Richtig baden!" Meta dachte lange nach. „Ich weiß nicht, wann ich zuletzt so richtig in einer Wanne gebadet habe!"

„Sie kommen also mit?"

Die alte Meta nickte und stand langsam auf.

„Sie können über Weihnachten gern bei mir bleiben", sagte die Frau.

„Wenn Sie noch einen Moment warten!", bat Meta und machte sich dann so schnell sie konnte auf den Weg zu dem Heizungskeller. Sie hatte es so eilig, dass sie noch nicht einmal den alten Horst sah, der ihr von der anderen Straßenseite zuwinkte.

Kurze Zeit später kam sie mit ihren beiden Plastiktaschen zurück. Sie ging leicht gebückt. Je näher sie der Bank kam, um so zögernder und langsamer ging sie.

Als sie aber sah, dass die fremde Frau nicht fortgegangen war, sondern noch immer bei der Bank stand und auf sie wartete, da streckte sich ihr Körper, und sie ging mit großen Schritten auf sie zu.

Vielleicht würden sie heute doch noch etwas von Weihnachten spüren, die alte Meta und die fremde Frau.

„Es ist nicht weit zu mir nach Hause", meinte die Frau, als sie dann nebeneinander her gingen. „Ich heiße übrigens Erika."

Der letzte Weihnachtsbaum

Auf dem Weihnachtsmarkt hatten viele Weihnachtsbäume gestanden, große und kleine, teure und ganz teure. Alle Weihnachtsbäume hatte der Händler verkaufen können. Nur ein einziges Bäumchen war übriggeblieben. Es war ein wenig windschief gewachsen und auch recht klein. Gar mancher hatte es prüfend in die Hand genommen, es dann aber wieder hingestellt. Und ein Mann hatte sogar gesagt: „Nein, es ist wirklich zu mickrig!"

Als der Weihnachtsbaumverkäufer am Abend seine Sachen zusammenpackte, überlegte er, ob er das Bäumchen mitnehmen sollte. „Ach was!", sagte er dann und ließ es einfach an der Mauer stehen. Er setzte sich in seinen großen Lastwagen und fuhr davon, ohne sich auch nur noch einmal nach dem armseligen Weihnachtsbäumchen umzusehen.

Der Marktplatz wurde immer leerer. Es wurde immer dunkler. Dann begann es zu schneien. Doch die weißen Schneeflocken verwandelten sich auf dem Pflaster des Marktplatzes schnell in schmutziges Wasser. So stand das Bäumchen bis tief in die Nacht allein auf dem Marktplatz herum, scheu an die Wand gedrückt und von keinem beachtet. Zwei Tage und zwei Nächte stand das Bäumchen dort. Dann war Heiliger Abend.
Überall in den Wohnungen wurden die Weihnachtsbäume geschmückt. Als es dann dunkler wurde, erstrahlten die Kerzen. Und die Erwachsenen und die Kinder sangen so laut und fröhlich ihre Weihnachtslieder, dass man es bis unten auf dem Marktplatz hören konnte.
In dieser Nacht drückte sich auch der alte Henry durch die Straßen. Der alte Henry war ein Pennbruder, der keinen Menschen auf der Welt hatte, bei dem er Weihnachten feiern konnte. Im letzten Jahr war er zu einer Weihnachtsfeier eingeladen worden. Es hatte Plätzchen und Kuchen gegeben. Aber all die vielen rührseligen Worte, die er gehört hatte, hatten ihm nicht gefallen. Er war nur noch trauriger davon geworden. Deshalb wollte er in diesem Jahr lieber ganz allein bleiben.
Als er das armselige Bäumchen in der dunklen Marktecke erblickte, blieb er verwundert stehen. „Du siehst ja ganz schön mitgenommen aus!", brummte er in seinen Bart. Er packte das Bäumchen, hob es vorsichtig hoch, betrachtete es von allen Seiten und stellte es dann ganz behutsam wieder auf seinen Platz zurück. Er seufzte einmal tief und wollte weitergehen. Doch dann blieb er wieder stehen, beugte sich erneut zu dem Bäumchen hinunter und hob es zu sich herauf. Er nahm es in seinen Arm und ging schnellen Schrittes durch die Nacht.
Nahe dem großen Fluss stand eine alte Baracke. Dort schlief der alte Henry manchmal. Dort traf er auch manchmal seinen Kumpel, den Klamotten-Camillo. Der wohnte nämlich dort.
Als sich der alte Henry der Baracke näherte, sah er, dass dort Licht brannte: „Ich bin's, der Henry!", sagte er, als er an der schäbigen Tür anklopfte.
„Komm herein!", tönte es aus der Baracke. „Ich habe mir schon gedacht, dass wir uns heute noch treffen!"
„Willst du mit mir essen?", fragte der Klamotten-Camillo und reichte dem alten Henry ein Stück Brot und eine Wurst herüber.
Doch der alte Henry suchte zuerst so lange in dem Raum herum, bis er zwei alte Kerzenstummel gefunden hatte. Mit etwas Draht befestigte er die Kerzen an dem Bäumchen. Dann stellte er den Weihnachtsbaum in eine leere Kaffeekanne und zündete mit einem Streichholz beide Kerzen an.
„Mensch, du bist einer!", flüsterte der Klamotten-Camillo und knipste das Licht aus. Und dann hockten die beiden alten Männer vor dem Weihnachtsbäumchen in der schäbigen Kaffeekanne. Sie redeten nichts. Sie sangen keine Weihnachts-

lieder. Sie schauten nur das Bäumchen mit den beiden brennenden Kerzen an. Sie saßen ganz eng beieinander und erfuhren, dass Weihnachten war.
Als die Kerzen ganz niedergebrannt waren, räusperte sich der Klamotten-Camillo und sagte: „Jetzt iss aber endlich was! Schließlich gibt es solche Wurst bei mir nicht alle Tage!"
Und es dauerte noch sehr lange, bis sie das elektrische Licht wieder anknipsten.

Märchen und Märchenhaftes

Das Märchen vom Schneeglöckchen

Vor langer Zeit hat Gott alles geschaffen, was es auf der Erde gibt. Besonders viel Mühe hat er sich mit den Blumen gegeben. Jede Blume wollte einen ganz besonderen Duft haben. Und jede natürlich auch eine ganz besondere Farbe.
Als die Farben und Düfte noch im Überfluss vorhanden waren, da erfüllte Gott den Blumen ihre Wünsche. Die Rose trug ein rotes Kleid und duftete atemberaubend. Die Nelke war ganz vornehm rosa und duftete verschwenderisch.
Und erst die Orchideen!
Keine kam zu kurz. Sparte Gott einmal mit der Farbe, dann schenkte er der Blume dafür den herrlichsten Duft. Und war der Duft einmal nicht so sehr aufregend, dann schenkte er der Blume herrliche Farben. Man braucht sich nur die gelben Blüten des Löwenzahns anzusehen, um das zu begreifen. Und wenn der Löwenzahn auch nicht so außergewöhnlich riecht wie das Veilchen, so ist das noch lange kein Grund, ihn „Käseblume" zu nennen, wie es leider manche Leute tun.
Als Gott endlich fertig war, da sah er sich glücklich und zufrieden um. Eine Blume war schöner als die andere. Jede Blume war unverwechselbar.
Als Gott sich so richtig freute, hörte er plötzlich ein winziges, piepsiges Stimmchen unter sich. Und als er sich erstaunt nach unten bückte, erkannte er ein Blümchen, das ganz unscheinbar geblieben war, weil es keine Farbe abgekriegt hatte.
Gott hatte es einfach übersehen.
Das wird ihm jeder verzeihen, wenn man nur daran denkt, wie viele Blumen Gott geschaffen hat und wie prächtig er sie geschmückt hat: das blaue Vergissmeinnicht, dessen Blau noch blauer als der Himmel ist, das tränende Herz mit seiner zarten Farbe und das Stiefmütterchen, das so schön ist, dass man sich nicht satt sehen kann und es immer wieder anschauen muss. Das Edelweiß, das wie ein Stern strahlt, die Sonnenblume, die die Felder leuchten lässt, und der Raps, der so hell und gelb blüht, dass er den Winter vertreiben kann.
„O wei! O wei!", sagte Gott und sah das kleine Ding voller Mitleid an.
„Wenn es nur ein bisschen Farbe wäre!", meinte das Blümchen schüchtern.
„Grün habe ich noch!", sagte Gott. „Genug für den Stengel und für die Blätter. Aber alle anderen Farben sind ausgemalt. Nicht ein einziger winziger Farbrest ist noch da."
Traurig ließ das Blümchen seinen Kopf hängen. Da konnte Gott die winzigen Glocken sehen, die es an seinem Stengel trug. Ja, er erinnerte sich daran, mit wieviel Liebe er gerade dieses Glöckchen geschaffen hatte. Sie waren ihm wunderbar gelungen. Und ausgerechnet dieses Blümchen hatte er übersehen!

Wenn er dem Löwenzahn nicht so viel gelbe Farbe aufgemalt hätte, dann hätte das Gelb sicher auch noch für dieses Blümchen gereicht. Und die Rose hätte ruhig etwas weniger Rot gebraucht. Sie war ohnedies ziemlich eingebildet!
Als sich Gott so umblickte und nach einem Trost für das Blümchen suchte, da entdeckte er auf der Erde einen winzigen Rest Schnee. Weißen, reinen Schnee. Eine Farbe, die Gott sehr liebte.
„Ich hab's!", sagte er zu dem Blümchen. „Es wird ein bisschen kalt! Aber nur ein bisschen. Und dann ist es schon vorbei!"
Das Blümchen wartete geduldig und hoffnungsfroh auf das, was Gott nun tun würde. Und Gott nahm seinen Pinsel, hob damit den kleinen Schneerest behutsam auf und verteilte ihn auf den Glöckchen des Blümchens.
Es zuckte nur ein ganz kleines bisschen zusammen, als es so unerwartet auf seinen Glöckchen den kalten Schnee spürte. Aber dann war es schon vorbei.
„Schneeweiße Glöckchen hast du nun!", sagte Gott. „Darum sollst du Schneeglöckchen heißen! Das ist der schönste Namen, den man haben kann!"
Da nickte das Schneeglöckchen nur. Sprechen konnte es nicht. Es war so glücklich!
„Da gibt es noch etwas", sagte Gott. „Du darfst im Frühling als erste Blume blühen. Wenn noch Schnee liegt, kommst du heraus. Der Schnee tut dir nichts, denn ich habe dich mit weißem Schnee angemalt."
Er streichelte das Schneeglöckchen zärtlich. „Glaub mir, wer dich im Schnee entdeckt, wird sich freuen. Denn dann dauert es nicht mehr lange, bis es Frühling wird."

Die Tierversammlung im Wald

Einmal im Herbst treffen sich die Tiere in der großen Waldlichtung kurz hinter der Haincher Höhe. Dann besprechen sie alles, was sie in diesem Jahr erlebt haben, und beraten gemeinsam, wie sie sich für den Winter und für das neue Jahr besser vorbereiten können.
In diesem Jahr sind die Klagen der Tiere besonders laut. Alle klagen über die Menschen. Mit ihren Autos haben sie in diesem Jahr wieder so viele Tiere totgefahren, dass sie kaum noch zu zählen sind: Frösche und Igel, Hasen und Rehe, Katzen und Hunde. Aber das ist noch nicht alles, worüber die Tiere klagen. Immer mehr Bäume sterben, weil die Menschen mit ihren vielen Fabriken und Autos die Luft so verschmutzen, dass saurer Regen vom Himmel fällt, der alles krank macht und sterben lässt.
Überall hinterlassen die Menschen ihre Spuren. Und die Tiere sind den Menschen schutzlos ausgeliefert.
Als die Versammlung schon über vier Stunden gedauert hat, kommt noch ein Hase angehoppelt. Er ist ganz außer Atem.
„Warum bist du nicht pünktlich gekommen?", fragen ihn die anderen Tiere vorwurfsvoll. „Du hättest von uns allen erfahren, was die Menschen in diesem Jahr mit uns Tieren getan haben. Jetzt mußt du doppelt vorsichtig sein, weil du nicht weißt, was dir alles passieren kann!"
Der Hase verschnauft einen Augenblick. Dann sagt er: „Ich habe etwas ganz Besonderes erlebt und konnte es zuerst nicht glauben, was ich mit eigenen Augen gesehen habe."
Erstaunt horchen die anderen Tiere auf. Dann setzen sie sich im Kreis um den Hasen herum und hören ihm zu.
„Stellt euch vor!", sagt der Hase. „Heute Morgen kam eine ganze Gruppe von Kindern mit ihren Erzieherinnen durch den Wald. Aha, dachte ich, jetzt bringen sie wieder ihre Cola-Dosen mit und das viele Stanniolpapier und die Plastikbecher. Und dann sieht es hinterher im Wald wieder so aus, wie es immer aussieht, wenn Menschen da waren."
„Wie auf einer Müllkippe!", sagen die anderen Tiere und nicken traurig mit den Köpfen.
„Nein, diesmal war es anders", sagt der Hase. „Ich wollte es zuerst wirklich nicht glauben. Sie setzten sich auf eine kleine Waldwiese, sangen und spielten miteinander und packten dann ihr Frühstück aus. Aber stellt euch vor, als sie fertig waren, holte jemand eine große Plastiktüte heraus. Da kamen alle herbei, sammelten alles auf, was sie fortgeworfen hatten, und packten es in die große Tüte hinein: Dosen und Papier, Flaschen und Becher. Ich habe lange gewartet und alles

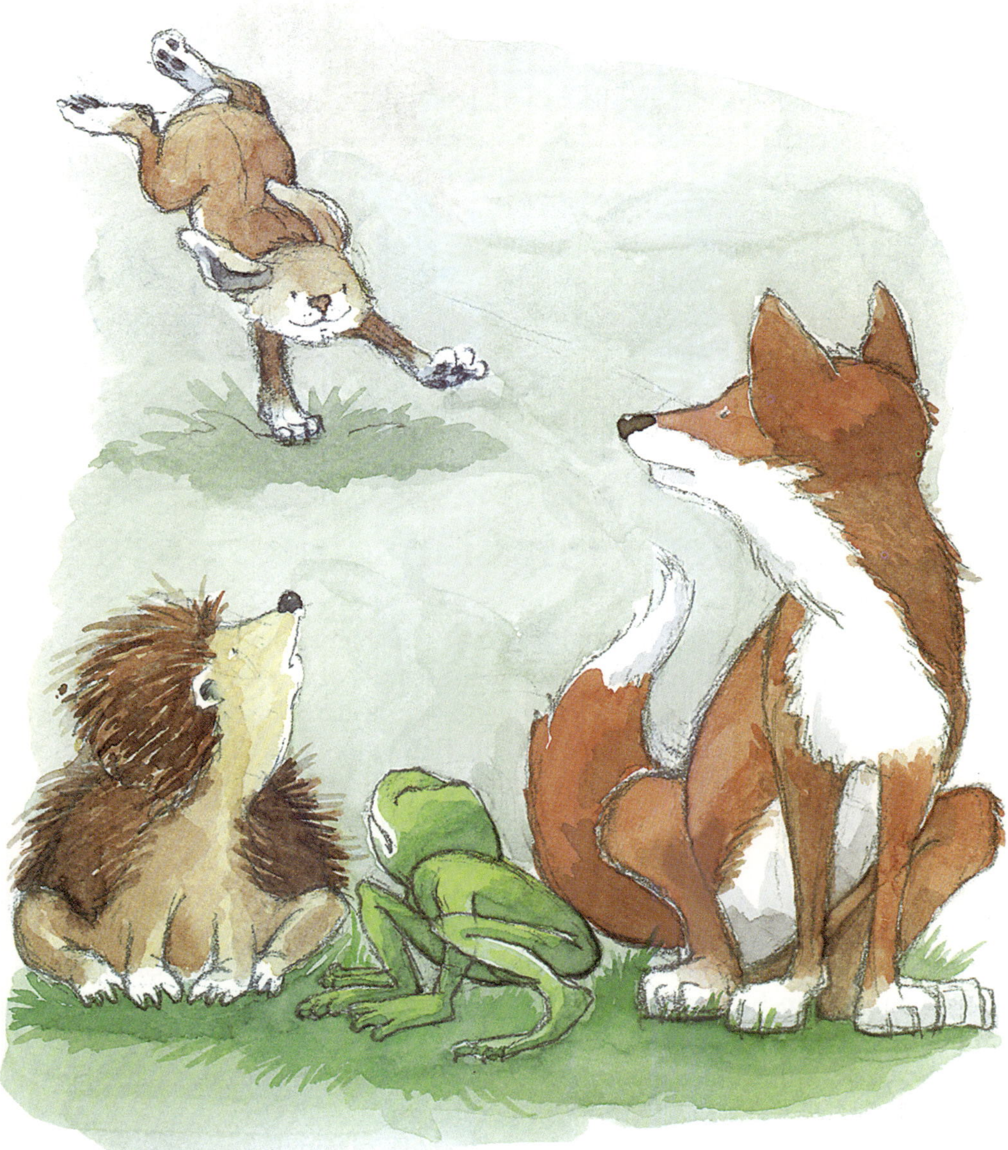

beobachtet. Ich konnte es einfach nicht glauben, dass sie den Müll wirklich mitnahmen. Aber sie trugen den Sack wirklich aus dem Wald heraus!"
„Und sie ließen nichts zurück? Wirklich nichts?", fragen die anderen Tiere.
Der Hase schüttelte den Kopf. „Es waren Kinder!", sagte er.
„Vielleicht lernen die erwachsenen Menschen einmal von ihnen etwas!", meint der alte Rehbock bedächtig. „Vielleicht lernen sie noch etwas von ihren Kindern."
„Jemand muss doch damit anfangen!", sagte der Igel.
Und der Hase fügt hinzu: „Ja, es war wirklich ein Anfang! Und diese Kinder werden auch einmal erwachsen sein. Vielleicht werden sie sich dann noch so verhalten wie heute."
„Ja, hoffentlich!", sagte der alte Rehbock.
Und die anderen Tiere nicken.

Das Märchen vom Gänseblümchen

Als vor langer, langer Zeit einst Gott die Welt erschaffen hatte mit den Blumen und Tieren, mit den Bergen und Tälern, der Sonne und den Sternen, da freute er sich, weil die Welt so schön geworden war. Und als er die Blumen und die Tiere, die Berge und die Täler, die Sonne und die Sterne fragte, ob sie sich auch freuten, da nickten alle. Sie waren ja so dankbar dafür, dass Gott sie geschaffen hatte. Nur ein einziges Blümchen weinte ganz still vor sich hin. So leise es auch weinte, Gott hörte es doch. So beugte er sich tief hinunter zu dem Blümchen und fragte, warum es weine.
Da schämte sich das Blümchen so, dass es ein bisschen rot anlief. Aber wirklich nur ein ganz kleines bisschen. Gott sagte ihm nämlich sogleich, dass es sich nicht zu schämen brauche und dass es ihm doch seinen Kummer erzählen solle. Er werde ihm gern zuhören.
Da dankte das Blümchen Gott dafür, dass er es so wunderschön geschaffen hatte, winzigklein, aber mit einem grünen Stiel und grünen Blättern, mit weißen Blütenblättern und einem goldgelben kleinen runden Kissen in der Mitte.
„Ich freue mich jeden Tag so sehr, dass die Sonne scheint!", sagte das Blümchen. „Es gibt nichts Schöneres auf der Welt! Und ich schaue der Sonne nach, solange ich nur kann."
Ganz traurig senkte es dann das Köpfchen und fügte leise hinzu: „Aber wenn die Sonne hinter den Bergen untergeht und es dunkel wird, dann habe ich solche Angst, dass ich fast sterbe."
„Nachts leuchtet doch der Mond!", sagte Gott. „Und so viele Sterne habe ich ge-

schaffen, dass die Nacht keinen erschrecken kann!"
„Du hast Recht!", sagte das Blümchen bescheiden und senkte den Kopf.
„Dann hast du jetzt auch nachts keine Angst mehr!", sagte Gott darauf. Doch das Blümchen antwortete mit einem dünnen Stimmchen: „Doch!"
Da blickte Gott das winzige Blümchen mitleidig an und sagte so lieb, wie nur Gott zu seinen Geschöpfen sprechen kann: „Ich bin doch bei dir! Auch mitten in der dunklen Nacht!"
„Aber es ist so dunkel, dass ich dich nicht sehen kann!", antwortete das Blümchen mit zitternder Stimme. „Meine Angst ist dann so groß, dass ich dich nachts vor Angst nicht sehe."
„Du musst mich nicht in der Nacht suchen, nicht in der Dunkelheit!", sagte Gott und lächelte gütig. „Du musst die Augen zumachen und ganz fest daran denken, dass ich bei dir bin und du keine Angst zu haben brauchst!"
„Hmhm!", brummelte das Blümchen leise und wackelte ein wenig mit seinem Köpfchen. Es spürte ja so sehr, wie gut Gott zu ihm war. Aber trotz allem, Gott musste doch wissen, dass Blumen nicht ihre Augen schließen können. Das Blümchen wagte nicht, Gott das zu sagen.
In diesem Augenblick ging gerade die Sonne wieder hinter den Bergen unter.
„So nun versuche es einmal!", sagte Gott leise. „Schließe deine Augen!"
Und wirklich! Das Blümchen legte seine weißen Blütenblätter ganz eng über dem goldgelben kleinen runden Kissen in der Mitte zusammen und staunte über das, was es tat. Es hatte ja überhaupt nicht gewusst, dass es das konnte.
„Siehst du mich?", hörte es Gottes Stimme.
Da nickte das Blümchen nur. Sprechen konnte es nicht. So glücklich war es. Nur ein bisschen Rot war noch auf den Blütenblättern. Das war übriggeblieben, weil es sich geschämt hatte, als es Gott seinen Kummer vortrug. Bis zum heutigen Tag ist dieses Blümchen eines der bescheidensten, aber auch der schönsten Blumen. Die edlen Rosen und das Löwenmaul machen sich manchmal über das Blümchen lustig. „Dein Name stammt ja von den dummen Gänsen ab!", sagen sie. Da ist das Gänseblümchen still und ärgert sich kein bisschen. Schließlich weiß jeder, dass die Gänse das schönste Federkleid haben, das man sich nur denken kann. Und dumm! Nein dumm sind sie wirklich nicht.
Aber wenn die Sonne geht, dann schließt das Gänseblümchen schnell die Augen. Und das können weder die Rose noch das Löwenmaul.
Jetzt müssen wir aber selbst beobachten, ob das Gänseblümchen abends wirklich seine Blütenblätter schließt. Und wer tut es noch?

Das Märchen vom Sternenkind

„Erzähl' mir ein Märchen!", sagt Lisa, als Mutti sie ins Bett gebracht hat.
„Was für ein Märchen?", fragt Mutti und setzt sich neben Lisa auf die Bettkante.
„Von einem Sternenkind!", meint Lisa.
Mutti schüttelt nachdenklich den Kopf. „Ich kenne kein Märchen von einem Sternenkind!"
„Dann denk' dir eins aus!", lacht Lisa. „Das kannst du doch?"
„Wie alt ist das Sternenkind?", fragt Mutti dann.
„So alt wie ich!", sagt Lisa.
„Und wie sieht es aus?"
„Wie ich!"
„Nun gut!", sagt Mutti. „Und wo wohnt das Sternenkind?"
Da muss Lisa lachen. „Natürlich auf einem Stern! Wo denn sonst? Aber es wohnt ganz allein dort. Deshalb hat es niemanden, mit dem es spielen kann!"
„Das ist schade!", sagt Mutti. „So sitzt das Sternenkind immer auf seinem Stern und schaut auf die Erde herunter und sucht nach einem Spielkameraden."
„Nur nachts!", sagt Lisa leise.
„Nachts schlafen doch die Kinder hier bei uns!" Mutti sieht Lisa traurig an.
„Aber am Tag sieht man die Sterne doch nicht!", seufzt Lisa.
„Aha!" Mutti nickt. „Deshalb hat das Sternenkind auch bis heute noch keinen Spielkameraden gefunden!"
„Und es wartet schon so lange!", fügt Lisa traurig hinzu. „Über tausend Jahre lang und noch länger!"
„Dieses Jahr aber hat das Sternenkind einen Wunschzettel geschrieben!", erzählt darauf Mutti. „Mit ganz großen Buchstaben hat es darauf geschrieben: ICH SUCHE EINE FREUNDIN ODER EINEN FREUND! Und dann hat es den Zettel hoch in die Luft geworfen."
„Wann war das?", fragt Lisa.
„Heute!", antwortet Mutti und blickt auf ihre Uhr. „Genau vor zwei Stunden! Jetzt sitzt es oben auf seinem Stern und schaut hinunter und wartet, dass irgendjemand seinen Wunschzettel findet!"
„Und wenn niemand ihn findet?"
„Dann schreibt es vielleicht morgen wieder einen Wunschzettel!"
„Ich würde gern mit dem Sternenkind spielen!", sagt Lisa nach einer Weile.
„Sehr gern!"
„Draußen ist es dunkel!", antwortet Mutti und schaut zum Fenster hinüber. „Da ist kein Kind mehr draußen. Und die Kinder, die so alt wie das Sternenkind sind, können hier bei uns noch nicht lesen!"

„Hm!", sagt Lisa.
„Es ist ein besonderer Wunschzettel!", sagt Mutti dann. „Wunschzettel, die von Sternenkindern kommen, fallen nicht auf die Erde!"
„Warum nicht?", fragt Lisa und richtet sich auf.
„Die Leute würden auf sie drauftreten. Die Autos würden über sie hinwegfahren. Sie würden schmutzig und hässlich. Kein Mensch würde den Wunschzettel aufheben und lesen."
Lisa wundert sich, wie gut Mutti über die Wunschzettel von Sternenkindern Bescheid weiß. „Wohin fallen sie denn?", fragt sie.
„Sie fallen nicht!", erklärt Mutti ihr. „Sie schweben ganz leise und sacht, noch leiser als Schneeflocken. Und sie schweben in die Träume der Menschenkinder hinein."
„Und dann?", fragt Lisa mit großen Augen.
„Dann brauchen die Menschenkinder sich nur zu wünschen, dass sie mit dem Sternenkind spielen wollen!"
„Und dann?"
Mutti lacht. „Nun, dann spielen sie die ganze Nacht zusammen bis zum Morgen, wenn sie aufwachen!"
„Ich will heute Nacht von dem Sternenkind träumen!", flüstert Lisa und legt sich in ihr Bett zurück. „Mach gleich das Licht aus, damit ich damit anfangen kann!"
„So schnell geht das nicht!", sagt Mutti. „Und ich weiß auch nicht, ob es heute zu dir kommt. Man muss viel Geduld haben!"
„Vielleicht kommt es morgen oder übermorgen!", Lisa kann es kaum erwarten.
Da gibt Mutti Lisa einen ganz dicken Kuss und knipst die Nachttischlampe neben ihrem Bett aus. Leise geht sie aus dem Zimmer.
Als sie später noch einmal in Lisas Zimmer kommt, um nach ihr zu sehen, scheint der Mond durch das Fenster und genau auf Lisas Gesicht.
Lisa liegt in ihrem kleinen Bett und schläft tief und fest.
Und als Mutti sich über Lisa beugt, sieht sie, dass Lisa im Schlaf lächelt. Ja, und einmal gluckert es ganz tief in ihr vor Lachen.
„Träume schön von deinem Sternenkind!", flüstert Mutti und gibt ihr eine Kuss auf die Stirn. Dann geht sie auf Zehenspitzen aus Lisas Zimmer.

Drache, kleiner Drache

In der großen Klinik lagen viele Kinder in ihren Betten. Alle wollten gesund werden. Und sie wünschten sich so sehr, dass sie endlich wieder nach Hause durften. Matthis lag zusammen mit Bastian und Patrick in einem Zimmer.
Matthis hatte am Nachmittag Besuch gehabt. Als seine Eltern bei ihm waren,

hatte er die Schmerzen fast vergessen. Papa und Mutti waren lange bei ihm geblieben. Den ganzen Nachmittag. Doch nun mussten sie gehen. Und Matthis musste in seinem Bett in dem Kinderzimmer allein zurückbleiben.
Matthis hatte kaum etwas von dem angerührt, was ihm Schwester Kirstin zum Abendessen gebracht hatte. Und als Bastian und Patrick noch miteinander sprachen, hatte er sich zur Wand gedreht. Nein, sie sollten nicht sehen, wie traurig er war und dass er weinte.
Jetzt waren auch die Schmerzen wieder da. Er biss die Zähne aufeinander und drückte sein Gesicht ganz fest in das Kissen. Er weinte sich in den Schlaf und merkte gar nicht, dass Schwester Kirstin später ins Zimmer kam, nach allen schaute und dann das Licht ausknipste.
Am Morgen wachte Matthis früh auf. Die anderen Kinder schliefen noch fest. Aber es war bereits ein bisschen hell. Und seine Schmerzen waren auch wieder da. Es tat so weh, dass Matthis sich gar nicht über diesen Tag freuen konnte. Wieder drückte er sein Gesicht in das Kissen und weinte vor Verzweiflung.
„Pst!", sagt da plötzlich jemand neben ihm. Und noch einmal: „Pst!"
Nein, Matthis wollte jetzt keinen hier neben sich haben. Er wollte mit keinem sprechen. Er drehte sich mit einem Ruck herum zu Wand. Nur noch sein linker Fuß schaute unter der Bettdecke hervor.
Und da merkte Matthis plötzlich, dass irgend etwas an seiner großen Zehe knabberte. Ganz behutsam und zart. So zart, dass Matthis noch nicht einmal erschrak. Es war sogar ein bisschen schön.
„Pst!", hörte er es wieder neben sich. Und als er sich etwas herumdrehte und sich umsah, da saß auf der Bettkante vor ihm ein kleiner grüner Drache. Matthis wusste sogleich, dass es ein Drache war. Er sah so aus, wie ein Drache aussehen musste. So wie der Drache in seinem Bilderbuch.
„Pst!", fauchte der kleine Drache noch einmal und sah Matthis ganz lieb an. Da hatte Matthis keine Angst vor ihm. „Drache!", flüsterte er, „kleiner Drache!"
„Ich heiße Wladimir!", fauchte der Drache und ließ etwas Feuer aus seinem Mund und aus der Nase heraus. Ganz wenig. Nur so viel, dass es Matthis plötzlich richtig warm wurde.
„Ich lade dich ein!", flüsterte Wladimir und zeigte mit seinem ausgebreiteten Flügel auf das große Fenster, das fast immer geschlossen war. Doch jetzt stand es weit auf.
„Kommst du mit?", fragte er.
Da wartete Matthis keinen Augenblick länger. Ganz behutsam kletterte er auf den Rücken des Drachen und hielt sich mit beiden Händen an seinem schuppigen Hals fest.
Und schon flog der Drache mit dem Jungen auf dem Rücken durch das Fenster, weit in die Welt hinaus. Sie flogen über Wiesen und Wälder, über Städte und

Dörfer und über hohe Berge, die auf ihren Spitzen Schnee und Eis trugen. Und Matthis saß auf dem Drachen und lachte und hatte keine Schmerzen mehr.
„Geht es ein bisschen besser?", fragte Doktor Mock am Morgen und freute sich, wie frisch Matthis heute aussah.
Matthis nickte. „Viel besser!", sagte er, obwohl jetzt die Schmerzen wieder da waren. Vielleicht spürte er sie nur deshalb, weil niemand mehr auf seiner Bettdecke saß.
„Wladimir war hier!", sagte er und dachte daran, wie schön es mit ihm zusammen gewesen war.
„Wer?" Doktor Mock sah ihn fragend an.
„Mein Freund, der Drache!", antwortete Matthis.
Doch Doktor Mock blickte ihn nur verwundert an.
„Du hast geträumt!", lachte Schwester Kirstin und legte den Arm und Matthis. Er hatte Schwester Kirstin sehr gern.
„Wladimir war wirklich hier!", sagte Matthis ganz leise.
Schwester Kirstin streichelte ihn und lächelte ihn an. Sie nickte, aber sie glaubte ihm nicht. Da erzählte Matthis ihr nichts von dem Wind in seinen Haaren, von den Bergen voller Schnee und den glänzenden Sternen hoch am Himmel. Er erzählte auch nichts von dem großen Meer, über das er auf Wladimirs Rücken geflogen war. Nein, er erzählte nie wieder etwas von dem Drachen. Das blieb sein Geheimnis.
Später malte Matthis ein Bild von Wladimir und zeigte es seinen Eltern. „Sollen wir dir noch ein schönes Märchenbuch mitbringen?", fragte seine Mutter. Da erzählte Matthis den Eltern lieber auch nichts von Wladimir. Sie würden es ihm doch nicht glauben.
Als die Eltern aber gegangen waren und Matthis vor Heimweh weinen musste, da hörte er plötzlich wieder ganz nahe neben seinem Kopfkissen ein leises Rascheln.
„Pst!", fauchte der kleine Drache vom Nachttisch herüber.
„Drache, kleiner Drache!", antwortete Matthis so leise, dass ihn keiner hören konnte. Keiner außer Wladimir.
„Hallo!", sagte der kleine Drache und zeigte mit seinem ausgebreiteten Flügel zum Fenster. Es stand wieder weit auf. Und draußen wurde es bereits Nacht.
Da stieg Matthis auf den Rücken des Drachen und flog mit ihm bis zu den Sternen. Und er spürte den Wind in seinen Haaren. Er lachte laut, weil er nur den Wind spürte und keine Schmerzen mehr hatte.
Manchmal sprachen die Kinder davon, dass Torsten gestorben war. Torsten hatte auch Leukämie gehabt. Blutkrebs.
Und er hatte drüben an der anderen Wand gelegen. Er war so alt wie Matthis gewesen. Und Anne im Zimmer gegenüber ging es auch sehr schlecht.

Matthis hatte solche Angst. Er wollte nicht sterben.
Doktor Mock gab sich so viel Mühe. Und er musste Matthis manchmal wehtun, weil er ihm helfen wollte. Er wünschte sich doch auch so sehr, dass Matthis wieder gesund würde.
Manchmal seufzte Doktor Mock leise, wenn sie wieder einmal das Blut austauschen mussten. Dann war auch Schwester Kirstin ganz besonders lieb zu ihm. Noch lieber als sonst. Matthis spürte, wie große Sorgen sie sich um ihn machte. Wenn seine Eltern zu Besuch waren und wieder gehen mussten, klammerte Matthis sich mit beiden Händen an Mutti fest.
„Ich hasse das Krankenhaus!", schluchzte er. „Ich will nach Hause zu Utta und Florian." Er musste so oft an seine Freunde in der Straße denken. Ob sie ihn am Ende schon vergessen hatten? Aber dann kam Schwester Kirstin und nahm ihn in ihren Arm.
„Morgen kommen wir wieder!", sagte Mutti. Matthis merkte, dass sie auch gleich weinen würde. Papa nahm sie am Arm. „Ganz bestimmt!", sagte er, als er mit ihr aus dem Zimmer ging.
Später lag Matthis wieder in seinem Bett und wartete.
„Pst!", fauchte es plötzlich wieder ganz nah an seinem Ohr.
„Drache, kleiner Drache!", flüsterte Matthis glücklich.
„Hallo!", fauchte Wladimir. Da sah Matthis das weit aufstehende Fenster. Er stieg auf den Rücken des Drachen und flog mit ihm über Land und Meer bis hoch hinauf in den Himmel zu den Sternen. Er spürte den Wind in seinen Haaren und lachte. Und er drückte sich so fest an den Drachen, wie er nur konnte.
„Wladimir!", flüsterte er glücklich. „Lieber Drache!"
„Matthis!", fauchte der Drache zärtlich. „Alles ist gut! Ich bin bei dir!"
Immer wieder wurde Matthis untersucht. Doktor Mock las dann, was sie im Labor festgestellt hatten. Als Doktor Mock die letzten Untersuchungsergebnisse durchsah, seufzte er und blickte Matthis nicht an. Er nickte nur Schwester Kirstin zu. Und Schwester Kirstin lachte so laut mit Matthis, dass er ihr nicht glaubte.
„Muss ich wieder an den Tropf?", fragte Matthis.
Da nickte Schwester Kirstin nur, drehte sich um und ließ ihre Schulter hängen. Als sie sich umwandte, lachte sie wieder.
„Es muss sein!", sagte sie. „Damit du bald wieder gesund wirst!" Doch Matthis war sich nicht sicher, ob sie wirklich noch daran glaubte. Er glaubte manchmal auch nicht mehr daran. Er schloss die Augen und wartete darauf, dass Schwester Kirstin die Nadel ansetzte.
„Es tut nicht sehr weh!", sagte sie immer. Aber Matthis hatte solche Angst vor dem Stechen. Am liebsten wäre er davongelaufen. Aber er konnte es ja nicht.
„Pst, Matthis!"
Ja, Matthis hörte es ganz deutlich neben sich fauchen.

Und als er die Augen öffnete, war der Drache ganz nah bei ihm. So nah, dass er die Schwester nicht mehr sehen konnte und auch nicht das, was sie jetzt tat.
„Drache, kleiner Drache!", flüsterte er. So leise, dass es Schwester Kirstin nicht hören konnte.
„Kommst du mit?", fragte Wladimir.
Da stieg Matthis auf seinen Rücken und flog mit ihm durch das Fenster über Städte und Wälder, über Berge und Meer hoch in den Himmel hinein bis zur Sonne, so dass sie ihn fast blendete. Er spürte den Wind in seinen Haaren und die Sonnenstrahlen auf seinem Gesicht. Und er freute sich und lachte und hatte keine Angst mehr. Einfach keine Angst mehr.
„Drache, lieber Drache!", flüsterte er.
„Ich bin doch da, Matthis!", fauchte der Drache zärtlich.
Immer kam der Drache, wenn Matthis ihn brauchte. Manchmal wartete Matthis lange auf ihn. Doch dann war er plötzlich da, wenn Matthis es schon aufgegeben hatte, auf ihn zu warten. Immer war er da, wenn Matthis traurig war und Schmerzen hatte. Und wenn Matthis ihn ganz leise „Pst!", fauchen hörte, dann waren die Schmerzen plötzlich weg.

Gestern Abend war es so schön wie noch nie vorher. Wladimir zeigte Matthis das Schönste, was er je gesehen hatte. Das goldene Märchenschloss hinter den sieben nördlichsten Wolken und die Insel des ewigen Sommers im südlichsten Meer. Und Matthis jubelte vor Freude.

Doch als er wieder in seinem Bett lag, blieb der Drache noch auf seiner Decke sitzen. Viel länger als sonst. Im Dunkeln konnte Matthis seine Augen leuchten sehen. Und manchmal spuckte er ein bisschen Feuer. Das tat gut, unendlich gut. Als Matthis schon am Einschlafen war, sagte der Drache: „Morgen komme ich nicht mehr!"

„Aber übermorgen wieder!", bat Matthis.

„Nie mehr!", fauchte der Drache.

Da erschrak Matthis so sehr, dass er lange Zeit nichts sagen konnte. Er setzte sich nur im Bett auf und legte den Arm um den Drachen. Er drückte ihn, so fest er nur konnte.

„Ich brauche dich doch so!", flüsterte er.

„Es warten noch so viele andere Kinder auf mich", antwortete der Drache ganz leise.

Da musste Matthis an Torsten denken und an Anne, die gestern gestorben war. Und er musste weinen.

„Du musst ganz fest an mich denken, dann bin ich ganz innen drin bei dir!", fauchte der Drache und machte sich so dick, dass Matthis ihn kaum noch halten konnte. „Aber dann bist du ja doch nicht wirklich da!", seufzte Matthis leise.

„Warte es ab!", meinte der Drache und drückte sich fest an Matthis. „Du denkst einfach an all das Schöne, das wir beide erlebt haben. Und dann ist es so wie gestern und vorgestern."

„Oder so wie jetzt!", flüsterte Matthis.

„Hmhm!", sagte der Drache und spuckte ein bisschen Feuer. Gerade so viel, dass Matthis ganz warme Backen bekam.

„Ehrlich?", fragte er.

„Drachen-Ehrenwort!", fauchte Wladimir.

„Du kommst immer wieder?", flüsterte Matthis.

„Immer!", sagte der kleine Drache ganz leise. „Immer, wenn du an mich denkst!"

„Im Traum?", fragte Matthis und spürte, wie schwer es war, Abschied zu nehmen.

„Vielleicht", fauchte der Drache und spuckte wieder etwas Feuer.

„Meinst du, ich werde wieder gesund?", fragte Matthis nach einer Weile. Da sah er das helle Glühen, das Leuchten in den Augen des Drachen und spürte, wie Hoffnung und Freude in ihm hochstiegen. Er legte sich zurück und schloss die Augen.

Der Drache fauchte leise neben ihm.

Dann war es ganz still im Zimmer.

Und als Matthis die Augen öffnete, war er allein.
„Drache, lieber Drache!", flüsterte Matthis und blickte durch das Fenster in den Himmel hinein. Keine einzige Wolke war heute Abend da. Matthis konnte die Sterne sehen.
Es waren viele Sterne. Unendlich viele.
Und morgen würden Mama und Papa wieder zu Besuch kommen.

Dinoli im Kindergarten

Wenn Dinoli morgens unter dem riesigen Kastanienbaum in Seidenhaars Garten aufwacht, reibt er sich zuerst einmal tüchtig die Augen und freut sich, dass wieder ein neuer Tag begonnen hat, der sicher viele neue Abenteuer bringen wird. Doch zunächst muss der Dinosaurier erst einmal warten, bis bei Seidenhaars im Elternschlafzimmer der Wecker läutet und Mama Seidenhaar alle im Haus weckt. Dann frühstücken sie zusammen, und danach verlässt Papa Seidenhaar als erster das Haus.
Schon ist Dinoli bei ihm und begleitet ihn bis zum Gartentor.
„Hallo, Dinoli!", sagt Papa Seidenhaar freundlich. „Warum bist du denn schon wach? Du kannst doch noch schlafen!" Er seufzt: „Ich muss leider schon zur Arbeit!"
„Darf ich wieder…?", fragt Dinoli und blickt Papa Seidenhaar bettelnd an.
„Natürlich darfst du!", lacht Papa Seidenhaar.
Da öffnet Dinoli blitzschnell das Gartentor und rennt zur Garage. Und dann drückt er mit einem gewaltigen Schwung das Garagentor hoch, so dass Papa Seidenhaar bequem in sein rotes Auto einsteigen und dann losfahren kann. Und Dinoli steht neben dem Garagentor und winkt ihm nach, solange er das Auto sehen kann.
Dann kommt Amandus aus dem Haus. Er muss zur Schule und hat es immer eilig.
„Halle, Dinoli!", ruft Amandus. „Bis später! Ich habe nur wenig Zeit!"
„Macht nichts!", lacht Dinoli dann und läuft neben Amandus bis zu der Kreuzung mit der Ampel her. Dann bleibt er stehen und winkt ihm nach, solange er ihn sehen kann.
Wenn Dinoli dann zurück in den Garten kommt, dann braucht er nicht mehr lange zu warten, bis Pia-Lotta herauskommt und zum Kindergarten will.
„Hallo, Dinoli!", ruft Pia-Lotta froh, als sie ihren großen Freund sieht.
„Hallo, Pia-Lotta!", flüstert Dinoli und legt sich so vor Pia-Lotta auf die Erde, dass sie seinen Kopf mit beiden Händen packen und ihm einen ganz zarten Kuss auf die Stirn geben kann. Dinoli schließt selig die Augen.

Dann nimmt er die kleine Pia-Lotta ganz behutsam auf seinen Arm und trägt sie mit schnellen Schritten die Straße hinauf, bis man den Kindergarten schon sehen kann.

„Bis später, Dinoli!", sagt Pia und steigt von seinem Arm herunter.

„Kann ich nicht mit?", fragt Dinoli.

Doch Pia-Lotta schüttelt den Kopf: „Du weißt doch, dass das nicht geht!", sagt sie. „Der Kindergarten ist viel zu klein für dich!"

Traurig geht Dinoli wieder nach Hause. Als er aber dann Mama Seidenhaar vor dem Haus stehen sieht, da freut er sich gleich wieder. Dinoli mag Mama Seidenhaar sehr. Und wenn Mama Seidenhaar wie jetzt einen riesengroßen Käsekuchen in ihren Händen hält, dann mag er sie noch mehr. Käsekuchen isst Dinoli am allerliebsten.

„Dein Frühstück, Dinoli!", sagt Mama Seidenhaar freundlich und schaut ihm zu, wie gut es ihm schmeckt.

„Und jetzt könntest du mit mir zum Markt gehen", meint Mama Seidenhaar. „Ich muss viel einkaufen. Und einen Parkplatz finde ich bestimmt nicht. Da könntest du mir wieder tragen helfen!"

„Weil ich so schön und stark bin!", sagt Dinoli stolz und nickt froh. Er geht nur zu gern mit Mama Seidenhaar zum Markt. Da trifft man immer nette Leute. Es gibt viel zu sehen. Und Mama Seidenhaar kauft immer diese herrlichen gelben gebogenen Bananen, von denen Dinoli nicht genug bekommen kann.

Mit zwei großen Einkaufskörben stapft Dinoli hinter Mama Seidenhaar über den Markt und freut sich über alles, was sie einkauft: Radieschen und Gurken, Kopfsalat und Tomaten, Zwiebeln und natürlich Bananen.

„Wer will denn bei Ihnen fünfzehn Pfund Bananen essen?", fragt die dicke Marktfrau verwundert und schüttelt den Kopf.

„Wir haben so einen kleinen Dinosaurier zu Hause!", antwortet Mama Seidenhaar freundlich. „Der schafft die alle!"

„Dinoli heißt er!", meint Dinoli freundlich und muss lachen, als er sieht, dass die Marktfrau ein bisschen erschrickt. Doch die Frau hat sich schnell wieder gefasst und packt noch zwei Hände voll Bananen in Dinolis Korb. „Nehmen Sie nur!", sagt sie freundlich zu Mama Seidenhaar. „Der frisst Sie ja arm!"

„Fresse ich dich arm?", fragt Dinoli, als er neben Mama Seidenhaar nach Hause geht.

Mama Seidenhaar gibt ihm liebevoll einen kleinen Stups mit dem Arm. „Du isst ja fast nur Grünzeug, Gras und Blätter!", lacht sie. „Und den Käsekuchen und die Bananen rechnen wir nicht!"

Aber damit ist alles, was den langen Vormittag schön macht, auch schon vorbei. Dinoli muss lange warten, bis alle Seidenhaars wieder nach Hause kommen. Mama Seidenhaar muss kochen, und Dinoli liegt auf dem Rücken unter dem

Kastanienbaum und wartet darauf, dass endlich wieder etwas passiert, was den Tag schön macht und ein neues Abenteuer bringt.

Als aber dann alle Seidenhaars um den Mittagstisch herumsitzen und Dinoli ganz bequem seinen Kopf durch die Verandatür nach innen strecken und dabei sein kann, da ist das Leben wieder schön.

Später spielen sie dann mit dem dicken roten Ball, den Pia-Lotta zum Geburtstag bekommen hat. Pia-Lotta will ihn nachher mit in den Kindergarten nehmen.

„Nimm mich doch lieber mit!", bettelt Dinoli. Doch Pia-Lotta schüttelt den Kopf. „Du weißt doch, dass das nicht geht! Du bist viel zu groß für den Kindergarten!"

„Nein, der Kindergarten ist viel zu klein für mich!", antwortet Dinoli ärgerlich.

Später, als Pia-Lotta längst losgegangen ist, entdeckt Dinoli den dicken Ball im Blumenbeet.

„Jetzt hat Pia-Lotta ihn doch vergessen!", sagt er leise vor sich hin. Und dann: „Gut, dass es Dinoli gibt!"

Er packt den dicken Ball unter seinen Arm und ist so schnell durch das Gartentor davongelaufen, dass Mama Seidenhaar ihn nicht gesehen hat.

Gemütlich und so richtig froh trottet darauf der Dinosaurier mit dem Ball unter dem Arm zum Kindergarten. Dazu singt er ein kleines Lied, das ihm gerade eingefallen ist und ihm immer besser gefällt, je öfter er es singt:

„Im Falle eines Falles,
denkt Dinoli an alles!
In diesem ganz speziellen Fall
denkt er an einen Ball!"

„Sehr schön!", sagt er zu sich selbst und nickt immer wieder. „Sogar mit einem richtigen Fremdwort mittendrin!"

Doch dann steht Dinoli vor dem Kindergarten und muss wirklich einsehen, dass Pia-Lotta recht hatte. Der Kindergarten ist viel zu klein für ihn. Da passt ein Dinosaurier wirklich nicht hinein.

So legt er sich auf den großen Platz vor dem Kindergarten und blickt mit neugierigen Augen hinein. Da wird es im Zimmer drin ganz dunkel.

„Was ist denn jetzt los?", fragt Frau Schuster erschrocken und öffnet das Fenster mit einem Ruck.

„Ich bin es doch nur!", sagt Dinoli freundlich. „Und ich möchte Pia-Lotta den Ball bringen, den sie vergessen hat."

Natürlich kennt Frau Schuster Dinoli. Und die Kinder kennen Dinoli auch.

„Schade, dass du so groß bist!", sagt Frau Schuster. „Sonst könntest du zu uns hereinkommen!"

„Schade, dass ihr so klein seid!", antwortet Dinoli nachdenklich. „Sonst könntet ihr alle zu mir heraus kommen!"

„Gestern haben sie unsere schönen Spielgeräte weggeholt!", sagen die Kinder traurig. „Deshalb ist es draußen bei dir so leer!"
Frau Schuster klatscht in die Hände, weil die Kinder solchen Lärm machen. „Ihr wisst doch, warum!", sagt sie. „Die Spielgeräte müssen neu angestrichen werden. Und nächsten Montag sind sie wieder da!"
„Ich kenne auch ein gutes Spielgerät!", sagt Dinoli da und blickt ein bisschen verschämt nach oben.
„Wo ist es?", schreien die Kinder.
„Hier!", antwortet Dinoli freundlich.
Da stürzen die Kinder heraus. „Wo ist es?", rufen sie immer wieder. „Wo?"
„Hier ist es!", lacht Dinoli und steht auf. Er macht sich so groß wie er nur kann. Schon verstehen die Kinder, was er meint.
Sie laufen auf Dinoli zu und versuchen, an ihm hochzuklettern. Und weil Dinoli ein bisschen dabei hilft, klappt es sogleich.
„Gebt nur acht, dass ihr nicht fallt!", ruft ihnen Frau Schuster zu.
„Keine Angst!", antwortet Dinoli ganz ruhig und wackelt bedächtig mit seinem Kopf.
Danach dürfen sich die Kinder auf seinen Rücken setzen und Dinoli trägt sie wie ein Karussellpferd im Kreis herum.
„Wie auf dem Karussell!", rufen die Kinder begeistert.
„Jetzt fehlt nur noch Musik!", sagt Dinoli. „Dann wird es erst richtig schön!"
Da läuft Frau Schuster ins Haus hinein und holt ihr Akkordeon heraus.
„Oh, eine Knautschkommode!", lacht Dinoli glücklich und freut sich noch mehr, als ihm die Kinder das Lied vom Dinosaurier Dino vorsingen.

Zum Schluss darf Frau Schuster mit dem Akkordeon noch auf Dinolis Rücken steigen.
Bald reicht Dinoli und den Kindern der Platz vor dem Kindergarten nicht mehr aus. Da trägt Dinoli sie durch die Straßen. Die Muttis und Vatis, die Dinoli mit den Kindern sehen, winken und lachen und laufen am Ende hinter ihnen her.
Als sie dann alle wieder zum Kindergarten kommen, da haben die Eltern Würstchen und Brötchen mitgebracht, Limonade und Saft.
„Heute ist so ein schöner Tag!", meinen sie. „Da feiern wir, bis es dunkel wird!"
Und dann holen sie auch noch den großen Grill herbei.
Frau Schuster aber hat Pia-Lotta heimlich gefragt, ob Dinoli auch Würstchen vom Grill isst. Da hat Pia-Lotta nur gelacht und den Kopf geschüttelt. Dann hat sie Frau Schuster noch etwas leise ins Ohr geflüstert.
Und Frau Schuster ist bald darauf mit einem riesengroßen Teller voll Bananen zu Dinoli gekommen.
Dinoli musste fast vor Rührung weinen. Aber dann hat er gesagt: „Wenn du jetzt deine Knautschkommode holst und mir das Lied von dem Dino noch einmal singst, dann wird das der glücklichste Tag in meinem Leben!"
So feiern sie alle zusammen bis spät in die Nacht hinein und gehen erst um halb neun Uhr nach Hause.
An diesem Abend sitzt Pia-Lotta noch lange neben Dinoli unter dem Kastanienbaum. Sie schauen nach drüben zum Himmel mit den Sternen. Und Pia-Lotta muss Dinoli so lange das Dinolied vorsingen, bis er endlich eingeschlafen ist.

Dinolis Abenteuer in der Stadt

Der Postbote brachte ein Paket. Als er wegging, vergaß er, das große Gartentor wieder richtig zu schließen. Dinoli, der Dinosaurier, stand hinter den Bäumen im Garten und beobachtete alles ganz genau. Dann schlich er ganz vorsichtig und leise zu dem Gartentor und öffnete es so weit, dass er selbst hindurchschlüpfen konnte.
Leise, sehr leise musste er sein, dass die Familie Seidenhaar im Haus nichts bemerkte. Sie hatten immer Angst um ihn. Dabei wollte er nur ein bisschen spazierengehen. Nur ein bisschen nach links die Straße hinauf und vielleicht nach rechts die Straße hinunter und dann wieder nach Hause in den Garten.
Geschafft! Schon stand Dinoli vor dem Tor. Er schloss es behutsam hinter sich und schnupperte die Straßenluft von allen Seiten.
„Hm!", grunzte er leise.

„Ja, ein Spaziergang tut jedem Dinosaurier gut!", sagte er dann und fand auch bald eine kleine Melodie dazu, die er nun immerzu vor sich hinsummte.
Mit eiligen Schritten ging er los, um sich ein bisschen die große Stadt anzusehen. Hier am Straßenrand hörte und sah man sonst nicht viel davon. Für einen Spaziergang war dieser Tag gerade richtig.
Dinoli summte leise vor sich hin und betrachtete aufmerksam alles, was er sah und was um ihn herum geschah. So kam er immer weiter von Zuhause fort.
Mittags war er vom vielen Laufen auf dem harten Straßenpflaster so müde geworden, dass ihm die Füße weh taten. Und nun war er mitten in der großen Stadt.
Er musste sich verlaufen haben.
„Ein Dinosaurier geht doch nicht verloren!", sagte Dinoli leise zu sich selbst.
„Und so einer wie ich erst recht nicht!"
Er stand, ganz eng an eine Schaufensterscheibe gelehnt, mitten in der großen Stadt und wusste nicht mehr ein noch aus.
„Woher bin ich nur gekommen?", fragte er sich leise und sah sich nach allen Richtungen um.
„Von dort?"
Er schüttelte nachdenklich den Kopf.
„Oder von dort?"
Er wusste es einfach nicht. „Ein Dinosaurier geht doch nicht verloren!", sagte er tapfer zu sich selbst. „Nie und nimmer!" Dinoli war verwirrt von allem, was er hier sah. Die vielen Autos auf der Straße, die vielen Menschen und der viele Lärm. All das machte ihm Angst.
Eine junge Frau kam mit einem Kinderwagen vorbei. „Guck mal, ein Dinosaurier!", sagte sie zu dem Kind im Wagen und lachte. Weil sie so freundlich war, fasste sich Dinoli ein Herz.
„Bitte, wie komme ich wieder nach Hause?", fragte er höflich.
Die Frau blieb stehen. „Wo wohnst du denn?", fragte sie freundlich.
„Im großen Garten!", sagte Dinoli und sah die Frau bittend an.
„Große Gärten gibt es nur am Stadtrand!", meinte die Frau.
„Bitte, wie komme ich zum Stadtrand?", fragte Dinoli ganz höflich.
„Aus welcher Richtung bist du denn gekommen?", fragte die Frau.
„Von da und da!", meinte Dinoli und drehte seinen Kopf nach allen Seiten.
„Frag doch mal den Polizisten!", sagte die Frau und zeigte auf einen Mann in Uniform, der auf der anderen Straßenseite stand.
„Danke!", schnaubte Dinoli erleichtert und stürzte sich mitten in den Verkehr auf der Fahrbahn. Autoreifen quietschten. Leute brüllten.
Ein paar Autohupen machten solch einen Lärm, dass es nicht zum Aushalten war. Da war Dinoli bereits auf der anderen Straßenseite.

„Kannst du nicht aufpassen?", brüllte ihn de Polizist an. „Dort drüben ist der Zebrastreifen!"
„Und was ist bitte ein Zebrastreifen?", fragte Dinoli höflich.
Da wurde der Polizist gleich ein bisschen freundlicher und erklärte es ihm. „Dort drüben ist einer!", meinte er und zeigte mit dem Finger die Straße hinunter. „Jeder, der sicher eine Straße überqueren will, sollte über einen Zebrastreifen gehen. Dinosaurier haben aber nichts im Straßenverkehr verloren!", sagte er dann. „Weder auf der Straße noch auf dem Zebrastreifen."
Da wurde Dinoli ein wenig traurig. „Ich suche nur meinen Garten!", sagte er.
„Und wo ist dein Garten?", fragte der Polizist.
„Ich suche ihn ja!", antwortete Dinoli mit dünner Stimme.
„Kennst du denn die Straße?", fragte der Polizist.
Da leuchteten die Augen von Dinoli auf. „Klar!", sagte er.
„Sie ist ja direkt vor meinem Garten. Da flitzen die Autos nur so vorüber!"
„Hm!", meinte der Polizist und schüttelte den Kopf.
„Sie ist direkt vor unserem Haus!", sagte Dinoli
„Hm!" Der Polizist schüttelte wieder den Kopf. „Das hilft uns auch nicht weiter."
„Jetzt weiß ich es wieder!" Dinoli strahlte. „Der Garten ist am Stadtrand!"
„Aha!", sagte der Polizist und musste dabei ein wenig lachen.
„Dann läufst du am besten einmal um die Stadt herum. Irgendwann wirst du dann vielleicht auch zu deinem Garten kommen."
„Läuft man da weit?", fragte Dinoli.
„Wie man es nimmt!", sagte der Polizist und sprang vor Schrecken zur Seite, weil direkt neben ihm auf der Straße ein Laster mit quietschenden Reifen hielt.
„Halt!", brüllte der Polizist und rannte zu dem Wagen.
„Da war ein Hund auf der Straße!", rief der Fahrer. „Ich konnte gerade noch stoppen!" Er blickte den Polizisten unsicher an. „Kostet das Bußgeld?"
„Diesmal nicht!", sagte der Polizist. „Aber dafür laden Sie den Dinosaurier auf und fahren mit ihm einmal um die ganze Stadt herum!"
Der Fahrer kratzte sich hinter dem Ohr. „Ist er nicht zu schwer?", fragte er.
„Ich mache mich ganz leicht!", sagte Dinoli freundlich. „Wie eine Feder!"
„Nun gut!", brummelte der Fahrer und holte ein paar dicke Dielenbretter von seinem Lastwagen herunter. Weil sie so schwer waren, wollte ihm der Polizist helfen. „Entschuldigen Sie bitte!", meinte da Dinoli und packte dann gleich ein paar Dielenbretter auf einmal.
„Ich mache mich gern nützlich!", sagte er, und schon legte er alle Dielenbretter auf die Straße.
Dann legten sie die Bretter so an den Lastwagen, dass Dinoli bequem auf die Ladefläche des Lasters spazieren konnte.

„Sie sind sehr, sehr freundlich!", sagte Dinoli zu dem Polizisten und zu dem Fahrer.
Da streichelte der Polizist ihn ganz freundschaftlich und meinte: „Man tut, was man kann!" Und der Fahrer stieg in sein Führerhaus uns rief nach hinten: „Halte dich gut fest, damit du nicht herunterfällst!"
Dann ging die Fahrt los. So etwas Schönes hatte Dinoli noch nie erlebt. Er war so glücklich, dass ihm gleich noch eine neue Strophe zu seinem Lied einfiel, die er nun lauthals schmetterte:

„Eine Autofahrt, die tut
einem Dino doppelt gut!"

„Pass lieber auf, dass du deinen Garten siehst!", schrie ihm der Fahrer aus dem Führerhaus zu.
„Klar!", rief Dinoli zurück. „Ich werde den Garten ganz schnell finden!"
Der Fahrer fuhr mit seinem Lastwagen einmal um die ganze Stadt herum von einem Stadtrand zum anderen. Und weil Dinoli nichts gefunden hatte, fuhr er noch ein zweites Mal.
Dann stieg der Fahrer ärgerlich aus. „So kommen wir nicht weiter…", rief er. Da sah er, dass der Dinoli oben auf seinem Lastwagen hockte und bitterlich weinte.
„Man sieht ja gar keinen Garten!", jammerte er. „Nur hohe Mauern und Hecken. Und alle sehen gleich aus. Wenn ich nicht in den Garten gucken kann, weiß ich doch nicht, ob es mein Garten ist!"
„Hm!", sagte der Fahrer und kratzte sich wieder hinter dem Ohr. „Weißt du was?" fragte er dann. Und als ihn Dinoli ganz unglücklich ansah, sagte er schnell: „Die Bauleute reparieren den hohen Kirchturm mitten in der Stadt. Ich muss ihnen den Sand und die Steine mit meinem Lastwagen bringen. Sie haben da einen großen Aufzug vorn am Kirchturm. Mit dem holen sie sich die dicken Steine herauf. Die Bauleute sind meine Freunde. Wenn sie dich mit dem Aufzug hochholen, kannst du von oben in alle Gärten hineinsehen!"
„Dann finde ich meinen Garten bestimmt!", sagte Dinoli glücklich.
Die Bauleute wunderten sich zwar, als der Fahrer mit einem Dinosaurier ankam. Aber dann waren sie gleich bereit, ihnen zu helfen.
So stieg Dinoli auf den Fahrstuhl, und sie banden ihn richtig fest, damit er ja nicht vom Aufzug herunterfiel. Und dann ließen sie den Aufzug ganz langsam nach oben.
„Du hast doch keine Angst?", rief der Fahrer. „Kein bisschen!", rief Dinoli mit zittriger Stimme zurück.
„Sie sind alle so freundlich zu mir!"
Es dauerte lange, bis er oben war.
„Na, hast du deinen Garten gefunden?", rief ihm von unten der Fahrer zu. Da schüttelte Dinoli traurig den Kopf.

„Wieder nicht!", rief er zurück. „Ich kann ihn nicht sehen."
„Fahrt doch einmal zum Schlossberg!", sagte einer der Bauleute. „Von dort hat man auch eine gute Sicht!" Da ließ sich Dinoli mit dem Aufzug wieder langsam nach unten fahren.
Dann stieg Dinoli auf den Lastwagen und der Fahrer wieder in sein Führerhaus. Und schon ging die Fahrt los.
„Hier ist es schön!", meint Dinoli, als sie oben auf dem Schlossberg angelangt waren.
„Suche lieber deinen Garten!", sagt der Fahrer und reichte ihm sein Fernglas.
Als Dinoli durch das Fernglas blickte, rief er plötzlich: „Da kommt er ja!"
„Der Garten?", fragt der Fahrer ungläubig.
„Nein, der Amandus!", schrie Dinoli ganz aufgeregt. „Mein Freund kommt hier herauf!"
Und dann kam ein Junge mit einem Fahrrad den Schlossberg hinauf. Er musste sein Rad schieben, weil der Berg so steil war.
Als der Junge aber Dinoli sah, ließ er sein Rad fallen und lief mit großen Schritten auf ihn zu.
„Da bist du ja!", sagte er immer wieder und drückte ihn so fest er nur konnte.
„Da bin ich ja!", rief Dinoli glücklich.
„Wir haben dich überall gesucht!", sagte Amandus. „Wir haben solche Angst um dich gehabt!"
„Ihr braucht keine Angst zu haben!", tröstete Dinoli seinen Freund. „Ein Dinosaurier geht doch nicht verloren!"
„Ich dachte, ich sehe dich vielleicht vom Schlossberg hier oben!", sagte Amandus.
„Und jetzt treffen wir uns auf dem Schlossberg!", sagte Dinoli stolz. „Das hättest du nicht gedacht!"

„Jetzt geht es aber heim!", lachte Amandus.
Da bedankte sich Dinoli ganz höflich bei dem Fahrer.
„Es ist doch gern geschehen!", sagte der Fahrer. „Aber jetzt fahre ich mit bei euch vorbei, damit ich den Garten finde, wenn du ihn wieder einmal suchst!"
Dann stieg Dinoli auf den Lastwagen. Amandus setzte sich auf sein Rad und fuhr voraus.
Dinoli aber fiel oben auf dem Lastwagen die dritte Strophe zu seinem schönen Lied ein:

„Eine Heimfahrt aber tut
erst einem Dino richtig gut!"

Und die sang er, bis sie zu Hause waren.
So kamen sie glücklich an dem großen Gartentor an. Ja, hier war wirklich Dinolis Garten. Hinter dem Tor stand das große Haus, in dem Amandus mit seiner Schwester Pia-Lotta und seinen Eltern wohnte.
Und als sie sahen, dass Dinoli wieder da war, feierten sie ein großes Fest. Sie luden dazu auch den Fahrer ein.
Der Fahrer rief seinen Chef an und ließ sich einen halben Tag Urlaub geben. Er wollte doch so gern mitfeiern. Und sie feierten zusammen, bis es dunkel wurde.

Die Nebelfrau

Den ganzen Sommer über hatte die Nebelfrau in der Schlucht zwischen den Bergen gehockt. Immer wenn sie es in den letzten Wochen einmal versucht hatte herauszukommen, hatte sie der Sommerwind wieder zurück in die Schlucht gejagt. Aber jetzt kam ihre Zeit endlich wieder.
Gestern war noch ein schöner, warmer Herbsttag gewesen. Doch heute regnete es den ganzen Tag, und am Abend wurde es kalt. Da konnte die Nebelfrau nicht mehr länger warten.
Sie trat zwischen den Bergen hervor und ließ ihr langes weites Nebelkleid nach allen Seiten wehen.
„Oh!", sagten die Autofahrer, die noch unterwegs auf der Straße waren. „Der erste Nebel in diesem Herbst!"
Und im Verkehrsfunk warnten sie gleich: „Vorsicht auf der Autobahn! Sichtweite unter fünfzig Meter…"
Da stellten die Autofahrer ihre Heizung ein wenig höher. Wenn sie nicht auch die Fenster bis oben zugekurbelt hätten, dann hätten sie vielleicht die Nebelfrau leise kichern hören. Sie schwebte jetzt über die Wiesen und Felder und breitete ihren weißen zarten Schleier ganz behutsam darüber aus.

209

Zuerst sah ihr der Mond noch zu. Doch dann wurde der Nebel dichter. Da konnte der Mond auch nichts mehr sehen. Die Nebelfrau schwebte durch die Straße und legte ihren weichen Schleier um ein Liebespaar auf einer Bank. Das Mädchen begann zu frieren, und der junge Mann legte seine Jacke um ihre Schultern.

„Sieh doch nur!", sagte das Mädchen und deutete hinauf zu der Laterne. „Wie schön es heute Abend ist!"

„Es ist alles wie verzaubert", antwortete er. „Die Büsche, die Bäume und sogar die Laterne. Wie im Märchen!"

„Schön!", sagte seine Freundin und kuschelte sich ganz dicht an ihn. Die Nebelfrau blieb einen Augenblick still stehen und lächelte. Dann zog sie weiter.

Um alle Häuser, auf alle Straßen legte sie ihren weißen Schleier. Da war die Stadt auf einmal nicht mehr so laut wie sonst. Der Lärm der Autos war kaum noch zu hören. Und ein alter Mann öffnete noch einmal sein Fenster, um nachzusehen, warum es draußen so still geworden war.

„Schön!", sagte er leise vor sich hin. „Der erste richtige Nebel in diesem Jahr!"

Die Nebelfrau aber zog weiter, denn sie hatte in der Ferne ein frohes Singen und Klingen gehört. Da wusste sie gleich, dass wieder Martinstag war und die Kinder mit ihren Laternen durch die Straßen zogen.

Die Nebelfrau beeilte sich, zu dem Laternenzug zu kommen, und ließ nur ganz behutsam ein wenig Nebel auf die Straße und zwischen die Kinder hinuntergleiten. Da hatten die Laternen plötzlich einen hellen, durchsichtigen Schirm aus Nebel um sich herum. Und die Kinder staunten, wie schön das aussah.

Die Nebelfrau wartete, bis der Zug sich auflöste und die Kinder mit ihren Eltern heimgingen. Sie sah den leuchtenden Laternen so lange nach, bis sie in der Ferne verschwanden. Dann erst blähte sie sich richtig auf und ließ dicke Nebelschwaden durch die Straßen gleiten.

So dicke Nebelschwaden, dass Natalie und ihre Eltern Mühe hatten, nach Hause zu finden. Sie waren noch bei der Oma auf dem Geburtstag gewesen. Aber sie gaben sich die Hände, damit sie sich nicht verloren.

„Jetzt ist die Nebelfrau wieder im Land!", sagte Natalies Mutti.

„Gibt es die wirklich?", fragte Natalie. Da spürte sie etwas ganz Zartes und Nasses an ihrer Backe. „Ich glaube, eben habe ich sie gespürt", sagte sie.

„Hat sie dich gestreichelt?", fragte Vati und schloss die Haustür auf.

„Vielleicht!", antwortete Natalie. „Vielleicht hat sie mir auch einen Kuss gegeben!"

„Ein liebes Kind! Ein schlaues Kind!", kicherte die Nebelfrau leise vor sich hin. Aber so leise, dass niemand sie hören konnte.

Dann schwebte sie weiter. Es gab heute Nacht noch viel für sie zu tun.

Die alte Babuschka und die Schwalbe

Im Herbst, als sich die Zugvögel schon für den Flug in den Süden rüsteten, hatte die junge Schwalbe sich an ihrem linken Flügel so unglücklich verletzt, dass sie gerade so noch auf dem Waldboden landen, aber nicht mehr abheben und fliegen konnte. Da lag sie nun, hilflos und wehrlos, und sah über sich hoch am Himmel die anderen Vögel davonfliegen.
Die Schwalbe jammerte kläglich, konnte nicht mehr fort, und sie dachte an das Schlimmste. Entweder würde ein Fuchs oder ein Raubvogel sie schnappen oder sie müsste elendiglich hier im Wald verhungern.
Wäre nicht die alte Babuschka zufällig des Weges dahergekommen, um die letzten Beeren zu pflücken, wäre es wirklich mit der armen Schwalbe erbärmlich zu Ende gegangen. Die alte Babuschka aber sah den Vogel vor sich hilflos zucken und nahm ihn ganz behutsam in ihre Hände und betrachtete ihn aufmerksam.
„Armes Mädchen", sagte sie schließlich, „da wird es wohl nichts mit dem Flug in den Süden werden. Aber um deinen Flügel brauchst du keine Angst zu haben. Den kriegt die alte Babuschka schon wieder hin!"
So trug sie den kranken Vogel ganz vorsichtig, um ihm nicht weh zu tun, in ihrer runzeligen Hand zu dem uralten, kleinen Haus mitten im Wald, in dem sie seit langer Zeit ganz allein wohnte.
„Musst dich halt an mich und mein enges Häuschen gewöhnen!", sagte sie leise zu der Schwalbe, als sie den Flügel stützte und mit einem Verband versah, in den sie vorher heilende Kräuter, die nur die alte Babuschka noch kannte, hineingelegt hatte. „Wenn es jetzt Winter wird, gehst du draußen zugrunde. Musst bei mir bleiben, bis es wieder warm wird und der Frühling kommt!"
Zunächst kümmerte sich die Schwalbe weder um den Winter noch um den Herbst.
Zuerst tat ihr der Flügel noch sehr weh, aber dann, als die alte Babuschka später den Verband löste, konnte sie ihn bereits wieder ein bisschen gebrauchen. Und nach und nach lernte sie trotz der Enge in der Hütte kleine Flüge zu machen. Vom Fenster zum Schrank, vom Schrank auf den Tisch, vom Tisch in das Bett der alten Babuschka.
„Wird schon! Wird schon!", sagte die alte Babuschka und freute sich.
„Wann kann ich wieder hinaus?", fragte eines Tages die Schwalbe und hielt es vor Sehnsucht nach der Luft und den Wolken kaum mehr aus.
„Ich will nachsehen!", sagte die alte Babuschka und zog sich ihr braunes Kleid und ihr braunes Kopftuch, ihr rotes Kleid und ihr rotes Kopftuch und ihr schwarzes Kleid und ihr schwarzes Kopftuch an. Dann schloss sie die Tür ihres Häuschens auf und ging hinaus.

Als sie zurückkam, zitterte sie vor Kälte und blieb bis spät in die Nacht vor dem Kamin sitzen, um sich wieder aufzuwärmen.

„Schlag dir's aus dem Köpfchen, es ist noch viel zu kalt!", sagte sie zu der Schwalbe.

Da wartete die Schwalbe geduldig, dass es endlich draußen wieder warm würde.

„Wann kann ich wieder hinaus?", fragte sie nach einigen Wochen wieder und hielt es vor Sehnsucht nach der Luft und den Wolken, nach der Sonne und den Bäumen kaum mehr aus.

„Ich will nachsehen!", sagte die alte Babuschka und zog sich ihr braunes Kleid und ihr braunes Kopftuch, ihr rotes Kleid und ihr rotes Kopftuch, ihr schwarzes Kleid und ihr schwarzes Kopftuch, ihr blaues Kleid und ihr blaues Kopftuch und ihr lila Kleid und ihr lila Kopftuch an.

Dann schloss sie die Tür ihres Häuschens auf und ging hinaus.

Als sie zurückkam, schnatterte sie vor Kälte und blieb bis zum nächsten Morgen vor dem Kamin sitzen, um sich aufzuwärmen.

„Schlag dir's aus dem Köpfchen, es ist noch viel zu kalt!", sagte sie zu der Schwalbe.

Da wartete die Schwalbe geduldig, dass es endlich draußen wieder warm würde.

„Wann kann ich wieder hinaus?", fragte sie nach einigen Wochen wieder und hielt es vor Sehnsucht nach der Luft und den Wolken, nach der Sonne und den Bäumen, nach den Bächen und Wiesen kaum mehr aus.

„Ich will nachsehen!", sagte die alte Babuschka und zog sich ihr braunes Kleid und ihr braunes Kopftuch, ihr rotes Kleid und ihr rotes Kopftuch, ihr schwarzes Kleid und ihr schwarzes Kopftuch, ihr blaues Kleid und ihr blaues Kopftuch, ihr

lila Kleid und ihr lila Kopftuch, ihr gelbes Kleid und ihr gelbes Kopftuch, ihr weißes Kleid und ihr weißes Kopftuch an.
Dann schloss sie die Tür ihres Häuschens auf und ging hinaus. Als sie zurückkam, weinte sie vor Kälte und blieb die Nacht und den ganzen nächsten Tag vor dem Kamin sitzen, um sich aufzuwärmen.
„Schlag dir's aus dem Köpfchen, es ist noch viel zu kalt!", sagte sie zu der Schwalbe.
Da wartete die Schwalbe geduldig, dass es endlich draußen wieder warm würde.
„Wann kann ich wieder hinaus?", fragte sie nach einigen Wochen wieder und hielt es vor Sehnsucht nach der Luft und den Wolken, nach der Sonne und den Bäumen, nach den Bächen und Wiesen und nach den Schmetterlingen und den bunten Blumen nicht mehr aus.
„Es wird auch endlich Zeit!", sagte die alte Babuschka und zog noch einmal all ihre vielen Kleider und Kopftücher an. Dann schloss sie die Tür ihres Häuschens auf und ging hinaus.
Es dauerte gar nicht lange, da kam sie schon wieder!
Sie riss sich das weiße Kleid und das weiße Kopftuch herunter, das gelbe Kleid und das gelbe Kopftuch, das lila Kleid und das lila Kopftuch, das blaue Kleid und das blaue Kopftuch, das schwarze Kleid und das schwarze Kopftuch, das rote Kleid und das rote Kopftuch und zum Schluss noch das braune Kleid und das braune Kopftuch.
Da sah die Schwalbe verwundert, dass die alte Babuschka unter dem braunen Kleid und den braunen Kopftuch noch ein Kleid trug:
Ein grünes Kleid und ein grünes Kopftuch.
„Viel zu heiß war es mir draußen!", sagte die alte Babuschka zu der Schwalbe. „Jetzt, mein Mädchen, ist endlich der Frühling da!" Daraufhin ging die alte Babuschka zur Tür und öffnete sie, so weit sie nur konnte.
Die Schwalbe dankte der alten Babuschka, dann breitete sie ihre Flügel aus und flog durch die offene Tür in den Frühling hinaus durch die Luft zu den Wolken, in die Sonne, zu den Bäumen, zu den Bächen und Wiesen, zu den Schmetterlingen und den bunten Blumen.
Und es war wieder Frühling geworden und wunderschön.

Wer fürchtet sich vor'm schwarzen Mann?

„Wenn du nicht lieb bist und gleich einschläfst", sagte eine weiße Mutter zu ihrem weißen Kind, „dann holt dich heute Nacht noch der schwarze Mann!"
„Und dann?", hat das Kind voller Angst gefragt.
„Das wirst du ja sehen!", hat die Mutter kurz geantwortet und hat die Tür hinter sich zugeknallt.
Ganz traurig hat der schwarze Mann am Fenster gestanden und alles mitangehört: Er hat dreimal ganz tief geseufzt, dann ist er langsam davongegangen.
Als er ein Stück des Weges gegangen war, begegnete ihm der weiße Mann.
Der drohte irgendeinem mit den Fäusten, den der schwarze Mann nicht sehen konnte. „Warum bist du so zornig?", fragte da der schwarze Mann.
„Deine Schwarzen sind schlimme Leute!", antwortete der weiße Mann ärgerlich.
„Sie machen den kleinen schwarzen Kindern Angst vor mir!"
„Sagen sie etwa: Dich holt der weiße Mann?", fragte der schwarze Mann erstaunt.
„Genau das sagen sie!", sagte der weiße Mann und blickte den schwarzen Mann verwundert an.
„Deine weißen Leute machen es nicht anders!", meinte er. „Eben erst hat eine weiße Mutter zu ihrem weißen Kind gesagt: „Wenn du nicht lieb bist und gleich einschläfst, dann holt dich heute Nacht noch der schwarze Mann!"
„So ein Unsinn!", rief der weiße Mann.
„Es gibt keinen schwarzen Mann, der die Kinder holt!"
„Doch!", sagte der schwarze Mann leise. „Mich gibt es schon. Ich stand am Fenster und wollte das Kind einladen. Ich wollte ihm Geschichten erzählen, mit ihm spielen und ihm einen schönen Traum nach dem anderen schenken!"
Als sie sich so richtig laut beklagten, trat plötzlich der gelbe Mann zu ihnen. Sie hatten ihn nicht einmal kommen gehört.
„Mir geht es nicht anders als euch!", sagte er traurig. „Die roten Leute machen ihren Kindern Angst vor dem gelben Mann!"
„Und die gelben?", fragten der schwarze und der weiße Mann fast gleichzeitig.
„Den gelben Kindern macht man Angst vor mir!", sagte da der rote Mann und sprang von einem Baum herunter. Dort hatte er gesessen und alles mitangehört.
„Was können wir nur tun?", fragten sich die vier Männer endlich, als sie lange genug gejammert hatten. Da sahen sich die Männer traurig an. Sie waren doch Freunde und schon immer Freunde gewesen.
Der rote und der gelbe Mann, der schwarze und der weiße.

Aber was nutzt es, wenn sie selbst seit Anfang an immer Freunde waren, wenn die anderen weißen und roten, gelben und schwarzen Menschen bereits ihren Kindern Angst vor denen machten, die eine andere Hautfarbe als sie selbst hatten.

„Wenn die weißen Menschen ihren Kindern Angst vor den Schwarzen machen, wie sollen dann Schwarze und Weiße Freunde werden?", sagte der schwarze Mann traurig, und der weiße Mann nickte dazu. Weil sie aber alle vier den Kindern schöne und gute Träume schenken wollten und keiner sie daran hindern sollte, überlegten sie so lange, bis einer einen Einfall hatte. Sie tuschelten miteinander, dann kniffen sie ein Auge zu, lächelten verschmitzt, grinsten sich zu, gaben sich die Hände und gingen davon. Der eine nach Westen, der andere nach Osten, der dritte nach Süden und der vierte nach Norden.

„Wenn du nicht lieb bist und gleich einschläfst", sagte die weiße Mutter zu ihrem weißen Kind am nächsten Abend, „dann holt dich heute Nacht noch der schwarze Mann!"

„Und dann?", hat das Kind voller Angst gefragt.

„Das wirst du dann ja sehen!", hat die Mutter kurz geantwortet und hat die Tür hinter sich zugeknallt.

Der rote Mann hatte hinter dem Vorhang gestanden und alles gehört.

„Pech gehabt, liebe Mutter!", sagte er da ganz freundlich und ging schnurstracks auf das Kind in seinem Bett zu.

„Hast du ein Glück!", lachte er und setzte sich neben das Kind auf das Bett.

„Du bist gar nicht der schwarze Mann!", sagte das Kind und freute sich.

„Bist du ein Indianer?"

„Ich bin der rote Mann!", antwortete der Mann, und das Kind nickte froh.

In dieser Nacht ging der rote Mann mit dem Kind durch die Welt. Hand in Hand gingen sie, und der rote Mann zeigte dem Kind all das, was nur Kinderaugen noch sehen können. Sie schwammen zusammen durch den großen Fluss und ritten auf den wilden Mustangs über die Prärie. Sie lachten zusammen und freuten sich. Dann führte der rote Mann das Kind zu dem schönsten Zelt und erzählte ihm die Geschichte von der großen Bärin und ihren Bärenkindern. Die Sterne am Himmel hoch über ihnen glitzerten so sehr, dass sich das Kind nicht sattsehen konnte. Und der rote Mann tanzte mit dem Kind den uralten Tanz, den die roten Menschen tanzen, seitdem sie auf der Erde sind.

„Du hast dir ja ganz rote Backen geschlafen!", sagte die Mutter, als sie das Kind am nächsten Morgen weckte.

„Der rote Mann hat mich heute Nacht geholt!", sagte das Kind froh.

Aber seine Mutter hörte überhaupt nicht hin.

„Wenn du nicht lieb bist und gleich einschläfst", sagte die weiße Mutter zu ihrem weißen Kind an diesem Abend, „dann holt dich heute Nacht noch der schwarze Mann!"

„Lieber der rote!", hat das Kind leise gesagt und sich gefreut.
„Das wirst du ja dann sehen!", hat die Mutter kurz geantwortet und hat die Tür hinter sich zugeknallt.
„Oder der gelbe!", hat da der gelbe Mann freundlich gesagt und ist hinter dem Schrank hervorgekommen.
„Hast du ein Glück!", sagte er und setzte sich neben das Kind auf das Bett.
„Du bist gar nicht der rote Mann!", sagte das Kind und war ein bisschen traurig. „Du bist gar kein Indianer!"
„Ich bin der gelbe Mann!", antwortete der Mann freundlich, und das Kind nickte froh. In dieser Nacht ging der gelbe Mann mit dem Kind durch die Welt.
Hand in Hand gingen sie, und der gelbe Mann zeigte dem Kind all das, was nur Kinderaugen noch sehen könne. Sie stiegen auf hohe Berge hinauf, besuchten die schönsten Tempel, die es gibt. Sie lachten zusammen und freuten sich. Dann führte der gelbe Mann das Kind zu der schönsten Höhle tief im Wald und erzählte ihm die Geschichte von dem großen Drachen und seinen Drachenkindern.
Die Sterne am Himmel hoch über ihnen glitzerten so sehr, dass sich das Kind nicht sattsehen konnte. Und der gelbe Mann tanzte mit dem Kind den uralten Tanz, den die gelben Menschen tanzen, seitdem sie auf der Erde sind.
Sie tanzten zusammen zum Klang der vielen kleinen Glöckchen und großen Glocken.
„Du hast ja die ganze Bettdecke heruntergestrampelt", sagte die Mutter, als sie das Kind am nächsten Morgen weckte.
„Hast du etwas Schönes geträumt?"
„Der gelbe Mann hat mich heute Nacht geholt!", sagte das Kind froh.
Aber seine Mutter hörte wieder nicht hin.
Deshalb sagte sie auch an diesem Abend wieder zu ihrem Kind:
„Wenn du nicht lieb bist und gleich einschläfst, dann holt dich heute Nacht noch der schwarze Mann!"
„Lieber der rote oder der gelbe!", hat das Kind leise gesagt und sich gefreut.
„Das wirst du ja dann sehen!", hat die Mutter kurz geantwortet und hat die Tür hinter sich zugeknallt.
„Und wenn heute Abend nun wirklich der Schwarze zu dir kommt?", hat der schwarze Mann gefragt und ganz freundlich durch das Fenster geguckt.
„Muss ich vor ihm Angst haben?", hat das Kind leise gefragt und die Bettdecke etwas hochgezogen.
„Nie im Leben!", hat der schwarze Mann geantwortet und dabei so freundlich gelacht, dass das Kind seine schönen weißen Zähne gesehen hat.
„Kennst du den roten Mann?", hat das Kind darauf gefragt.
„Er ist mein Freund!", hat der schwarze Mann freundlich geantwortet.
„Der gelbe auch?", hat das Kind noch gefragt.

Da hat der schwarze Mann nur gelächelt und genickt.
In dieser Nacht ging der schwarze Mann mit dem Kind durch die Welt.
Hand in Hand gingen sie, und der schwarze Mann zeigte dem Kind all das, was nur Kinderaugen noch sehen können.
Sie kletterten auf hohe Bäume hinauf und beobachteten die schönsten und wildesten Tiere, die das Kind nur aus seinen Bilderbüchern kannte. Sie liefen auf den uralten Traumpfaden und entdeckten immer wieder neue Geheimnisse. Sie lachten zusammen und freuten sich. Dann führte der schwarze Mann das Kind zu der schönsten Hütte am Berg und erzählte ihm die Geschichte von den großen und kleinen Geistern. Die Sterne am Himmel hoch über ihnen glitzerten so sehr, dass sich das Kind nicht sattsehen konnte. Und der schwarze Mann tanzte mit dem Kind den uralten Tanz, den die schwarzen Menschen tanzen, seitdem sie auf der Erde sind. Sie tanzten zusammen zum Klang der vielen kleinen und großen Trommeln.
„Ich hab keine Angst vor dem schwarzen Mann!", sagte das Kind, als am nächsten Morgen die Mutter zu ihm ans Bett kam.
„Vielleicht holt er mich heute Abend wieder!"
„Es war ganz dumm, was ich gesagt habe!", antwortete die Mutter leise.
„Warum?", hat da das Kind gefragt und die Mutter angesehen.
„Ich bringe heute Nachmittag meine neue Arbeitskollegin mit nach Hause. Und ihre kleine Tochter kommt auch mit."
Als die Mutter sah, dass sich das Kind zu freuen begann, sagte sie ganz schnell noch: „Meine neue Arbeitskollegin ist eine Schwarze. Und ihr Kind ist auch

schwarz. Erschrick nicht, wenn sie kommen. Und vor allem: Sag nichts Dummes!"
„Was bitte?", fragte da das Kind und sah seine Mutter mit großen Augen an.
„Nun vom schwarzen Mann und so!", meinte die Mutter zögernd.
„Es ist doch ein Kind!", sagte das Kind. „Ein schwarzes Kind!"
Und es konnte den Nachmittag kaum erwarten.
Am Nachmittag zeigte das weiße Kind dem schwarzen Kind den Garten mit dem Spielplatz und der Kuschelhütte und dem Kletterbaum.
„Da kommt der weiße Mann!", sagte das schwarze Kind plötzlich. Und das weiße Kind spürte, dass das schwarze Kind Angst hatte.
„Vor dem weißen Mann brauchst du keine Angst zu haben!", lachte das weiße Kind.
„Ich habe auch keine Angst mehr vor dem schwarzen Mann, auch nicht vor dem gelben und dem roten!"
„Ich weiß nicht!", sagte das schwarze Kind zögernd und blickte den weißen Mann immer noch ängstlich an.
„Der weiße Mann ist doch mein Papa!", lachte das weiße Kind.
Da liefen beide Kinder auf den weißen Mann zu. Er nahm sie an der Hand und ging mit ihnen durch den Garten. Und der weiße Mann zeigte den Kindern all das, was nur Kinderaugen noch sehen können. Er zeigte ihnen die große Wiese. Die Gräser bogen sich leicht im Wind, die Grillen zirpten, die Bienen summten und im Teich quakten die Frösche.
Und das weiße Kind freute sich, dass dieser weiße Mann ausgerechnet sein Papa war. Es hätte vor Freude und Glück weinen können.
Dann führte der weiße Mann die Kinder zu dem Kletterbaum und erzählte ihnen die Geschichte von den schwarzen und weißen Kaninchen, die für immer Freunde geworden waren. Da kamen langsam am Himmel hoch über ihnen die Sterne heraus und glitzerten so sehr, dass sich die Kinder nicht sattsehen konnten.
Da tanzten die Kinder den uralten Kindertanz, den die Kinder dann immer

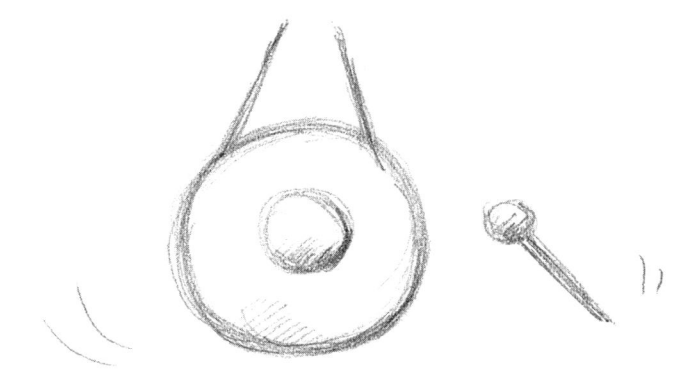

tanzen, wenn sie so richtig froh und glücklich sind. Sie drehten sich immer schneller rundherum im Kreis, und der weiße Mann drehte sich mit ihnen, bis ihm schwindlig wurde.
Manchmal treffen sich die vier Männer noch abends, doch es wird immer seltener. So viele Kinder warten noch auf sie, auf den schwarzen und den weißen, den roten und den gelben Mann.
Wenn man keine Angst mehr voreinander hat, merkt man erst, wie schön man es sich zusammen machen kann.

Die Märchenbahn

Wenn die anderen Kinder damit angeben, was ihr Vater alles kann und wo er arbeitet, dann sagt Beat: „Mein Vater ist Straßenbahnführer. Aber ein besonderer!" Und dabei lächelt er ganz geheimnisvoll. Wenn die anderen dann weiterfragen, dann verrät Beat nichts. Nein, kein Sterbenswörtchen.
In den Adventswochen vor Weihnachten fährt nämlich eine Märchenbahn mit vielen Kindern Tag für Tag durch die Stadt. Die Märchenbahn ist eine rote Straßenbahn, auf der viele bunte Märchenbilder aufgemalt sind. Und wenn sie anhält, dann steigen zwei schöne, kleine Engel heraus und laden die Kinder ein, zwanzig Minuten lang mit der Märchenbahn durch die Stadt zu fahren. Da wollen alle Kinder gern mitfahren.
So muss manch einer manchmal lange warten, bis er endlich einsteigen darf. Vorn im Führerstand steht der Nikolaus und fährt die Bahn sicher durch die Straßen. In der Märchenbahn aber sitzen die Kinder und singen und sind so richtig von ganzem Herzen froh. Und manch einer träumt in dieser Nacht noch einmal von dem Nikolaus mit seinem langen, weißen Bart und dem roten Mantel mit der roten Kapuze, der die Märchenbahn fährt.
Beats Vater ist Straßenbahnführer. Aber im Advent verkleidet er sich als Nikolaus und fährt die Märchenbahn durch die Stadt. Das ist ein Geheimnis, das Beat keinem verraten darf.
Manchmal fährt auch Beat mit. Aber nicht oft. Sein Vater will nicht, dass er den anderen Kindern vorgezogen wird. „Das fällt auf, wenn immer derselbe Junge mitfährt!", sagt sein Vater. „Dann ärgern sich die anderen Kinder, die nur einmal fahren dürfen!" Da flüstert Beat seiner Mutter etwas ins Ohr. Und dann müssen beide lachen.
Am nächsten Nachmittag, als der Nikolaus in die Märchenbahn steigt, kommt ein kleiner Nikolaus hinter ihm her… Ein kleiner Nikolaus mit einem roten Mantel und einer roten Kapuze und einem langen weißen Bart. Ein richtiger Nikolaus, nur eben kleiner als Vater.

„Ich komme mit!", sagt der kleine Nikolaus, und seine Stimme klingt wie die von Beat.
Aber Helen, Beats kleine Schwester, ist sehr traurig. Und als die beiden Nikoläuse mit der Märchenbahn davonfahren, da flüstert die Mutter ganz heimlich mit Helen.
Am nächsten Nachmittag, als der große Nikolaus in die Märchenbahn steigt, kommen zwei kleine Nikoläuse hinter ihm her. „Wir kommen mit!", sagen die kleinen Nikoläuse. Und ihre Stimmen klingen so wie die von Beat und Helen.
Der Beat hat einen guten Freund. Das ist der Tobias. Und der Tobias ist noch niemals mit der Märchenbahn gefahren. Immer waren die anderen Kinder viel schneller. Da ist er traurig davongegangen. Aber jetzt soll der Tobias auch mit der Märchenbahn fahren. Nicht nur einmal, sondern jeden Nachmittag, solange er nur will. Das hat sich Beat ausgedacht. Und seine Mutter hat gelacht und genickt.
Am nächsten Nachmittag, als der große Nikolaus in die Märchenbahn steigt, kommen drei kleine Nikoläuse hinter ihm her. „Wir kommen mit!", sagen die kleinen Nikoläuse. Und ihre Stimmen klingen so wie die von Beat und Helen und von Tobias.
Helen spielt oft mit dem Evchen. Das Evchen ist schon ziemlich alt. Fast zwei Jahre älter als Helen. Das Evchen wohnt in der Wohnung über Helen. Und das Evchen glaubt nur noch manchmal an den Nikolaus. Aber mit der Märchenbahn möchte das Evchen auch fahren. Da bettelt Helen solange, bis die Mutter doch noch einmal nickt.
Am nächsten Nachmittag, als der große Nikolaus in die Märchenbahn steigt, kommen vier kleine Nikoläuse hinter ihm her. „Wir kommen mit!", sagen die kleinen Nikoläuse. Und ihre Stimmen klingen so wie die von Beat und Helen und von Tobias. Und Evchens Stimme ist auch noch dabei.
„Jetzt reicht es aber!", brummt der große Nikolaus.
Doch die Leute, die den Nikolaus mit den vier kleinen Nikoläusen vorn am Führerstand der Märchenbahn stehen sehen, wundern sich nur und schütteln ihre Köpfe. Und der kleine Reinhard fragt seine Mutter: „Gibt es wirklich so kleine Nikoläuse?" „Das siehst du doch!", sagt seine Mutter und zieht ihn hinter sich her.
Am nächsten Nachmittag stehen fünf kleine Nikoläuse da und sagen: „Wir kommen mit!" Und ihre Stimmen klingen so wie die von Beat und Helen und von Tobias und von dem Evchen. Der fünfte Nikolaus aber sagt gar nichts. Er sitzt in einem Rollstuhl und wird von den anderen geschoben.
„Das ist die kleine Schwester von Tobias!", sagen die vier kleinen Nikoläuse. „Das ist die Nadine! Und sie ist noch nie im Leben mit der Märchenbahn gefahren!"
„Heute abend sprechen wir ein Wörtchen zusammen", sagt der große Nikolaus ganz ernst und hilft, den Rollstuhl mit dem fünften kleinen Nikolaus in die Märchenbahn zu heben.

Und ein kleiner Nikolaus mit der Stimme von Beat sagt ganz erschrocken: „Auweia!"
Am Abend spricht der Vater mit Beat und Helen und mit der Mutter. „So viele Nikoläuse können nicht mit der Märchenbahn fahren. Sie ist nur für Kinder!"
„Wir sind doch die Kinder", sagt Beat leise.
„Wenn so viele kleine Nikoläuse mitfahren, ist kein Platz mehr für die anderen", antwortet Papa. „Und das ist nicht gerecht!"
Ja, das sehen alle ein. Beat, die Mutter und Helen.
„Aber Gunna und Manuela möchten auch gern mitfahren!", sagt Helen. „Und Stefanie und Andrea auch noch! Wenigstens ein einziges Mal!"
Beat möchte so gern einmal seine ganze Klasse einladen.
Einmal im Leben.
„Gut!", sagt Vater schließlich. „Nächsten Montag um sieben, wenn sonst keine Kinder mehr fahren, dann dürfen nur kleine Nikoläuse mit der Märchenbahn fahren. Zweimal zwanzig Minuten lang. Aber nur nächsten Montag, und dann nicht mehr!"
„Ja", sagen Beat und Helen. Und sie freuen sich schon auf Montag um sieben.
Glaubt es oder glaubt es nicht: Am Montag zwischen sieben Uhr und zwanzig vor acht fährt die Märchenbahn noch einmal durch die Stadt. Wer genau hinschaut, entdeckt, dass siebenunddreißig kleine Nikoläuse mitfahren. Dazu neun wunderschöne kleine Engel in weißen Kleidern und mit Sternenkronen auf ihrem Haar. Und vorn im Führerstand steht der große Nikolaus und lenkt die Bahn sicher durch die Stadt. Nur am Montagabend, und dann nie wieder. Wer es nicht glaubt, kann morgen oder übermorgen den großen Nikolaus vorn im Führerstand einmal danach fragen. Vielleicht auch Beat und Helen und all die anderen Kinder, die sicher dabei waren.
Aber die verraten nichts!

Quellennachweis

**Jeder neue Tag
bringt neue Abenteuer**

Wecken kann so lustig sein	© Rolf Krenzer
Der Pechtag	© Rolf Krenzer
Ein Kuss für Dornröschen	© Rolf Krenzer
Zwei Aufsätze: Darius aus Russland	Aus „Einfach Klasse, diese Klasse", Echter
Ein Sonntag mit Papa	Aus „Einfach Klasse, diese Klasse", Echter
Nicht böse auseinandergehen	© Rolf Krenzer
Vom Liebhaben	© Rolf Krenzer aus R. Krenzer: Wir kleinen Menschenkinder, Menschenkinder-Verlag, Münster
Und wenn alles anders gekommen wäre?	Echter, Wenn Gott…
Familiengeschichten	Echter, Wenn Gott…
Nie und nimmer	Echter, Wenn Gott…
Tanja spielt Frisör	© Rolf Krenzer
Manuelas Geschwister	Echter, Wenn Gott…
Gewisse Cowboys und Indianer	© Rolf Krenzer
Schwierigkeiten mit Mutters Geburtstag	© Rolf Krenzer
Die Kuh im Kastanienbaum	© Rolf Krenzer
Klar, Joschi kann Radfahren	© Rolf Krenzer aus R. Krenzer: Lieber Frühling, lieber Sommer, Menschenkinder-Verlag, Münster
Ein Seehund auf dem Sofa	© Rolf Krenzer aus R. Krenzer: Lieber Herbst und lieber Winter, Menschenkinder-Verlag, Münster
Wenn jemand doch Ulrike helfen könnte	Echter, Wenn Gott…
Die Enten auf dem Dach	© Rolf Krenzer aus R. Krenzer: Lieber Frühling, lieber Sommer, Menschenkinder-Verlag, Münster
Das Zimmer-Spielzeug-Puzzle	© Rolf Krenzer
Christians Schlaftrunk	© Rolf Krenzer
Papas Gutenachtgeschichte	© Rolf Krenzer

**So wie Franziska oder Pacci
Patent
– Kleine, große Vorbilder –**

Die Geschichte von dem Kind und dem Brunnen	Echter, Freue dich auf jeden Tag
Mehr wert als fünf Einser	Echter, Wenn Gott…
Pacci Patent	Echter, Wenn Gott…
So einer war Thomas	Echter, Wenn Gott…
Schwimmen	© Rolf Krenzer
Rita ärgert sich	© Rolf Krenzer
Schwester Franziska	Echter, Wenn Gott…
Jörg und der Riesenhund	© Rolf Krenzer

Tanja sucht den lieben Gott
– Geschichten von Gott und den Menschen –

Wo ist Gott?	Originaltitel: Vom Beten, © Rolf Krenzer aus R. Krenzer: Wir kleinen Menschenkinder, Menschenkinder-Verlag, Münster
Tanja sucht den lieben Gott	Echter, Wenn Gott…
Wie sieht Gott aus?	Aus R. Krenzer: Kuschel dich ganz nah an mich, © Lahn-Verlag Limburg
Die Geschichte von Gott und dem Kind	Echter, Freue dich auf jeden Tag
Vom Staunen	© Rolf Krenzer aus R. Krenzer: Wir kleinen Menschenkinder, Menschenkinder-Verlag, Münster
Die Geschichte vom Kind und vom Beten	Echter, Freue dich auf jeden Tag
Vom Danken	© Rolf Krenzer aus R. Krenzer: Wir kleinen Menschenkinder, Menschenkinder-Verlag, Münster
Was soll ich nur beichten?	Echter, Wenn Gott…
Vom Glauben	© Rolf Krenzer aus R. Krenzer: Wir kleinen Menschenkinder, Menschenkinder-Verlag, Münster
Die Geschichte von Gott und den Menschen	Echter, Freue dich auf jeden Tag

Wir feiern heut ein Fest
– Geschichten durch das Jahr –

Vom Feiern	Echter, Wenn Gott…
Die Geschichte von der Geburtstagstorte	Echter, Freue dich auf jeden Tag
Rebekka feiert Neujahr	Echter, Drum feiern wir ein Fest
Die kleinen heiligen Dreikönige	Echter, Drum feiern wir ein Fest
Fastnacht ist nur einmal im Jahr	Echter, Drum feiern wir ein Fest
Warum der Fastnachtsprinz an Fastnacht weinen musste	Echter, Drum feiern wir ein Fest
Der April macht, was er will	© Rolf Krenzer aus R. Krenzer: Lieber Frühling, lieber Sommer, Menschenkinder-Verlag, Münster
Palmsonntag	Echter, Drum feiern wir ein Fest
Die Geschichte von dem Kind und den Ostereiern	Echter, Freue dich auf jeden Tag
Die Sache mit dem Osterhasen	Echter, Drum feiern wir ein Fest
Wieder Ostern	Echter, Wenn Gott…
Omas Ostereierüberraschung	© Rolf Krenzer aus R. Krenzer: Lieber Frühling, lieber Sommer, Menschenkinder-Verlag, Münster
Wichtige Feste	Echter, Drum feiern wir ein Fest
Nicht nur Muttertag	© Rolf Krenzer aus R. Krenzer: Lieber Frühling, lieber Sommer, Menschenkinder-Verlag, Münster
Kann einer noch den Sommer wecken?	© Rolf Krenzer aus R. Krenzer: Lieber Frühling, lieber Sommer, Menschenkinder-Verlag, Münster
Heidelbeeren pflücken	© Rolf Krenzer aus R. Krenzer: Lieber Herbst und lieber Winter, Menschenkinder-Verlag, Münster
Wenn Bulu etwas zu essen hätte	© Rolf Krenzer
Die Geschichte vom Obstsalat	Aus R. Krenzer: Glauben erlebbar machen, © Verlag Herder, Freiburg
Martin und sein Pferd	Echter, Drum feiern wir ein Fest

Rabeas Laterne	© Rolf Krenzer aus R. Krenzer: Lieber Herbst und lieber Winter, Menschenkinder-Verlag, Münster
Barbarazweige	Echter, Drum feiern wir ein Fest
Torsten und der Nikolaus	© Rolf Krenzer
Wie war das mit dem Apfel?	© Rolf Krenzer aus R. Krenzer: Kleine Kerze, leuchte, Menschenkinder-Verlag, Münster
Ursels Streichelbild	© Rolf Krenzer
Muttis Weihnachtsplätzchen	© Rolf Krenzer
Da wird's im Häuschen hell und warm	© Rolf Krenzer
Frau Overbecks Engel	© Rolf Krenzer
Weihnachtsgeschenke	© Rolf Krenzer
Doch noch etwas von Weihnachten spüren	Aus R. Krenzer: Weihnachtssterne überall, © Verlag Herder, Freiburg
Der letzte Weihnachtsbaum	© Rolf Krenzer

Märchen und Märchenhaftes

Das Märchen vom Schneeglöckchen	Aus R. Krenzer: Auf einmal ist der Frühling da, © Kaufmann, Lahr
Das Märchen vom Gänseblümchen	© Rolf Krenzer
Die Tierversammlung im Wald	Echter, Wenn Gott…
Das Märchen vom Sternenkind	© Rolf Krenzer aus R. Krenzer: Kleine Kerze, leuchte, Menschenkinder-Verlag, Münster
Drache, kleiner Drache	© Rolf Krenzer
Dinoli im Kindergarten	© Rolf Krenzer
Dinolis Abenteuer in der Stadt	© Rolf Krenzer
Die Nebelfrau	Aus R. Krenzer: Auf einmal ist der Frühling da, © Kaufmann, Lahr
Die alte Babuschka und die Schwalbe	© Rolf Krenzer aus R. Krenzer: Lieber Frühling, lieber Sommer, Menschenkinder-Verlag, Münster
Wer fürchtet sich vor'm schwarzen Mann?	© Rolf Krenzer
Die Märchenbahn	© Rolf Krenzer